KB124739

전쟁으로 읽는
세계사

세계의 역사를 뒤바꿔놓은 스물세 번의 전쟁 이야기

전쟁으로 읽는 세계사

정미선 지음

은행나무

역사의 큰 흐름을 바꾼 전쟁

전쟁은 없어야 한다. 6·25 전쟁을 경험한 사람들은 전쟁이 얼마나 무서운 것인지를 안다. 전쟁은 대량살육이며, 파괴이며, 나라가 망하고 살던 곳을 빼앗긴 이산가족이며, 헐벗음이며, 굶주림이며, 질병이며, 핏발선 눈이며, 아름다운 심성의 황폐화를 의미한다. 전쟁은 이 세상 모든 악을 한마디로 표상하는 것이다.

그럼에도 불구하고 우리는 전쟁에 대하여 자세하게 알아야 한다. 이 세상의 모든 선(善)을 표상하는 평화를 구현하기 위해서이다. 전쟁에 대해 알지 못하고서는 평화를 이룰 수 없다. 평화를 달성하는 1차적 조건은 이 지상에서 전쟁을 억제하는 것이다. 마치 건강을 지키기 위하여 질병을 연구하지 않을 수 없는 것과 같다.

전쟁에 대해 자세하게 알아야 하는 또 하나의 이유는, 전쟁은 때로는 역사의 큰 흐름을 바꾸어 놓을 뿐 아니라 새로운 역사를 열게 만들기 때문이다. 그래서 세상을 변화시킨 전쟁이야말로 우리 청소년들에게 역사로 통하는 문을 열어 주는 것이기 때문이다.

그러나 전쟁에 대한 해설은 참으로 어려운 영역이다. 이 세상 모든 악을 표상하는 전쟁을 흥미 위주로 설명할 수는 없다. 생사를 넘나드는 병사들의 고통과 국민들의 무시무시한 아픔을 외면한 채, 전쟁 영웅의 화려한 모습만 좇아갈 수는 없다. 그렇다고 해서 사관학교 학생들에게 작전 수업하듯 무미건조하게 전쟁 당사자들의 병력, 물자, 전략, 전술 등을 설명할 수도 없다.

이 책은 이 어려운 과제를 해결한 하나의 사례이다. 저자의 탁월한 역량과 열성, 그리고 몇 년에 걸친 준비 작업이 있었기 때문에 가능한 일이었다.

저자는 오랜 기간 동안 현장에서 독서 지도를 하는 과정에서 청소년들이 무엇을 궁금해하는지를 이해하고 있다. 또한 청소년들의 올바른 독서 지도를 위하여 석사 과정 2년 동안 깊은 연구를 하였으며 닦은 실력을 석사 학위 논문을 통하여 입증하였다. 그리고 올바른 가치관으로 청소년들이 알아야 할 것을 정확하게 구분하는 도덕적 역량도 가지고 있다.

이 책의 저자는 본인이 경기대학교 국제문화대학원장으로 재직하고 있는 동안 석사 과정을 이수하였으며, 석사 학위 논문을 제출했다. 그런 저자와의 끈끈한 인연으로 추천사를 부탁받았을 때 흔쾌하게 수락할 수 있었다.

역사 바로 알기에 대한 저자의 열정과 노력을 누구보다 가까이서 지켜보았고, 잘 알기에 본인은 확신을 가지고 청소년 그리고 자녀를 올바르게 교육하는 데 대한 열성을 가진 학부모님들에게 이 책을 추천하는 바이다.

이원재(경제학 박사 | 전 경기대학교 국제문화대학원장)

전쟁을 통해 바라본 역사의 본질

이 책을 쓴 정미선 선생은 오래전부터 잘 알고 지내는 교육 운동가다.

날로 비인간화되는 사회적 상황과 교육적 현실 속에서 정미선 선생은 남다른 열정으로 인성 교육의 실현이라는 사회적 과제이며 시대적 요청에 부응하여 사람을 사람답게 기르는 교육에 헌신을 다해 왔다.

특히 독서 교육을 통해 자라나는 세대에게 꿈과 용기를 주고 생각하는 힘을 길러주는 데 누구보다 앞장서 오신 분이다.

책 속에서 선배들의 경험과 현자들의 지혜를 얻어 우리 청소년들이 자신만의 인생관과 세계관을 튼튼하게 건축하기를 바라왔고, 미래를 전망할 수 있는 통찰력과 창의력을 키움으로써 지식 기반 사회요, 문화의 세기라고 불리는 21세기의 주인이 되기를 바라왔던 것이다.

그러던 분이 언제부턴가 갑자기 역사와 씨름하면서 연구에 몰두하기 시작하였다. 아마도 오늘날 입시 위주의 교육 현실 속에서 우리 청소년들이 우물 안 개구리 식의 편협한 사고로 호연지기를 잃어버리고 도전의식도 희미해진 것을 보았기 때문일 것이다. 우리의 청소년들이 어떻게 오대양 육대주를 품에 안을 수 있을 것인가를 끊임없이 고민해 오던 끝에, 용기와 인내를 가지고 혼자 이 엄청나고도 어려운 일을 해낸 것에 대해 진정으로 경의를 표한다.

역사 과목은 선현들의 발자취를 통하여 그들의 지혜와 용기를 배울 수 있기 때문에 매우 귀중한 가치가 있다. 그렇기 때문에, 청소년들에게 보다 자연스럽게 역사학을 접할 수 있게 하는 시도가 절대적으로 필요하다. 오늘날 역사학의 대중화 무드를 타고 재미있게 저술된 역사서가 많이 나오고 있다. 그런데 저자는 전쟁을 주제로 세계사를 다루고 있다. 이는 인간의 삶에 항상 갈등과 분쟁, 그리고 평화를 향한 갈망이 있듯이 인류 역사를 통해 보게 되는 전쟁을 통해 미래 사회에 대한 꿈과 대안을 제시하려는 숨은 뜻이 있다.

인류사에서 전쟁은 끊임없이 있었다. 전쟁사에는 인간의 품성, 문화, 정치, 종교, 과학 및 시대의 흐름이 모두 담겨 있어, 인간의 역사를 이해하는 데 전쟁을 빼놓을 수 없다.

특히 전쟁에서 구성된 사건들의 시대적 연관성을 밝혀 나가다 보면, 우리는 거기에서 역사의 본질을 이해하게 되고 역사 발전의 진정한 힘이 무엇인가를 깨닫게 될 것이다.

필자는 그간의 끈기와 인내를 가지고 성실한 자세로 전쟁사를 조사 분석하면서 연구한 정미선 선생의 노고가 결실을 맺은 것에 진심으로 축하를 보낸다. 그리고 이 책이 역사를 지도하시는 선생님이나 학부

모님, 그리고 청소년들에게 널리 읽혀 무한한 가능성과 잠재력을 지 닌 우리 청소년들의 희망과 꿈을 키워주는 데 길잡이가 되어 주길 기 대한다.

鳳山 吳德萬(위례역사문화연구회 회장)

멀리 떨어져서 숲을 보듯이 역사를 보라

아주 오래전 인간이 세상에 등장한 이후 세상은 늘 변해 왔습니다. 때론 아주 긴 시간 동안, 때론 아주 짧은 시간에도 세상은 바뀌었지요. 그중 가장 크게 세상을 변화시킨 것이 바로 '전쟁'입니다. 전쟁은 사상, 관습, 종교, 정치, 경제에 이르기까지 모든 것을 총망라하고 있는 인류 역사의 총체라고 할 수 있습니다.

그렇기 때문에 전쟁을 알면 세계의 역사를 보는 실마리를 풀 수가 있습니다. 당시 사람들은 어떤 생각을 했으며 무엇을 중요하게 생각했는지, 또 어떤 것들을 위해 싸웠는지, 그리고 누구와 손을 잡았는지가 다 보입니다. 어제의 적이 오늘 동지가 될 수도 있고, 믿는 도끼에 발등 찍히는 경우도 있어요. 결정적으로 하나의 전쟁이 끝났을 때 그 전과는 얼마나 다른 세상이 되었는지가 금방 보입니다. 전쟁이라는 것을 통해 한 순간에 모든 권력을 잃을 때도 있고 또 세상을 손에 쥐는 경우도 있어요. 그리고 천년의 제국이 무너지기도 하고, 새로운 나라가 열리기도 하며 때론 혼란 속에 빠질 때도 있습니다.

그런 모습들이 담긴 수많은 전쟁 중에서 세계의 역사를 크게 뒤바꿔놓은 스물세 개의 전쟁을 골라 《전쟁으로 읽는 세계사》에 담았습니다. 단지 전쟁이라는 사건을 전하기 위해서 모은 것이 아닙니다. 이

한 권의 책으로 세계사를 모두 알 수는 없겠지만 이 책이 계기가 되어 우리 청소년들이 역사에 관심을 갖고, 역사는 알면 알수록 더 알고 싶은 매력이 있다는 것을 열어 주는 첫 단추가 될 수 있기를 바라는 작은 소망을 담은 것입니다.

이 책에 들어 있는 내용은 지난 2년 동안 〈중학 독서평설〉에 '세계를 뒤흔든 전쟁'이라는 코너로 연재했던 내용을 기초로 하고 있습니다.

이 책이 세상에 나오기까지 2년 동안 매달 글을 연재해 주신 〈중학 독서평설〉의 김현지 팀장님, 정현재 님께 감사의 마음을 전합니다. 특히 매번 원고를 잘 다듬어 주시고 조언을 해 주시느라 마음고생을 많이 하셨던 김광일 님께 진심으로 감사의 인사를 올립니다.

그리고 언제나 꿈을 갖고 도전할 수 있는 힘을 주셨던 은사님들과 동료 선생님들께 감사의 인사를 드립니다.

세계를 뒤흔들어 놓았던 전쟁이 세계사를 공부하는 우리 청소년들에게 평화롭고 행복한 미래를 만들어 갈 방향을 알려 주는 나침반이 될 수 있기를 바라면서……

정미선

차례

페르시아 전쟁

세계 최초의 제국이 되는 페르시아

기원전 671년 오리엔트를 처음 통일한 나라는 아시리아★였다. 그러나 통일을 이룬 후 기원전 612년에 이르러 메디아와 신바빌로니아 연합군에 의해 주요 도시인 아슈르와 니네베가 차례로 함락 당했고, 통일한 지 30년 만에 멸망하였다.

아시리아 제국의 멸망 후 메소포타미아 북부 지역을 차지하고 있던 메디아 왕국의 아스티아게스 왕은 '비옥한 초승달' 지역유프라테스 강·티그리스 강 삼각지까지 넘보았다. 이 무렵 신바빌로니아의 나보니두스 왕은 지금의 이란 남부 지방을 통치하고 있던

★ 아시리아 제국
오리엔트 최초의 통일 국가로, 기원전 7세기경 서남아시아 최강의 군사 대국. 기원전 3000년 이전에 티그리스 강 근처의 '아슈르(Ashur, 도시의 수호신 아슈르의 이름에서 따옴)'라는 도시 국가로 출발한 아시리아는 기원전 1400년경 주변 지역 주도권을 장악하기 시작했다. 히타이트로부터 전수 받은 철기 제작 기술을 바탕으로 정복 사업을 펼쳤다. 바빌로니아, 시리아, 이스라엘, 이집트에 이르는 지역을 점령하여, 기원전 639년 역사상 최초로 '비옥한 초승달' 지역을 완전하게 통일했다. 정복 활동을 하던 600여 년 동안 단 한 번도 전투에서 패배한 적 없는 무적의 군대를 자랑했다.

아케메네스 왕가의 키루스키루스 1세와 동맹을 맺고 메디아에 대항했다.

그의 아들 키루스 2세는 기원전 550년에 메디아를 정복하고, 페르시아 왕국을 세워 제국의 기틀을 마련하였다. 역사에서는 이때를 가리켜 서기 3세기 초에 등장하는 '사산 왕조 페르시아'와 구분하기 위해 '아케메네스 왕조 페르시아'라고 부른다.

이후 키루스 2세는 리디아와 신바빌로니아를 점령하고, 점차 소아시아 해안 지대까지 세력을 넓혀 그리스 도시들도 손에 넣었다. 그의 아들 캄비세스는 이집트를 정복하였으며, 제3대 왕인 다리우스 1세기원전 552~기원전 486년 재위 시대에는 인더스 강에서 에게 해 북쪽 트라케에 이르는 지역까지 정복하여 광활한 영토를 지배하면서 최고의 전성기를 누렸다.

제국의 주인이 된 다리우스 1세는 행정 조직을 정비하고, 전국을 연결하는 주요 도로를 정비하여 제국을 효율적으로 통치하면서 제국 내의 교류를 활발하게 하여 상업을 발달시키는 정책을 추진하였다. 특히 전국을 20여 개의 속주로 나누어 총독을 직접 파견하였고, 속주의 여러 민족에게는 그들의 언어와 종교 등 고유한 풍습을 존중하는 관용 정책을 펼쳐 정복한 지역 관리에 더욱 신경을 썼다.

페르시아가 그리스를 겨냥한 까닭

그러나 문제가 되는 지역도 있었으니, 바로 소아시아아나톨리아. 현재 터키의 아시아 지역을 이루고 있는 반도 지역이었다. 일찍이 페르시아 왕국의 문을 연 키루스 왕 시대에 소아시아의 이오니아아시아 서쪽 지중해 연안에서 에게 해에 이르는 지방의 옛 이름를 정복한 적이 있었으나, 그 후 이오니아의 폴리스들이 세력을 키우면서 하나 둘씩 페르시아의 지배에서 벗어났다.

인더스 강에서 에게 해 북쪽 트라게에 이르는 지역까지 정복하여 광활한 영토를 지배하면서 최고의 전성기를 누렸던 페르시아 제국

　이에 다리우스 1세는 바다와 가까운 이오니아 정복을 위해 새 수도 파르사 오늘날 파르스. 그리스 인들은 이를 '페르세폴리스' 라 부름를 건설하였다. 지중해로 세력을 확대하려던 다리우스 1세의 꿈은 당시 이오니아의 폴리스*들이 서로 분열되어 있었기 때문에 손쉽게 이룰 수 있었다. 특히 그 지방에서 가장 요충지에 자리 잡고 있던 밀레투스를 공격하여 함락시킨 뒤, 이오니아 지방 전체를 손에 넣었다.

　그러나 기원전 500년 다리우스의 군대가 스키타이기원전 6~기원전 3세기에 남부 러시아의 초원 지대에서 활약한 기마 유목 국가에게 패했다. 이 사실을 알게 된 이오니아의 폴리스들은 이때를 노려 다리우스 1세의 지배에 대항하는 반란을 일으켰다.

　그 당시 이오니아의 중심이었던 밀레투스는 그리스 본토에 무장 지원을 요청했고, 기원전 498년에 그리스 본토의 에레트리아, 아테네

★ 폴리스
이오니아와 그리스를 구성했던 도시 국가를 가리키는 말. 이오니아와 그리스는 폴리스로 이루어진 연합 국가였다. 아테네와 스파르타는 그리스의 폴리스 가운데 가장 강력한 힘을 가지고 있었다. 그래서 페르시아를 상대로 전쟁을 벌일 수 있었던 것이다.

양국이 지원군을 보내왔다. 이 일에 분노한 다리우스는 이오니아의 그리스 계 폴리스들을 차례로 정복하고, 마침내 기원전 492년에는 그리스 본토를 공격하려는 원정에 나섰다. 이때부터 기원전 479년까지 계속된 그리스의 폴리스들과 페르시아 사이의 전쟁이 바로 '페르시아 전쟁'이다.

〈페르시아 전쟁〉

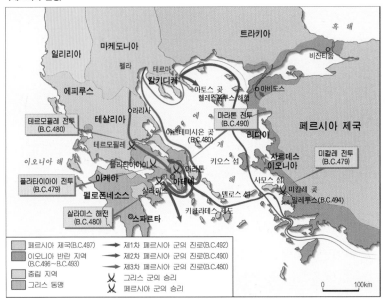

1차 전쟁 – 하늘이 도운 그리스

기원전 492년 총사령관인 마르도니우스다리우스 1세의 사위가 이끄는 페르시아의 육·해군은 헬레스폰투스터키 북서부의 좁은 해협. 지금의 다르다넬스 해협에 모여, 그리스를 향해 진군하기 시작했다. 육군은 마케도니아를 파괴했고, 해군은 타소스 섬을 정복했다.

이처럼 기세등등하게 진군하여 그리스 인들을 두려움에 떨게 했던 페르시아 군을 가로막은 것은 하늘이었다. 페르시아 군은 풍랑이 심하다는 헬레스폰투스 해협을 지나는 길에 아토스 곶바다나 호수로 가늘게 뻗어 있는 육지의 끝 부분 근처에서 폭풍을 만났다. 이때 함선 300여 척이 파손되고 만 명이 넘는 군사가 물에 빠져 죽는 큰 피해를 입었던 것이다. 뜻하지 않게 엄청난 타격을 입은 다리우스 1세는 그리스를 향한 첫 번째 원정을 일단 멈출 수밖에 없었다.

2차 전쟁 - 마라톤 전투

2년 후 다리우스 1세가 보낸 제2차 원정군은 먼저 에레트리아그리스 중부에 있던 고대 도시를 점령한 후 아테네를 직접 공격하려는 작전을 세웠다. 이에 따라 페르시아 군은 사모스 섬그리스 동부 에게 해에 있는 섬에서 출발하여 아테네로 직진하는 해로를 선택했다.

약 2만 5천 명으로 이루어진 페르시아 군은 아테네에서 쫓겨난 히피아스*의 안내로 아무런 저항도 받지 않고 마라톤 평원에 이르렀다. 페르시아 군이 이곳을 싸움터로 잡은 것은 마라톤의 넓은 평원이 페

★ 히피아스

무력으로 권력을 잡은 아테네의 참주(티라노스) 페이시스트라토스의 장남이자 후계자. 아버지의 정책을 계승하여 아테네를 경제적 · 문화적으로 발전시켰다. 그렇지만 기원전 514년 동생 히파르코스가 암살되자 폭군으로 변하였고, 기원전 510년 아테네에서 추방되었다.

나중에 소아시아로 건너가 페르시아 왕의 보호를 받게 되었으며, 기원전 490년 다리우스 1세의 그리스 원정 때에는 그 길잡이가 되었다. 아테네로 돌아가 다시 정권을 잡는 날을 꿈꾸면서 페르시아 군을 마라톤의 들판으로 상륙시켰다. 그러나 페르시아 군이 참패당하여 그 직후 죽은 것으로 추정된다.

르시아의 기병이 싸우기에 유리하다고 생각했기 때문이다.

아테네는 이 사실을 스파르타에 알리고, 힘을 합해 침략자와 싸우자고 요청했다. 그러나 스파르타는 당시 아폴론 신전에 제사를 지내는 기간인데다, 보름달이 뜨기 전에는 병사들이 전쟁터에 나가는 것을 금지하고 있었기 때문에 군사를 보내는 것을 머뭇거리고 있었다. 결국 아테네는 1만 명의 자국 병력만으로 페르시아 군과 맞서야 했다. 이때 아테네 군을 도와준 것은 플라타이아이^{코린트 만의 동북쪽에 있는 고}^{대 그리스의 보이오티아 지방에 있는 넓은 지역}에서 온 1,000명의 지원군뿐이었다.

아테네의 군사 규모는 페르시아에 비하면, 거의 3배나 차이가 나 매우 불리한 상황이었다. 그렇지만 아테네 군의 밀티아데스 장군은 방어보다는 적극적인 공격을 주장했다. 그 당시 전쟁에서는 진^{군사들의}^{대열을 배치한 것}의 중앙에 강한 주력 부대를 먼저 배치하고, 양쪽 날개에는 약한 부대를 배치하는 것이 기본이었다. 그러나 밀티아데스는 반대로 진의 양쪽 날개에 강한 부대를 보내고, 중앙에는 약한 부대를 배치했다.

마침내 밀티아데스가 이끄는 아테네 군이 페르시아 군을 공격했다. 그들은 빠른 걸음으로 전진하면서 페르시아 군 궁수의 공격을 피했다. 처음에 페르시아 군은 자신들보다 훨씬 적은 숫자였던 아테네 군을 가볍게 생각했다. 그러나 아테네 군의 예상 밖의 전략에 당하게 되자, 페르시아 군은 당황하여 마라톤 평원에서 물러났다.

이 전투로 페르시아 군은 6,400명, 아테네 군은 192명이 전사하였다. 아테네의 대승이었다. 이후 페르시아 군은 아테네로 함대를 출동시켰지만, 별다른 성과를 얻지 못한 채 소아시아로 돌아갔다.

한편 마라톤 평원의 전투 결과를 걱정하며 광장에 모여 있던 아테네 시민들 앞에 달려와 승전 소식을 전한 전령이 있었다. '에우클레스페디피데스라고도 함' 라 불리는 그는 아테네의 승리를 알리기 위해 마라톤 평원에서 아테네까지 41.6㎞를 달려와, "기뻐하라. 우리가 승리했다!"라는 말을 전하고는 목숨을 잃었다고 한다. 이 이야기를 기원으로 1896년 제1회 아테네 올림픽 대회부터 42.195㎞를 달리는 마라톤 경기가 시작되었다.

현재의 마라톤 경기는 마라톤 평원 전투에서 유래되었다.

TIP 아테네가 마라톤 전투에서 승리를 거둔 이유

첫째, 강한 정신력 때문이다.
아테네는 마라톤 전투에서 패배하면 페르시아의 지배 아래에 놓일 상황이었다. 따라서 마라톤 전투는 매우 중요했다. 그러나 페르시아 군대에는 페르시아의 지배를 받던 민족이 많이 섞여 있었기 때문에, 전투에 적극적으로 참가하려 하지 않았다. 그래서 결속력과 승리에 대한 의지가 강했던 아테네가 유리할 수밖에 없었다.

둘째, 뛰어난 전술 때문이다.
아테네 군대는 방패와 창으로 무장한 보병들이 밀집 대형을 유지했다. 이것은 그리스와 같은 산악 지형에 적합한 전투 방식이다. 이에 비해 페르시아 군대의 전술은 궁수들이 활을 쏘아 공격을 한 뒤, 기병이 적을 상대한 다음에 보병들이 마무리 공격을 하는 방식이었다. 이것은 넓은 평원 지형에 적합한 전술이었기 때문에 마라톤 지역에 어울리지 않았다. 그래서 아테네가 공격하자 페르시아 군은 당황할 수밖에 없었다. 밀티아데스의 역배치 전술도 페르시아의 허를 찌르는 것이었다.

3차 전쟁 – 테르모필라이 전투와 살라미스 해전

다리우스 1세는 마라톤 전투에서 패한 아픔을 뼈아프게 새기면서 다시 아테네 공격을 준비했으나, 그 뜻을 이루지 못하고 죽었다. 다리우스 1세의 뒤를 이은 크세르크세스 왕은 기원전 480년 봄 30만이 넘는 대군을 이끌고, 아버지의 한을 풀기 위해 직접 그리스 원정에 나섰다. 이것이 바로 3차 페르시아 전쟁이다.

크세르크세스가 이끄는 페르시아 군은 대규모 병력이라서 이동 속도가 느렸다. 그 덕에 아테네를 중심으로 한 30여 개의 도시 국가들은 동맹군을 조직하고, 페르시아의 공격에 맞설 준비를 할 시간을 벌었다.

그리스 연합군의 총사령관은 제1강국이었던 스파르타가 맡았고, 아테네의 테미스토클레스는 작전을 담당하였다. 테르모필라이^{아테네 북서쪽 약 136㎞ 지점에 위치한 고개}에서 스파르타 왕 레오디나스가 지휘하는 육군이 페르시아 육군을 저지하는 동안, 아테네가 지휘하는 해군이 페르시아 해군을 격멸시킴으로써 페르시아 군 전체의 기세를 꺾는다는 작전을 세웠다. 이에 따라 그리스 연합군은 테르모필라이의 좁은 길에 약 7,000명의 육군을 배치했고, 아르테미시움^{그리스의 크레타 섬 다음으로 큰 섬인 에보이아 북쪽 해변에 있는 곳}에는 테미스토클레스가 이끄는 전함 271척을 배치하기로 결정했다.

테르모필라이에 도착한 페르시아 육군은 4일 동안 정찰을 한 뒤, 그리스 군의 세력이 대단치 않은 것을 보고는 5일째 되는 날에 공격을 시작했다. 그들은 이틀 동안 그리스 연합군을 공격했지만, 성과를 거두지 못한 채 많은 병력만 잃었다. 그러나 7일째 되는 밤, 그리스의 한 반역자가 페르시아 정예 부대를 좁은 길을 돌아 그리스 군의 뒤쪽으로 안내했다.

　날이 밝자 페르시아 군은 일제히 그리스 군을
공격하기 시작했는데, 이때 스파르타 왕 레오니
다스와 남은 병사들은 끝까지 싸우다 모두 전사
했다. 이렇게 테르모필라이를 점령한 페르
시아 군은 아테네 시내로 쳐들어왔지만, 이
미 아테네 시민들은 다른 곳으로 피해 있
었다. 페르시아 군은 텅 빈 도시를 짓밟고
다니면서 불을 질렀다.

　한편 그리스 해군을 지휘하고 있던 테미스토
클레스는 후퇴하는 척하며 페르시아 함대를 살라
미스_{키프로스 섬의 동쪽 해안에 있는 고대 도시}의 좁은 해협
으로 유인하는 교묘한 전략을 펼쳤다. 마침내
페르시아 해군이 그리스의 작전에 넘어가 살

테르모필라이 전투에서 목숨을 잃은
스파르타 왕 레오니다스

라미스 해협으로 들어왔다. 이때 그리스 함대의 갤리선_{그리스의 전함들}
이 최고 속력으로 달려와 페르시아 함선의 옆구리를 들이받으며 공격
을 해 댔다. 이에 당황한 페르시아 군은 배를 돌리려고 하였지만 쉽지
않았고, 오히려 자기네 배들끼리 충돌하여 엄청난 피해를 입었다.

　밤이 되어 바람이 강한 서풍으로 바뀌면서 폭풍우까지 몰아치자, 그
리스 함대는 재빨리 살라미스 해협 깊숙이 들어가 자리를 잡았다. 그러
나 제대로 움직이지 못하던 페르시아 함대는 폭풍우에 휩쓸려 4분의 3
이 바다에 가라앉아 버렸다. 자신의 함대가 무참히 패하는 것을 본 크
세르크세스는 그해 겨울에 페르시아로 돌아갔다. 그렇지만 그의 군대

는 기원전 479년 여름까지
그리스에 남아 있었다.

페르시아 전쟁은 그리스
에서 일어난 플라타이아이 전
투와 이오니아에서 일어난 미칼레
_{사모스 섬의 미칼레 반도} 전투를 끝으로
마감되었다. 그렇지만 그리스와
페르시아의 싸움은 그 뒤에도
30년 동안이나 계속되었다. 아테네

현존하는 페르시아 유적

가 앞장서 새로 결성된 델로스 동맹이 이오
니아에 있는 폴리스들을 페르시아의 지배로부터 해방시키기 위해 계
속 공세를 펼쳤던 것이다. 델로스 동맹국들의 공격은 대부분 성공했
고, 기원전 448년경에는 아테네를 비롯한 동맹국들과 페르시아 왕 아
르타크세르크세스 1세_{크세르크세스 1세의 아들} 사이에 전쟁을 마감하는 협
정이 맺어졌다.

전쟁 후 페르시아와 그리스의 변화

페르시아 전쟁은 지중해에 세력을 넓히려던 페르시아가 그리스를
침략하면서 일어난 전쟁이다. 3차에 걸친 이 전쟁은 페르시아의 엄청
난 패배로 끝을 맺고 말았다. 대신 페르시아 전쟁에서 승리한 그리스
는 새로운 전성시대를 맞게 되었다.

특히 아테네는 살라미스 해전과 플라타이아이 전투에서 승리를 기
념하며, 페르시아가 다시 공격해 올 것을 대비한다는 명목으로 기원

전 478년에 '델로스 동맹'을 결성하였다. 그 결과 그리스 도시 국가들의 맹주로 확고한 지위를 차지하게 되었다. 나아가 아테네는 50여 년 동안 미술, 정치, 시, 연극, 철학, 법학, 논리학, 역사, 수학 등 여러 분야에서 창조력이 넘쳤던 문화의 전성기를 맞이하였다.

그러나 전쟁에서 패한 페르시아는 세력이 점점 약해져, 왕권 다툼과 속주의 반란이 끊이지 않았다. 결국 페르시아는 기원전 331년에 마케도니아 왕국^{그리스 북쪽에 있던 고대 왕국}의 알렉산드로스 3세^{알렉산더 대왕}에게 무너져 멸망하고 말았다.

그리스를 지배하기 위한 패권 다툼

펠로폰네소스 전쟁

그리스 제국을 꿈꾼 아테네

페르시아는 비록 페르시아 전쟁에서 패했지만 여전히 그리스를 공격할 기회를 노리고 있었다. 그런 탓에 페르시아가 다시 쳐들어올까 두려워하던 소아시아_{아시아의 서쪽 끝에 있는 흑해, 에게 해, 지중해에 둘러싸인 반도}의 폴리스들과 에게 해의 섬에 있는 폴리스들은 아테네를 중심으로 동맹을 맺었다. 기원전 478년에 결성된 이 동맹을 '델로스 동맹' _{동맹 국가들이 내는 기금을 델로스 섬의 아폴론 신전에 보관한 데서 이름 붙임}이라 한다.

원래 델로스 동맹을 만든 명분은 페르시아와의 전쟁을 대비하고, 페르시아의 지배에 있는 그리스 도시 국가들을 독립시키는 것이었다. 그래서 대부분의 나라가 참여했다.

델로스 동맹이 맺어지고 펠로폰네소스 전쟁이 일어나기 전까지 47년 동안 아테네는 페리클레스★의 통치 아래 민주 정치의 꽃을 피웠다. 또 경제적 번영을 이루었을 뿐 아니라 학문·예술의 중심지가 되어 최고의 황금시대를 누렸다. 이 시기를 흔히 '아테네 제국 시대' 라고도 한다.

아테네는 기원전 454년 델로스 동맹 본부와 델로스 섬에 보관하고 있던 돈을 아테네로 옮겨 오고, 몇 년 뒤에는 아테네가 페르시아와 평화 조약칼리아스 조약을 체결하기에 이르렀다. 그로 인해 정치·경제·군사적으로 절대적인 힘을 갖게 된 아테네는 동맹을 맺은 폴리스들에게 동맹 기금을 바치도록 강요할 정도까지 되었다.

펠로폰네소스 동맹, 드디어 반기를 들다

그리스 폴리스들 사이에서는 아테네의 지나친 성장에 대한 불만이 높아지기 시작했다. 그 불만을 터트린 결정적인 사건은 케르키라와 코린토스코린트. 상업 무역으로 가장 번영을 누리던 그리스 중남부 펠로폰네소스 반도에 있는 도시 국가의 싸움이었다. 기원전 433년에 코린토스의 식민지였던 케르키라가 독립 전쟁을 일으키자, 아테네가 케르키라를 지원하고 나섰다. 코린토스는 곧 스파르타에 지원을 요청했고, 펠로폰네소스 동맹★에 속한 나라들은 회의를 열어 아테네와의 전쟁을 결의하였다. 이로써 스파르타를 중심으로 한 펠로폰네소스 동맹과 아테네를 중심으로 한 델로스 동맹 사이에 전쟁이 일어났다.

★ 페리클레스
아테네의 민주 정치와 예술, 과학 분야의 황금기를 만든 인물. 그는 아테네의 귀족이었지만 민주파의 지도자가 되어, 귀족파의 우두머리였던 키몬을 도편 추방시키고 평민들의 정치 참여를 확대시켰다. 기원전 448년에 페르시아 제국과 칼리아스 평화 조약을 맺었고, 기원전 447년에는 파르테논 신전을 건축하였다. 또 기원전 446년에 스파르타와 평화 협정을 맺어 주변 강대국과의 평화를 유지하는 데 힘썼다. 기원전 454년 그의 제안으로 델로스 동맹의 기금을 델로스 섬에서 아테네로 옮겼는데, 이때부터 동맹의 여러 도시는 거의 모두 아테네의 속국이 되었다.
페리클레스는 펠로폰네소스 전쟁 당시 아테네에 퍼졌던 페스트에 걸려 사망하였다.

이 전쟁은 겉으로는 아테네가 코린토스와 케르키라의 전쟁에 간섭
했기 때문에 일어난 것으로 보이지만, 실질적으로는 스파르타가 아테
네의 힘이 커지는 것을 더는 두고 볼 수 없어서 일으킨 것이다.

최강의 육군을 자랑하는 스파르타와 풍부한 재력과 막강한 해군력
을 갖춘 아테네가 그리스 지배권을 놓고 27년 동안이나 싸웠던 이 전
쟁이 바로 '펠로폰네소스 전쟁기원전 431~기원전 404년' 이다.

〈펠로폰네소스 전쟁〉

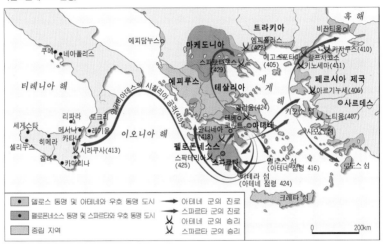

★ 펠로폰네소스 동맹
고대 그리스의 스파르타를 맹주로 하는 펠로폰네소스 반도 도시 국가들의 동맹. 기원
전 6세기 스파르타가 무력을 앞세워 개별적으로 여러 도시 국가와 군사 조약을 체결
하였다. 그 결과 기원전 500년까지 아르고스를 제외한 전체 펠로폰네소스를 통합하
는 도시 동맹이 조직되었다.
본질적으로는 방위적인 군사 동맹으로, 스파르타는 전장에서의 동맹군 지휘와 동맹
회의의 소집권을 보유한 맹주였다. 그렇지만 동맹의 교전권은 동맹 회의에서 결정하
였다. 펠로폰네소스 전쟁에서 아테네를 눌러 승리를 거두었지만, 기원전 366년 스파
르타의 전통적 정치 체제가 무너지자 동맹도 해체되었다.

펠로폰네소스 전쟁의 시작

– 아르키다모스 전쟁(기원전 431~기원전 421년)

기원전 431년 스파르타 왕 아르키다모스는 육군을 거느리고 아테네를 공격하였다. '10년 전쟁'이라고도 부르는 첫 번째 전쟁에서 아테네의 페리클레스는 성문을 굳게 닫고, 최강의 힘을 자랑하는 스파르타의 육군과 정면으로 싸우지 않고 성을 지키는 전술을 폈다. 그 대신 스파르타의 육군이 아테네에 머무는 사이, 해군을 동원해 펠로폰네소스 동맹군을 습격하여 스파르타 군에 타격을 주려고 했다.

TIP 페리클레스가 아테네 군 장례식에서 한 추도 연설

페리클레스가 펠로폰네소스 전쟁 과정에서 전사한 아테네 군인들을 국립묘지에 안장하면서 그들을 추모하기 위해 연설을 했다. 내용은 대부분 아테네의 역사가인 투키디데스가 쓴 것으로 아테네의 힘과 자신들의 체제에 대한 자부심, 아테네의 민주주의에 바치는 찬사들이다. 역사에 길이 남는 명연설로 평가받고 있다.
투키디데스는 펠로폰네소스 전쟁에 직접 참여한 장군이었지만, 전투에서 패배한 탓에 20년 동안 망명 생활을 했다. 그 기간 동안 그는 전쟁을 목격한 사람들을 찾아가 전쟁에 대한 정보를 모아 《펠로폰네소스 전쟁사》라는 책을 완성했다.

처음에는 페리클레스의 작전이 성공하는 것처럼 보였다. 그러나 전쟁이 시작된 이듬해 아테네에 페스트가 퍼지자 상황이 달라지기 시작했다. 페스트로 인해 1만 4천 명에 이르렀던 아테네 육군의 3분의 1이 목숨을 잃었고, 페리클레스 역시 이 병에 걸려 세상을 떴다.

그렇지만 아테네는 어려워진 상황에서도 스파르타와 계속 싸웠다. 아테네 군이 계속 밀고 들어오자, 기원전 425년에 스파르타는 아테네

에 화해를 제안했다. 그러나 클레온페리클레스가 죽 은 뒤 뽑힌 아테네의 지도자은 이 제안을 거절하고, 오히 려 스파르타의 시민 120명을 잡아 아테네로 끌 고 왔다.

당시 아테네 인의 생활상이
그려진 도자기

그런데 얼마 지나지 않아 스파르타의 장군 브라시다스의 활약으로 승리의 기운은 스파르 타 쪽으로 기울기 시작했다. 브라시다스 장군은 북 쪽으로 진군하여 엠피폴리스와 티로네를 점령하고, 아테네 군을 계속 공격하였다. 그 과정에서 기원전 423년에 아테네와 스파르타는 휴전을 맺었다. 그런데 브라시다스는 공격을 멈추지 않고, 아테네와 동맹을 맺고 있는 폴리스들을 계속 무 너뜨렸다. 결국 브라시다스를 저지하기 위해 클레온이 직접 나섰고, 기원전 422년 엠피폴리스에서 충돌한 이 둘은 모두 전사하고 말았다.

클레온과 브라시다스가 죽은 뒤, 아테네와 스파르타는 서로 점령했 던 지역을 돌려주는 조건으로 기원전 421년 '니키아스 평화 조약'을 맺고 휴전을 하게 되었다.

시칠리아에서 다시 맞서다

니키아스 평화 조약은 6년 동안 지속되었다. 이 기간에 아테네와 스파르타 양측은 전쟁의 상처를 회복하는 데 힘을 기울이면서, 작은 폴리스들을 자기편으로 끌어들이기 위해 애썼다. 이때 아테네는 아르 고스, 엘리스, 만티네이아펠로폰네소스 반도 중앙의 아르카디아 지방에 있던 고대 그리 스 도시와 새롭게 동맹을 맺었다. 그러다가 기원전 418년, 아테네가 만

참주가 될 가능성이 있는 사람의 이름이 적힌 도편

티네이아의 영토에서 스파르타와 싸웠지만 크게 지고 말았다.

아테네의 장군 알키비아데스는 이 전투에서 진 것 때문에 도편 추방★을 당할 위기에 처했다. 그러나 니키아스아테네의 정치가와 결탁해 히페르볼로스클레온의 후계자에 맞섬으로써 위기를 모면했다. 그때까지만 해도 두 나라 사이의 평화 조약은 깨지지 않았다.

니키아스 평화 조약은 기원전 415년에 아테네가 시칠리아를 공격하면서 결국 깨지고 말았다. 알키비아데스 장군은 올림피아 제전고대 그리스의 올림피아에서 4년마다 초여름 5일간에 걸쳐 제우스 신을 위하여 지내던 제사을 통해 다시 명성을 얻었다. 그러면서 그는 이탈리아와 시칠리아를 먼저 손에 넣은 다음 스파르타를 공격하겠다는 작전을 세워, 200척의 대함대를 이끌고 시칠리아 원정에 나섰다.

그러나 그 틈을 타 본국에 있던 반대 세력이 그를 몰아내려고 했다. 아테네로 돌아오라는 명령을 받은 알키비아데스는 스파르타로 도망갔다. 알키비아데스는 아테네의 시칠리아 원정 계획을 스파르타에 알렸고, 기원전 413년에 스파르타는 그의 도움으로 시라쿠사시칠리아 섬 남동쪽 해안에 있는 항구 도시에서 아테네 함대를 거의 전멸시킬 수 있었다.

★ 도편 추방

기원전 5세기 아테네에서 참주가 등장하는 것을 막기 위해 만든 제도. 매년 아테네 시민들이 도자기 조각에 참주가 될 가능성이 있는 사람의 이름을 적어 내면, 그 해당자를 5년 또는 10년간 외국으로 추방했다.

아이고스포타미 전투로 막을 내리다

시라쿠사에서 패배한 후 아테네의 정치는 과두 정치몇몇 사람이 국가의
지배권을 장악한 독재 정치 지배자들에게 권력이 넘어갔다. 그 결과 아테네는
다시 민주 정치를 회복하기까지 정치적으로 큰 혼란을 겪었다. 그렇
지만 아테네는 그 사이 해군을 재건하여, 헬레스폰투스 반도를 비롯
한 여러 지역에서 스파르타를 상대로 승리를 거두었다. 의기양양해진
아테네 지도자들은 스파르타가 제의한 평화 조약을 거부했다.

이에 스파르타는 전에 아테네가 세웠던 작전을 본떠, 에게 해를 장
악하여 아테네의 보급로와 무역로를 차단하려는 계획을 세웠다. 그리
고 아테네의 막강한 해군력에 맞서기 위해 페르시아에게 지원을 요청
했다. 페르시아는 소아시아의 식민 도시들을 넘겨받는 조
건으로, 아테네의 보급로인 흑해 방면을 차단해 주었다.

스파르타의 해군 장군
리산드로스는 페르시아의
도움을 받아, 기원전 406년
에 노티움 전투에서 아테네 해
군을 무찔렀다. 하지만 아테네는
여전히 스파르타와의 평화 조약을
거부했다. 그러자 기원전 405년, 리산
드로스 장군은 헬레스폰투스 해협을 막기
위해 해안 도시 람프사코스를 점령했다. 스
파르타의 행동에 당황한 아테네에서는 코논
사령관이 108척의 함대를 이끌고 아이고

지혜와 전쟁의 여신 아테나.
아테네의 수호 여신이기도 하다.

스포타미 강발칸 반도 동부 트라키아 지방에 있는 강 하구로 급히 갔다. 리산드로스는 4일 동안 아테네 군을 초조하게 대기시킨 뒤, 대부분의 병사들이 상륙한 틈을 타 아테네 함대를 공격하여 크게 승리하였다. 결국 코논 사령관은 겨우 20척의 배만 이끌고 도망쳤고, 3~4천의 아테네 병사들은 포로가 되고 말았다.

아테네가 아이고스포타미 전투에서 패한 뒤, 델로스 동맹국은 아테네의 영향력에서 벗어났다. 결국 재정적으로 매우 어려워진 아테네 시민들은 기원전 404년에 아테네로 진격한 스파르타의 리산드로스에게 항복하고 말았다. 이로써 27년 동안 벌인 펠로폰네소스 전쟁은 스파르타의 승리로 막을 내리게 되었다.

펠로폰네소스 전쟁 이후

항복 후 아테네는 함대를 스파르타에게 인도하고, 델로스 동맹을 해산하였다. 또 리산드로스의 압력으로 '30인 정치과두 정치'를 수립하게 되었다.

이에 비해 펠로폰네소스 전쟁에서 승리한 스파르타는 그리스에서 가장 강력한 폴리스로 등장하게 되었다. 그러나 그 영광도 그리 오래 가지는 않았다. 스파르타의 강압적 지배에 불만을 품은 테베·코린토스 등이 아테네를 앞세워 '코린토스 전쟁기원전 395~기원전 386년'을 일으켰기 때문이다. 이 전쟁에서 패한 뒤 전력이 약해진 스파르타는 기원전 371년에 테베가 주도하는 보이아티아 연맹군과의 레욱트라지금의 레브크트라 근처 전투에서도 패했다. 결국 스파르타는 테베에게 그리스 지배권을 빼앗기고 말았다.

코린토스 전쟁에서 이긴 아테네는 에게 해의 여러 폴리스들과 제2차 해상 동맹을 맺었다. 하지만 또다시 여러 동맹 도시들의 불만을 사서 '동맹시 전쟁기원전 357~기원전 355년'을 겪게 되었다.

이 무렵 그리스 북쪽에서 마케도니아가 등장하여 기원전 338년에 그리스의 도시 국가들을 공격하였다. 아테네와 테베 등 폴리스들이 다시 연합하여 싸웠으나, 마케도니아에 패배하였다. 그 결과 폴리스들의 자치와 독립은 인정받았으나, 아테네는 완전한 자주독립은 하지 못한 채 역사를 마감했다.

아테네와 스파르타가 그리스의 지배권을 놓고 다퉜던 펠로폰네소스 전쟁은 결국 고대 그리스의 분열과 쇠퇴의 원인이 되고 말았다.

TIP 아테네와 스파르타의 차이

구분	아테네	스파르타
종족	이오니아 인	도리아 인
정치	귀족 정치 → 민주 정치	과두 정치
군사	해군 중심	육군 중심
외교	개방적(무역 발달)	폐쇄적(쇄국주의)
경제	상공업 발달	농업 중심
사회 구성	시민(귀족·평민)(8만 5천~12만 명)	시민(귀족)(7천~9천 명)
	외국인(2만 5천~5만 명)	반 자유인(4만~6만 명)
	노예(6만~10만 명)	노예(14만~20만 명)

알렉산드로스 대왕의 정복 전쟁

떠오르는 태양, 마케도니아

그리스 인들이 발칸 반도유럽 남부, 지중해 동부에 튀어나와 있는 삼각형의 반도 남쪽으로 내려왔을 때, 그냥 북부에 남아 있다 다리우스 1세 때 페르시아의 지배를 받으며 페르시아 전쟁에 참여한 작은 나라가 바로 마케도니아였다.

마케도니아는 알렉산드로스 1세기원전 498~기원전 454년 재위 때 페르시아와 싸워 왕국으로 독립은 했지만, 그리스 인들이 '바르바로이야만인, 오랑캐'라고 부르며 얕잡아 볼 정도로 뒤처진 문명을 가지고 있었다. 그러나 기원전 4세기경 알렉산드로스 3세에 의해 세계 정복을 꿈꾸는 대제국이 되어 역사 속에 영원히 그 이름을 빛내는 나라가 되었다.

마케도니아는 나라의 형태를 갖추고서도 오랫동안 원시적 지배 체제를 유지했다. 그러나 그리스와 교류하기 시작하면서 마케도니아 사람들은 '바르바로이' 상태에서 벗어나기 위한 노력으로 아테네의 선진 문화를 받아들였다. 그 덕분에 정치적 능력이 탁월했던 아르켈라오스 왕기원전 413~기원전 399년 재위 때는 국력이 크게 발전하였다.

한편 발칸 반도 남쪽에서는 펠로폰네소스 전쟁 이후 아테네가 그리스 전체의 지도자로서 힘을 잃자, 스파르타와 테베가 차례로 폴리스들을 대표하는 패권을 차지했다. 그렇지만 제국의 규모까지 이르렀던 아테네의 빈자리를 대신하지는 못했다. 그 뒤 아테네가 다시 일어났지만, 동맹 도시들의 불만을 사 '동맹시 전쟁기원전 357~기원전 355년'을 겪게 되었다.

그 무렵 마케도니아에서는 새로 즉위한 필리포스 2세기원전 382~기원전 336년가 군사력을 강화하여 영토를 넓혀 가고 있었다. 그는 금광을 개발해 국가의 경제력을 기르고, 테베에 인질로 잡혀 있을 때 배워 온 에파미논다스★의 전술을 이용하여 팔랑크스★라는 장창 밀집 부대를 편성하였다.

또 필리포스 2세는 기원전 338년에 케로네아그리스 중부 델포이 동쪽에 있는 지역 전투에서 아테네와 테베의 연합군을 무찌르고, 그리스를 통

★ 에파미논다스(Epaminondas) ....
고대 그리스 테베의 장군이자 정치가. 테베와 스파르타가 레욱트라 전투에서 맞서 싸울 때 새로운 사선진 전술을 이용하여, 적군 1만 명에게 결정적인 타격을 입힘으로써 스파르타의 패권을 빼앗았다.
사선진 전술이란 평지에서 주로 사용하는 전법이다. 몇천~몇만 명의 군사를 거대한 2~3개 진으로 편성하여, 방어진의 양 날개 중 한쪽의 전투력을 극대화하는 전법이다.

★ 팔랑크스(Phalanx) ....
기원전 7세기 초, 고대 그리스에서 엄격한 규율과 높은 사기로 이루어진 중장 보병의 밀집 전투 대형. 시민들로 이루어진 중장 보병은 오른손에 장창, 왼손엔 커다란 둥근 방패를 들고 자신의 공동체의 명예를 위해 싸움을 벌였다.
최소 가로 4명, 세로 8명인 32명으로 이루어진 것이 계속 모여 전열을 구성했다. 각자 방패를 들고, 어깨를 서로 밀착시킨 형태로 창을 부채살 모양처럼 앞으로 겨눈 상태로 싸움에 임했다.

합하였다. 이것으로 필리포스 2세의 그리스 지배가 시작되어, 여러 폴리스들은 정치적으로 독립적인 기능을 잃고 말았다. 그 뒤 코린토스 동맹이 조직되어 필리포스 2세를 맹주로 하는 통일 국가가 형성되었다. 이것이 후에 알렉산드로스 3세가 대제국을 이루는 기틀이 되었다.

뛰어난 능력을 보여 준 알렉산드로스

그리스를 통일한 필리포스 2세는 발칸 반도가 여전히 페르시아의 위협에서 벗어나지 못한 채 불안한 상태가 계속되자, 페르시아를 정복하기로 마음먹었다. 그는 코린토스 동맹국들에 페르시아와 전쟁을 하자고 주장하였고, 그리스 군대와 연합하여 원정군을 조직했다. 그러나 원정을 나서기 직전에 암살당해, 그의 정복 계획은 고스란히 아들 알렉산드로스 3세_{알렉산더 대왕이라고도 함}에게 넘어갔다.

필리포스 2세의 아들로, 아리스토텔레스에게 교육을 받으며 성장한 알렉산드로스는 열여섯의 어린 나이에 이미 훌륭한 지도자로서의 면모를 보이기 시작했다. 평소 전쟁에 나간 아버지 필리포스 2세를 대신해, 마케도니아를 맡아서 통치하면서 트라키아_{발칸 반도 동부에 위치한 지역}의 마이다 부족을 무찔렀다. 또 케로네아 전투에서는 군대를 지휘하여 테베의 신성 동맹을 무찌를 정도로 용맹을 떨쳤다. 기원전 336년에 아버지 필리포스 2세가 암살당하자, 알렉산드로스는 군대의 지지를 받아 20세에 마케도니아의 왕이 되었다. 그는 즉위하자마자 바로 페르시아 정복에 나설 준비를 했다.

그 무렵 그리스의 폴리스들에게 위협적인 존재였던 필리포스 2세

세계 대제국의 꿈을
이루기 위해 원정에 나섰던
알렉산드로스 대왕

가 죽고 젊은 알렉산드로스가 왕위에 올랐다는 소식을 들은 그리스
의 여러 도시 국가들이 여기저기서 반란을 일으키기 시작했다. 알렉
산드로스는 바로 군대를 이끌고 가서 그리스 중부의 중심지인 코린
토스를 점령해 버렸다. 너무도 재빠른 공격에 당황한 그리스 인들은
제대로 싸워 보지도 못하고 항복하고 말았다. 반란을 진압한 알렉산
드로스는 코린토스에서 폴리스 전체 회의를 열고, 아버지 때 맺었던
'코린토스 동맹'을 다시 새기면서 그리스에 대한 지배를 굳건하게
만들었다.

마케도니아 북쪽에서도 반란이 일어나자 알렉산드로스는 군대를
이끌고 트라키아를 공격하여 모두 진압하였다. 그런 가운데 알렉산드
로스가 전투 중에 죽었다는 헛소문이 퍼졌다. 이 소식을 들은 테베가
아테네와 손을 잡고 또다시 반란을 일으켰다. 알렉산드로스는 다시
군대를 끌고 가 테베를 공격하는 과정에서 테베가 항복하지 않고 버
티자, 다른 폴리스에 본보기를 보이기 위해 테베를 철저하게 응징하

였다. 이 전투에서 테베는 6천 명의 군사가 죽었고, 3만 명이나 되는 시민들이 포로로 잡혀 노예로 팔려갔다. 결국에는 알렉산드로스의 예상대로 아테네가 항복을 청해 오자, 아테네에 대해서는 관대하게 처분했다.

TIP 아버지를 놀라게 한 알렉산드로스

알렉산드로스가 열두 살 되던 해, 궁궐에 들어온 말 장수가 자신의 말이 명마라며, 한 마리 값으로 13탈란트를 불렀다. 이것은 그 당시 말 한 마리 값으로는 엄청난 금액이었다. 말 장수가 명마라고 주장하는 말의 이름은 '부케팔로스'였다. 부케팔로스는 '부(소)', '케팔로스(머리)', 즉 소머리라는 뜻이다. 필리포스 2세가 말 이름의 내력을 묻자, 말 장수는 소머리 모양의 흰 무늬가 있는 그 말의 배를 보여 주었다.

알렉산드로스의 스승
아리스토텔레스

필리포스 2세는 어린 알렉산드로스와 신하들을 거느리고, 명마를 타려고 경마장으로 갔다. 그런데 부케팔로스는 사람이 등에 오르려 하면, 마구 날뛰어 도저히 올라탈 수가 없었다. 그러자 필리포스 2세는 성질만 고약한 야생마를 끌고 와서 명마라고 우긴다며 말 장수를 꾸짖었다.

그 광경을 보고 있던 알렉산드로스가 "솜씨도 용기도 부족한 사람들 때문에 천하의 명마를 잃는구나."라고 말했다. 이에 필리포스 2세가 알렉산드로스를 나무라자, 그는 자신이 말을 다루지 못하면 말 값을 대신 치르겠다고 했다.

알렉산드로스는 살그머니 부케팔로스 옆으로 다가가서 고삐를 잡고 해가 떠 있는 쪽으로 말을 돌려세웠다. 이제 좀 얌전해진 부케팔로스와 나란히 걸으면서 목덜미를 쓰다듬던 그가 잽싸게 말 등에 뛰어올라 탔다. 그러자 부케팔로스는 신나게 달리기 시작했다. 알렉산드로스가 말에서 내려왔을 때, 필리포스 2세는 아들을 껴안으며 "네 나라는 네 손으로 찾아라. 내 나라 마케도니아는 너에게 너무 작을 것 같구나."라고 했다.

그 일이 있은 후 필리포스 2세는 이 예사롭지 않은 아들을 가르치기 위해 마케도니아로 아리스토텔레스를 불러들였다.

아시아 정복의 길을 연 이수스 전투

그리스와 마케도니아 북방을 모두 안정시킨 알렉산드로스는 기원전 334년에 보병 3만 명, 기마병 5천 명, 함대 160척으로 구성된 코린토스 동맹군을 이끌고 페르시아 원정을 떠났다.

〈알렉산드로스 대왕의 원정 과정〉

알렉산드로스의 군대는 헬레스폰투스 해협을 지나 그라니코스 강에서 페르시아 군과 싸워 승리하고, 페르시아가 지배하고 있던 그리스의 폴리스들을 차지했다. 그리고 사르디스^{고대 리디아의 수도}를 비롯한 소아시아 지역의 도시들도 대부분 차지하였다.

기원전 333년, 알렉산드로스의 군대는 소아시아의 남동쪽 끝에 있는 이수스에서 다리우스 3세가 이끄는 페르시아 군대와 맞서게 되었다. 이수스는 산이 바다와 접해 있고 강이 흐를 뿐 아니라, 땅의 굴곡이 심한 지형이었다. 그래서 알렉산드로스는 페르시아의 기병이 이곳에서 제대로 활약할 수 없을 것이라 판단했다. 이에 보병을 중앙에 두고, 기병대를 양 날개에 배치한 뒤, 피나로스 강 맞은편 둑에 진을 치고 있던 페르시아 군을 향해 진격했다.

알렉산드로스는 재빨리 강을 건넌 뒤, 군대의 맨 앞에 나서서 페르시아 군을 공격하기 시작했다. 먼저 페르시아 군 왼쪽 진영을 격파한 다음, 적의 중앙부를 이루고 있던 그리스 인 용병 부대를 공격하였다. 알렉산드로스의 빠른 공격에 페르시아 군은 혼란에 빠졌고, 다리우스 3세는 병사들과 가족을 내버려 두고 혼자 도망가 버렸다. 그렇게 알렉산드로스는 페르시아 군을 상대로 큰 승리를 거두었다. 이것을 '이수스 전투' 라고 한다.

이수스 전투에서 승리한 알렉산드로스는 페르시아 함대의 근거지인 티루스레바논 남부에 있는 도시와 가자이집트의 북동부, 팔레스타인 남서부에 있는 도시. 예로부터 지중해와 이집트를 잇는 중요한 무역 중계지이며 군사 요충지를 비롯해, 시리아ㆍ페니키아를 차례로 정복한 다음 이집트로 향했다. 그는 이집트에

페르시아 군대와 맞서 싸우는 알렉산드로스

서 나일 강 하구에 자신의 이름을 딴 '알렉산드리아' 라는 도시를 건설했다. 그리고 1,000km가 넘는 사막을 지나, 고대 이집트 제국의 수도였던 테베까지 가서 아몬 신전에 참배하였다. 여기서 알렉산드로스는 '신(神)의 아들' 이라는 신탁을 받았다. 그 뒤 그는 '모든 사람이 하나의 민족' 이라는 세계관을 갖게 되었다. 이것은 알렉산드로스가 정복한 나라들을 하나의 제국으로 아우르는 밑바탕이 되었다.

TIP 고르디움의 매듭과 예언

알렉산드로스의 원정군이 동쪽으로 진군하던 중 기원전 334년에 고르디움(과거 리디아 동쪽에 위치한 프리지아의 수도)을 지나게 되었다. 그때 알렉산드로스는 신전 기둥에 전차 한 대가 매우 복잡한 매듭으로 묶여 있는 것을 보았다.

그 매듭은 옛날 미다스 왕국의 사위였던 고르디우스가 왕위에 오른 뒤, 신전에 전차를 바치면서 매어 놓은 것이었다. 그 당시 고르디우스 왕은 "매듭을 푸는 자가 이 전차를 타고 세계의 왕이 될 것이다."라는 예언을 남겼다고 한다. 그 예언을 믿고 수많은 사람들이 도전했으나 그 매듭을 풀지 못했다.

그 말을 들은 알렉산드로스는 한참을 고민하다가 칼을 뽑아 들고는 그 매듭을 잘라 버리고, 그 지역의 주인이 되었다.

페르시아 원정의 마지막 싸움, 가우가멜라 전투

기원전 331년 봄, 알렉산드로스의 군대는 페르시아를 향해 출발하였다. 그때 페르시아의 다리우스 3세는 이수스 전투에서 패전한 것에 대한 복수를 다짐하고 있었다. 그는 티그리스 강변의 가우가멜라에 보병 20만 명, 기마병 4만 5천 명과 200대나 되는 전차를 배치해 놓고, 알렉산드로스의 군대를 기다렸다. 가우가멜라에 도착한 알렉산드로스는 이번에도 직접 앞장서서 페르시아 군대의 한가운데로 돌격해 들어갔다. 그러자 페르시아 군은 우왕좌왕하다가 또 알렉산드로스에게 패하고 말았다. 이번에도 다리우스 3세는 도망쳤지만, 부하인 베소스에게 살해당했다.

가우가멜라 전투에서 승리한 알렉산드로스는 페르시아의 행정 중심지인 수사와 수도인 페르세폴리스 등 여러 도시들을 차례로 손에 넣었다. 기원전 330년에 그는 페르시아 제국아케메네스 왕조을 무너뜨리고, 마침내 페르시아의 새로운 지배자가 되었다.

열병 때문에 무너진 제국의 꿈

알렉산드로스는 페르시아 원정을 성공한 것에 만족하지 않고, 계속해서 동쪽으로 진군하였다. 이때 알렉산드로스는 동맹군을 모두 해산시키고, 자신이 거느린 마케도니아 군과 그리스 군 가운데서 지원한 병사들만 거느리고 다시 동쪽 원정길에 나섰다. 그 뒤 파르티아고대 이란의 왕국 · 박트리아고대 그리스 인들이 중앙아시아 남부에 세운 왕국를 정복하면서 이란 고원까지 차지하였다. 인도의 인더스 강에 이르러서는 그 지역의 군주인 포루스 왕과 싸워 이겼고, 뒤이어 갠지스 강을 향해 나아갈 준비를 했다. 그러나 오랜 전쟁으로 군사들은 지쳐 있었고, 계속되는 장마로 인해 더 이상 동쪽으로 나아갈 수 없게 되었다.

할 수 없이 기원전 323년 바빌론으로 돌아온 알렉산드로스는 그곳을 대제국의 수도로 정하고, 다시 원정을 준비하였다. 그러나 그만 열병에 걸려 열흘 만에 죽고 말았다. 천하를 호령하던 알렉산드로스 대왕은 33세밖에 되지 않은 나이에 열병에 무너지고 만 것이다.

알렉산드로스가 유언도 남기지 않고 갑작스럽게 죽자, 그의 제국은 후계자 문제로 혼란에 휩싸였다. 디아도코이서로 자신이 대왕의 후계자라고 주장한 부하 장군들은 서로 담합하여 록사네박트리아 족 추장의 딸로, 기원전 327년에 알렉산드로스와 결혼가 낳은 알렉산드로스 4세와 필리포스 2세의 서자이면서 백치로 알려진 필리포스 3세 아리다이오스를 공동 왕으로 지명하고, 여러 속주를 나누어 가졌다. 그 뒤 디아도코이 중 한 명인 카산드로스가 공동 왕이던 두 사람을 죽이자, 디아도코이들은 40년 동안이

1506년 발견되자마자 당시 유럽 인들 사이에 논란을 불러일으킨 헬레니즘 문화의 대표적 작품인 라오콘 조각상

나 후계자 자리를 차지하기 위한 전쟁을 벌였다.

결국 하나로 통치되기 어려워진 알렉산드로스 제국은 안티고노스 1세^{마케도니아와 그리스}, 프톨레마이오스 1세^{이집트}, 셀레우코스 1세^{페르시아·시리아 등의 소아시아 지역}가 지배하는 3개의 왕국으로 분열되고 말았다. 그 뒤 기원전 1세기에 세 나라 모두 로마에게 멸망하였다.

알렉산드로스 대왕이 남긴 유산, 헬레니즘

세계 최초로 동서양을 합친 제국을 이룬 알렉산드로스 3세는 시리아, 페르시아 제국, 이집트 등을 정복하면서 그리스의 폴리스와 비슷한 새로운 도시들을 70개나 건설하였다. 그리고 그곳을 자신의 이름을 따서 '알렉산드리아'라고 불렀다. 알렉산드리아와 셀레우코스 왕조가 나중에 만든 도시들은 그리스 문화와 오리엔트 문화를 융합시킨 헬레니즘 문화를 탄생시키는 중심지가 되었다.

진의 통일 전쟁

서주 시대(西周時代) - 주나라의 전성기

기원전 11세기경 희발^{주나라 문왕의 둘째 아들}은 국상 강태공의 도움으로 민심을 얻고, 맹진^{盟津, 중국 허난 성 맹현 남쪽}의 제후^{봉건 시대에 왕으로부터 받은 영토와 그 안에 사는 백성을 다스리던 권력자}들을 모아 목야^{牧野}에서 은나라 군대와 크게 싸워 이겼다. 그는 은^殷 왕조 주왕★을 무너뜨린 후 호경^{지금의 중국 산시 성 시안(西安), 다른 이름은 장안}을 도읍으로 삼고, 새로운 왕조 주나라를 열고 무왕이 되었다.

무왕은 희씨 일족^{71개 제후국 중 55개 지역이 종친}과 태공 망 강씨, 은의 자손을 제후로 봉하고, 그 땅을 상속 · 지배하게 하여 왕권을 다지는 정치 형태^{봉건 제도}를 취했다. 왕과 제후들은 일족의 결속을 강화하기 위한

★ 주왕

은나라의 마지막 왕으로, '달기' 라는 미인에 빠져 나라와 백성을 돌보지 않았다. 술로 연못을 채우고 나무에 고기를 매달아 놓는 주지육림을 만들어 밤낮으로 잔치를 벌였다. 이에 불만을 가진 이들에게는 '포락지형(炮烙之刑, 구리 기둥에 기름을 바르고 그 아래 숯불을 피운 다음, 죄인들을 구리 기둥 위로 걸어가게 하는 형벌)' 에 처하였다. 주의 무왕인 희발의 군대가 수도로 추격해 오자, 불에 뛰어들어 자살했다고 전해진다.

'종법'을 존중했다. 이에 따라 제후들은 결속을 강화하기 위한 의식에 참여하여 일정한 비율의 병사와 무기를 제공하는 의무를 지고 있었다.

주나라는 무왕의 뒤를 이은 성왕, 강왕이 다스리던 기원전 10세기 초까지 전성기를 누렸지만, 세대가 이어질수록 혈연관계는 무의미해졌다. 이렇게 되자 각 제후들은 주나라 왕으로부터 자립을 꾀하기 시작했다.

기원전 9세기 중엽에 10대 여왕이 공포 정치를 펼치자 대규모의 내란나라 안에서 정권을 차지할 목적으로 벌어지는 큰 싸움이 일어났다. 그 결과 여왕은 체_彘로 도망갔고, 소공과 구공이라는 두 재상이 서로 의논하여 정치를 한 '공화 시대共和時代'가 열렸다. 그 뒤를 이은 선왕은 주나라의 부흥을 위해 힘썼지만, 12대 유왕이 미인 포사에 빠져 정사를 게을리하였다. 유왕은 포사가 아들을 낳자, 신후 황후와 의구 태자를 폐위시켰다. 그 바람에 쫓겨난 신후 황후의 아버지는 변방의 견융족_{중국 산서 지역}에 사는 부족과 합세하여, 수도 호경을 공격하고 유왕을 죽였다.

신후 황후는 다시 여러 제후들과 협력하여 견융족을 몰아내고, 태자 의구를 왕위에 오르게 하였다. 그가 바로 주나라의 13대 평왕이다. 평왕이 왕위에 오른 후 쫓겨났던 견융족이 계속 주나라를 압박해 왔다. 이에 주나라는 지리적으로 천하의 중심지이고 교통이 편리한 뤄양洛陽, 중국 허난 성 북서부에 있는 도시으로 도읍을 옮겼다. 이것이 기원전 770년에 있었던 '주의 동천東遷'이며, 그 이후를 '동주 시대東周時代'라고 한다.

동주 시대는 크게 춘추 시대_{기원전 770~기원전 403년. 공자가 편찬한 역사책 《춘추》에서 유래}와 전국 시대_{기원전 403~기원전 221년. 유향이 편찬한 《전국책》에서 유래}로 나뉜다.

TIP 포사가 웃을 수만 있다면…

유왕이 포국을 토벌하고, 포사라는 아름다운 여인을 얻었다. '용의 침에서 태어났다.'고 할 정도로 빼어난 그녀의 미모에 유왕은 첫눈에 반해 버렸다. 이렇게 왕의 총애를 한몸에 받았지만 포사는 웃을 줄을 몰랐다. 유왕은 의구 태자를 쫓아내고, 포사의 아들인 백복을 태자로 삼고, 매일 비단 100필을 찢게 했지만 포사는 웃지 않았다.

그러던 어느 날, 훈련 중에 실수로 봉화대에 봉화가 올랐다. 봉화는 외적의 침입이나 반란 등 매우 위급한 상황일 때 올리는 신호이다. 봉화를 본 제후들이 군사를 이끌고 왕궁으로 모였으나, 실수라는 것을 알고 어이가 없어 그 자리에 주저앉아 맥을 놓고 말았다.

그 모습을 본 포사가 단순호치(丹脣晧齒, 붉은 입술과 하얀 이)를 드러내어 살짝 웃었다. 꿈에서만 그리던 포사의 웃는 모습을 본 유왕은 그 다음부터 수시로 봉화를 올리게 했다. 처음에는 제후들도 달려왔지만, 계속 봉화가 오르자 헛고생으로 한 여자의 웃음거리가 되고 싶지 않아 가만히 있기로 했다.

유왕 11년에 신후 황후의 아버지가 호경으로 쳐들어왔을 때, 유왕이 급히 봉화를 올렸지만 끝내 제후들의 구원병은 나타나지 않았다.

존왕양이(尊王攘夷)를 내세운 패자의 등장 - 춘추 시대

주의 평왕이 뤄양으로 수도를 옮긴 이후 천여 개에 이르렀던 제후국봉건 시대에 일정한 영토를 가지고 있는 사람이 그 지역의 백성을 지배하는 국가이 120여 개로 줄었다가, 나중에는 제齊, 노魯, 정鄭, 송宋, 조曹, 진晉, 초楚, 진陳, 채蔡, 연燕, 위衛, 진秦 등 10여 개로 줄어들었다.

각지의 유력한 제후들은 지역적으로 동맹을 맺고, 존왕양이尊王攘夷, 주왕을 존중하고 오랑캐를 토벌함를 내세워 세력을 키워 갔다. 이렇게 맺은 동맹을 '회맹會盟'이라고 했다. 이에 따라 제후 사이에 문제가 생겼을 때 회의에 붙여 결론을 내리고, 그대로 시행할 것을 약속했다. 이때 회맹을 주재하는 제후들을 패자覇者라고 했다.

진의 통일 전쟁 53

그중 패권을 잡은 제후를 '춘추 5패'라고 불렀는데, 제齊나라 환공, 진晉나라 문공, 초楚나라 장왕, 오吳나라 부차, 월越나라 구천이 바로 그들이다_{일설에는 부차와 구천 대신 진의 목공과 송의 양공을 말하기도 함}.

춘추 5패 중 가장 먼저 패자가 된 제후는 제나라 환공이었다. 환공은 관중과 포숙아의 도움으로 패자가 되어, 기원전 651년 규구^{허난 성} 개봉의 동쪽에서 제후들을 모아 회맹하였다. 이어서 패자가 된 제후는 진나라 문공이다. 처음에 그는 나라 안의 권력 다툼을 피해 위·제·조·송·정·초·진秦 등으로 19년 동안이나 방랑 생활을 했다. 그러다가 성복^{초나라와 송나라의 중간 지점}에서 강력한 라이벌인 초나라 성왕을 물리치고, 패자가 되어 천토에서 회맹하였다.

초나라의 장왕은 필지^{지금의 허난 성 정현 동쪽} 전투에서 진晉을 물리치고

〈춘추 시대의 중국〉

패자로서 인정받았다. 그 후 천하의 형세는 진晉과 초가 남북으로 대치하고, 동쪽의 제와 서쪽의 진秦이 서로 견제하는 4강의 시대로 접어들었다. 기원전 546년 송나라 수도에서 회담이 열려 초나라와 진나라 사이에 정전 협정이 이루어지면서 중원★은 잠시 소강 상태에 빠

★ 중원
오늘날 중국 허난 성을 중심으로 산동 성 서부, 산시 성 동부에 걸친 황하 중·하류 유역. 주 왕조(기원전 12세기~기원전 3세기)의 세력 범위가 포함된다.

졌다.

이 회담을 기점으로 제후들이 내세웠던 존왕
사상은 사라지고, 전국 시대의 특색인 실력을
중시하는 경향이 나타나기 시작하였다.

이 무렵 양쯔 강 남쪽에서 오나라, 월나라가
일어났다. 오나라 합려는 오자서·손자 등이 내놓

춘추 시대에 수레나 말의
장식으로 사용된 물품

은 계책으로 초나라, 진晉나라, 제나라를 억누르고 월
나라를 제압하였다. 월나라 구천도 범려의 계책으로 합
려의 아들 부차와 와신상담*의 복수전을 펼쳤다.

춘추 시대에는 패자라고 해도 마음 놓고 있을 수 있는 상황은 아니
었다. 강력했던 진晉나라가 한韓·위魏·조趙 세 나라로 분리되었고,
남방에서 일어난 초나라가 차츰 북방으로 세력을 확장하여 중원의 강
국과 국경을 접하기도 했다. 기원전 7세기 말에 초나라의 장왕이 이
름을 떨치자, 중원의 제후들은 '존왕양이'를 외치며 결속을 강화하기
도 했다.

더욱 격렬해진 7웅들의 패권 다툼 – 전국 시대

기원전 453년에 한韓·위魏·조趙 세력이 진晉나라 땅을 셋으로 나

★ 와신상담(臥薪嘗膽)
거북한 섶에 몸을 눕히고 쓸개를 맛본다는 뜻으로, 원수를 갚거나 마음먹은 일을 이
루기 위해 온갖 어려움과 괴로움을 참고 견딤을 비유적으로 이르는 말. 중국 춘추 시
대에 오나라 왕 부차가 아버지의 원수를 갚기 위해 장작 더미 위에서 잠을 자며, 월나
라 왕 구천에게 복수할 것을 맹세했다. 결국 부차에게 패배한 구천이 쓸개를 핥으면
서 복수를 다짐한 데서 유래한 고사 성어이다.

누어 가졌다. 그 당시 세력이 약해진 주나라 왕은 그들에게 제후 자리를 내줄 수밖에 없었다. 이 일로 주나라 왕의 권위는 떨어졌고, 중국은 힘이 지배하는 세상이 되었다. 그 뒤 진秦이 전국을 통일할 때까지 221년 동안을 전국 시대라고 부른다.

춘추 시대에는 도시를 중심으로 세력을 키웠기 때문에 모든 제후국들이 국경을 마주하고 있지는 않았다. 하지만 이들이 농지를 개척하고 정복 전쟁을 통해 주변을 병합하면서, 서로 국경을 접하는 나라들이 생겨났다. 그중 진秦, 초, 연, 제, 한, 위, 조 7개의 제후가 강력했는데, 이들을 전국 7웅七雄이라고 했다. 이즈음 주나라는 겨우 뤄양 주변

〈전국 시대의 중국〉

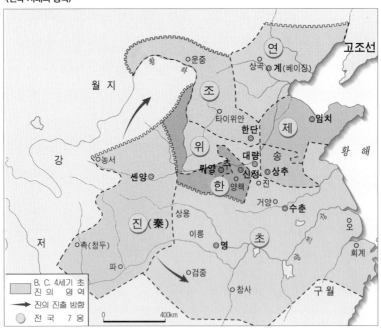

56

을 지배하는 작고 약한 세력으로 밀려났고, 힘 있는 제후들은 자신을 '왕'이라 불렀다.

전국 시대에는 나라가 커지고 인구가 도시로 모이게 되면서 큰 도시가 생겨났다. 그러자 7웅들은 30만~100만 명에 가까운 대군을 거느렸고, 실제로 전쟁에 동원할 수 있는 병력도 10만~60만 명에 이를 정도였다. 이런 엄청난 병력 때문에 전쟁의 방법도 바뀌었다.

춘추 시대에는 보통 전차를 중심으로, 2만 명 정도의 군대가 싸움을 벌여 하루나 이틀 만에 전쟁이 끝났다. 그렇지만 전국 시대에는 엄청난 병력 때문에 보병이 중심이 되었고, 기마병도 나타나게 되었다. 또 철제 무기가 보급되고, 쇠뇌^{활의 일종, 보통 활보다 더 멀리 쏠 수 있고, 연속해서 발사할 수 있는 것도 있음}가 발명되면서 진지형陣地形, 집단으로 모여 전쟁을 벌이는 전법이 불리해져, 산간 지대에서는 기습 전쟁이 많아졌다. 이에 따라 전문적인 군사^{사령관 밑에서 군대를 운용하며 군사 작전을 짜던 사람}의 역할이 커졌고, 손자와 같은 병법 학자들도 등장하게 되었다.

전국 7웅 중 가장 먼저 패권을 차지한 곳은 위나라였다. 신흥 국가인 위가 가장 먼저 강국이 된 이유는 훌륭한 인재를 적절히 활용한 데 있었다. 또 위는 원래 소금 생산국으로 재정이 튼튼한데다, 관개 공사^{농사에 필요한 물을 논밭에 대기 위하여 벌이는 여러 가지 공사}로 농지를 넓히는 데 성공했기 때문이다. 위가 패권을 차지하자, 다른 제후국들도 위를 따라 '부국강병' 정책을 펼쳤다.

제나라 위왕은 유명한 병법가 손자를 군사로 삼고, 그의 계책에 따라 기원전 341년에 마릉^{지금의 허베이 성 대명현 남동쪽} 싸움에서 위나라 장수 방연이 이끄는 군대를 모두 격파했다. 이로 인해 위나라는 다시는 강대국으로서의 자리로 돌아갈 수 없게 되었다.

전국 시대에 위왕의 업적으로 더욱 빛난 것은 수도 임치산동 성 광라오
현 남부의 직문_{여러 서문 중 하나} 부근에 호화 주택을 지어, 인재를 모아 학
문 토론의 광장으로 삼은 것이다. 이곳에는 다양한 사상과 학술을 연
구한 학자들이 여러 나라에서 모여들어 매일 자유로운 토론을 벌였
다. 이때 등장한 사상가들을 '제자백가'★라고 부른다.

강국으로 성장한 진(秦)

다른 나라들과 마찬가지로 진秦나라도 부국강병을 위한 정치 개혁
을 시행하였다. 효공은 기원전 359년에 법가_{덕보다는 법을 중요하게 여겨 형벌}
_{을 엄하게 하는 것이 나라를 다스리는 근본이라고 주장한 학파}를 중시하는 상앙을 뽑아
나라를 정비하기 시작했다. 상앙은 개인의 토지 소유와 매매의 허락,
농업 장려, 군현제_{전국을 군으로 가르고 이것을 다시 현으로 갈라, 중앙 정부에서 지방관을}
_{보내어 직접 다스리던 제도} 실시, 엄격한 법에 의한 통치 등을 강하게 밀어붙
였다. 그는 이러한 정책을 통해 왕에게 권력을 집중시키려고 했다. 상
앙의 개혁 덕분에 진은 빠르게 힘을 키워, 다른 6국이 함부로 넘볼 수

★ 제자백가

중국 춘추 전국 시대(기원전 8세기~기원전 3세기)에 활약한 학자와 학파를 통틀어 이
르는 말. 제자란 여러 학자들이란 뜻이고, 백가란 수많은 학파들을 가리키는 말이다.
즉 제자백가는 수많은 학파와 학자들이 자유롭게 자신의 사상과 학문을 펼쳤다는 의
미이다.
이때 등장한 대표적인 사상에는 인간 존중을 바탕으로 하는 유가(공자 · 맹자), 자연적
질서를 중시하는 도가(노자 · 장자), 법치주의를 강조하는 법가(상앙 · 한비자), 겸애와
평화를 주장하는 묵가(묵자)를 비롯하여, 농가(양자), 병가(손자), 종횡가(소진 · 장의),
명가(공손룡) 등이 있다.

없는 강대국이 되었다.

초, 연, 제, 한, 위, 조는 진의 성장에 위협을 느꼈지만, 이미 진은 어느 한 나라의 힘으로는 도저히 상대할 수 없는 존재였다. 이때 소진이란 사람이 어느 한 나라의 힘으로는 도저히 진의 상대가 되지 못하니 연합하여 진에 대항해야 한다는 '합종설^{6국이 남과 북, 세로의 관계에 있기에 붙여진 이름}'을 주장하였다. 결국 그는 여섯 나라를 설득하여 동맹을 맺게 했다.

그러나 여섯 나라는 각각 서로 다른 이해관계에 놓여 있었다. 거기에 동맹군이 진을 공격하다 한구 ^{관황허 강 남쪽 5km 지점}에서 크게 패하였다. 또 한과 조가 진의 공격을 받아 수만 명의 전사자를 내자 동맹 관계에 금이 가기 시작했다.

이때 소진은 진이 동맹을 깨뜨리지 못하게 하려고 장의라는 사람을 진에 들여보냈다. 그러나 장의는 소진을 배신했다. 그는 오히려 여섯 나라는 진과 싸워서 이길 수 없으니 화친을 맺어야 한다는 '연횡설^{진은 서쪽에 있고 나머지 6국은 동쪽에 있어 가로를 잇기에 붙여진 이름}'을 주장하였다. 결국 여섯 나라는 자국의 안전을 확보하기 위해 진과 개별적으로 동맹을 맺었다. 이후 진의 계략으로 제와 위가 힘을 합쳐 조를 공격하였다. 이 전쟁으로 6국 동맹은 완전히 깨지고 말았다.

동맹은 깨어졌지만 여섯 나라는 진에게 굴복하는 것만은 참을 수 없었다. 결국 연횡책도 깨어지고, 모든 나라는 전쟁을 통해 힘을 키우려고 하였다. 그래서 수백 차례의 크고 작은 전쟁이 벌어졌다.

기원전 284년에 진의 소양왕은 연·위·조·초·한과 연합하여 제나라를 공격했고, 이어 독자적으로 초나라와 조나라를 공격했다. 마침내 기원전 256년에 동주를 멸망시켰다.

진(秦)의 정(政), 드디어 통일의 꿈을 이루다

기원전 246년 진나라에서는 장양왕의 아들 정政, 진시황이 13세 나이로 왕위에 올랐다. 그는 22세기원전 238년 때 관례를 치르고 직접 나라를 다스리겠다고 선포한 뒤, 그동안 권력을 장악하고 있던 여불위를 내쫓았다.

여불위를 몰아낸 정은 이사를 재상으로, 왕전을 장군으로 뽑았다. 이사는 각 나라에 첩자를 보내 진에서 군대가 쳐들어온다고 소문을 퍼트려 민심을 혼란시켰다. 그러면서 오랫동안 갈등을 빚어 온 초와 한을 끊임없이 공격해, 기원전 230년 한을 무너뜨렸다.

그 뒤 정은 연과의 전쟁으로 약해진 조를 공격했다. 조는 이미 진의 공

 여불위와 진시황

여불위는 대상인으로, 여러 나라를 왕래하면서 많은 재산을 모았을 뿐만 아니라 모든 일에 대해 남다른 식견(어떤 일을 판단하고 분별하는 능력)을 가지고 있었다. 그는 조의 수도 한단(중국 허베이 성 남부에 있는 도시)에 머물 때, 인질로 와 있는 진왕의 손자 자초를 만나게 되었다. 이때 여불위는 자신의 능력을 발휘하여 자초가 진의 태자가 될 수 있게 만들었다. 그렇게 여불위는 자초의 신임을 얻게 된 것이다.

어느 날 여불위가 자초를 집에 초대하여 술을 마시게 되었는데, 자초는 여불위의 첩에게 한눈에 반했다. 그런데 그녀는 이미 여불위의 아이를 임신 중이었다. 여불위는 이 사실을 숨기고 그녀를 자초에게 보냈고, 자초는 그 아이가 자기 자식이라고 여겨 부인으로 맞았다. 이 아이가 바로 정(진시황)이다.

자초(장양왕)는 왕위에 오르자, 여불위를 승상(옛 중국의 벼슬. 우리나라의 정승에 해당)으로 삼았다. 3년 뒤 장양왕이 죽고, 정이 왕위에 올랐다. 정은 여불위를 상국(승상보다 한층 높은 이름)으로 삼고, 중보(아버지와 같은 사람)라고 불렀다. 그러나 정은 직접 나라를 다스리기 시작하면서, 여불위를 상국의 지위에서 내려오게 한 뒤 지방으로 내쫓았다. 2년 뒤 여불위는 정이 자신의 지위를 점점 약화시키는 것을 참지 못하고 자살하였다.

한편 진시황을 여불위의 아들이라고 기록한 것은, 유교를 숭상하는 한나라가 법가를 중시한 진나라를 비방하려는 데서 나온 것이라는 주장도 있다.

격이 심해 도읍을 진양에서 한단으로 옮긴 상태였다. 결국 조는 기원전 228년 40만에 가까운 병력으로 마지막 전쟁을 벌이고 역사에서 사라졌다.

진의 공격에 위기를 느낀 연의 태자는 형가라는 사람에게 정을 암살해 달라고 부탁했다. 형가는 정에게 접근하기 위해 그 당시 진에서 도망쳐 온 번오기 장수의 목을 가져갔다. 정은 크게 기뻐하며 형가를 맞이하자, 형가는 이 기회를 노려 정을 죽이려 했다. 그러나 암살 시도는 실패하고, 정은 연을 공격해 수도를 차지했다.

기원전 225년 정은 황하의 둑을 무너뜨려 위의 수도를 빼앗았다. 그리고 같은 해에 수십 만 대군을 보내 초를 무너뜨렸다. 그 뒤 연을 무너뜨린 정은 제를 공격하여 항복을 받아 내고, 기원전 221년에 최초로 중국을 통일하였다.

중국 최초의 제국을 이룬 진시황제

왕위에 오른 지 26년 만에 중국을 최초로 통일한 정政은 '옛날 삼황오제★의 공덕이룩한 훌륭한 일과 존경할 만한 인품을 혼자 갖춘 왕 중의 왕' 이라

★ 삼황오제(三皇五帝)

중국 고대 전설에 나오는 영웅 삼황과 오제. 삼황(三皇)은 세 명의 임금으로, 불을 사용한 음식과 팔괘에 의한 점술을 가르쳤다는 복희씨(얼굴은 사람이고 몸은 뱀), 농업을 가르치고 의약을 가져왔다는 신농씨(얼굴은 소이고 몸은 사람), 복희의 여동생이자 아내이며 황토를 반죽하여 인간을 만들었다는 여와씨를 말한다. 대개 복희씨와 신농씨는 삼황이라고 꼽으나, 여와씨 대신 불 만드는 법을 가르친 수인씨 또는 불을 관장하는 축융씨를 꼽기도 한다.

오제(五帝)는 다섯 성군으로, 국가의 기원과 관련하여 천지자연의 운행을 조화시켜 농업·양잠·의학·문자를 창조한 황제, 전욱, 제곡, 역법을 제정한 제요(요임금), 치수를 담당한 제순(순임금)을 이른다. 황제 대신 소호를 넣기도 한다.

는 의미로 '황제'라는 존칭을 사용하기로 했다. 그러면서 신하들이
왕이 죽은 다음에 시호임금과 높은 관리가 죽은 후에 업적을 기리기 위해 임금이 주는 이
름를 붙이지 못하게 스스로 '시황제'라고 시호를 정했다.

　진시황은 전국을 통일한 뒤, 강력한 나라를 만들기 위해 많은 노력
을 기울였다. 먼저 중앙 집권 체제를 강화하기 위해 봉건제를 폐지하
고, 군현제전국을 군과 현의 행정 구역 단위로 나누고, 관리를 파견해서 다스리게 하는 제도
를 실시하였다. 이사의 의견에 따라 전국을 36개 군나중에 4개 군 추가<u>으로</u>

〈진의 중국 통일〉

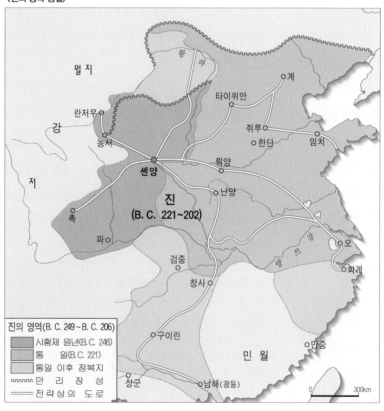

전국 시대에는 동원할 수 있는 병력의 증가로 전쟁의 방법이 바뀌었다.

나누고 그 밑에 현을 두어 통치하였다. 각 군현의 우두머리는 모두 중앙 정부에서 뽑아 내려 보냈고, 관직의 대물림은 허용하지 않았다. 이 때부터 청나라에 이르기까지 약 2천 년 동안 왕조는 바뀌어도, 진시황이 실시한 중앙 집권 체제는 계속 이어졌다.

진시황은 수도인 셴양^{산시 성 중앙부}을 중심으로 남북으로 폭 70m에 이르는 두 개의 간선도로^{주요 지점을 잇는 중요한 도로}를 만들어 전국을 연결하였다. 이 과정에서 교통에 방해가 되는 각지의 성과 요새를 헐어, 수도를 중심으로 하는 방사선 모양의 도로를 만들었다.

또 상업의 발달을 위해 도량형^{길이·부피·무게의 단위}을 통일하고, 수레바퀴의 폭도 통일시켰다. 문자도 간편한 전서체로 통일하고, 화폐도 원형으로 만들어 가운데 사각 구멍을 뚫는 반량전^{半兩錢}으로 통일했다.

그리고 북방 흉노의 침입을 막기 위해 만리장성^{萬里長城}을 완성했다. 만리장성은 춘추 전국 시대에 연·조 등이 쌓아 놓았던 성벽들을 연결하여 완성한 것으로, 진시황이 모든 부분을 만든 것은 아니다.

흉노족의 침입을 막기 위해 쌓은
만리장성의 모습.
그 당시 진 제국의 찬란한 이름은
주변의 여러 나라뿐 아니라 멀리 로마에까지
알려져 오늘날 China의 기원이 되었다.

진시황의 폭정과 진의 멸망

이렇게 뛰어난 업적에도 불구하고 시황제는 '폭군'이라고 불릴 만큼 부정적인 평가를 받는 인물이 되었다. 이는 불로장생의 욕망을 이루기 위해 무리하게 대규모 공사를 진행시켰으며, '분서갱유'라는 어마어마한 사건을 저질렀기 때문이다.

시황제는 12만 호를 강제로 이주시키고, 70만 명의 죄수들을 동원하여 '아방궁'이라는 목조 대궁전^{동서 약 700m, 남북 약 120m}과 자신의 무덤인 '시황릉'^{여산릉. 높이 116m, 주변 길이 2.5m, 사방 600m}을 건설하였다. 아방궁의 제일 큰 방은 1만 명이 들어갈 수 있을 정도였고, 시황릉은 세계 역사상 가장 웅장한 무덤이었다. 시황제가 죽은 후 그 무덤에 후궁들도 함께 생매장되었으며, 매장에 관련한 모든 사람이 무덤 속에 갇혀 생죽음을 당하도록 했다.

천하 통일의 대업을 이룬 시황제도 자신의 죽음에 대해서는 두려워하지 않을 수 없었다. 그는 죽음을 피하고 싶은 욕망에 서불^{서복이라고도 함}에게 불로장생의 약초를 구해오라며, 소년 소녀 3천 명을 딸려서 동방으로 보냈다. 끝내 약초를 찾지 못한 서불 일행이 일본 쪽으로 도망쳐 버리자, 뒤이어 노생과 후생이 약을 찾으러 떠났지만 역시 구하지 못했다. 그들도 죽음을 피하기 위해 시황제를 비방하면서 도망쳐 버렸다.

나중에 노생과 후생이 자신을 비방했다는 사실을 알게 된 시황제는 자신을 비방한 자들과 관련된 유생 460명을 구덩이를 파고 생매장하였다. 이 사건을 '갱유^{坑儒}'라고 한다.

갱유가 일어나기 1년 전, 시황제는 학자들이 사사로이 학문을 전수

진시황릉에서 발굴된 흙으로 만든 병사들.
마치 살아 있는 것처럼 생생하다.

하면서 법을 비난하고 자기가 배운 것만을 기준으로 시비를 따진다는 이사의 말을 듣고, '분서焚書'를 저질렀다. 법가 사상이나 실용적인 책이 아니면 금서禁書로 정해 읽지도, 출판하지도 못하게 하면서 수많은 책을 불살라 버린 것이다. 이 두 사건이 바로 세계 최초의 언론 탄압이라 할 수 있는 '분서갱유'이다.

시황제는 지방 시찰을 다니던 중에 기원전 210년, 사구^{지금의 허베이 성} ^{광종현}에서 병이 들어 세상을 떠났다. 중국 최초의 통일 제국 진秦은 시황제가 죽은 지 4년, 통일을 이룬 지 15년 만인 기원전 206년에 문을 닫고 말았다.

초 · 한 전쟁

진승·오광의 난과 진(秦)의 몰락

기원전 210년에 시황제가 지방 시찰 중에 병이 들어 유서만 남기고 죽자, 옥새와 유서를 모두 가지고 있던 환관 조고가 이사·호해와 공모하여 호해를 진 2세로 즉위시켰다. 그러나 무능하고 부패한 진 2세의 학정포악한 정치과 실권을 장악한 환관 조고의 횡포는 날이 갈수록 심해졌다. 가혹한 정치를 더 이상 견디지 못한 백성들은 전국 각 지역에서 무리지어 일어나기 시작했다. 이 틈을 타서 진秦에 의해 멸망한 6국초, 연, 제, 한, 위, 조 출신의 귀족들도 진에 대항하기 위해 세력을 키우기 시작하였다.

이런 움직임에 불을 붙인 것은 기원전 209년에 일어난 진승과 오광의 반란중국 역사상 최초의 반란이었다. 원래 진승과 오광은 변방을 수비하라는 명령을 받고 군대에 들어가게 된 평범한 농민이었다. 그런데 변방으로 가는 도중에 대택향양쯔 강 하류에 있는 안후이 성 숙현 동남 부근 근처에서 폭우를 만나 제 날짜에 부대에 도착할 수 없었다. 그 당시 진나라 법에 의하면, 예정된 기간 안에 군대에 도착하지 못하면 사형시키도록 되어 있었다. 진승과 오광은

(우) 양쯔 강
(좌) 양쯔 강 주변의 드넓
은 평야

어차피 가 봐야 죽은 목숨이라고 생각하여 반란을 일으킨 것이다.

진승과 오광은 아직 죽지 않았을 거라는 소문이 도는 진시황의 맏
아들인 부소와 초나라 장수 항연초나라의 명장. 항량의 아버지이자 항우의 할아버지
의 이름을 내세워 봉기를 했다. 이 소식을 들은 수많은 병사들이 그들
세력에 합류했다. 진승은 병사들을 이끌고 진陳, 옛날 초나라의 도성, 지금의 허
난 성 회양현을 점령하고, 스스로 초왕에 올라 국호를 '장초張楚, 초나라를 장
대하게 발전시킨다는 뜻' 라 하였다. 그리고 오광을 가왕假王, 대리왕으로 임명
하였다.

진승의 군대는 한구 관을 쳐부수고, 진의 수도 셴양에서 동쪽으로
50km 떨어진 곳까지 진격하였다. 그렇지만 진秦의 황제 호해가 보낸
장한의 군대여산릉에서 공사 중이던 수십만 명의 죄수와 노역자들로 구성와 맞서 싸우
다 크게 패했다. 그 뒤 오광이 죽고, 합류했던 세력들이 떨어져 나가

TIP 조고와 지록위마(指鹿爲馬)

사슴을 가리켜 말(馬)이라고 한다는 뜻으로, 윗사람을 농락하여 마음대로 휘두름을 비유하는 고사성어다.

진(秦)나라 시황제가 죽자, 환관인 조고는 거짓 조서를 꾸며 태자 부소를 죽이고 어린 호해를 황제로 삼았다. 그 뒤 조고는 호해를 조종하여, 경쟁자인 승상 이사를 비롯하여 많은 신하를 죽이고 승상이 되었다.

이렇게 권력을 손에 쥔 조고는 신하들 가운데 자기를 반대하는 사람을 가려내기 위해 호해에게 사슴을 말이라면서 바쳤다. 호해가 조고의 말에 따라 사슴이 아니라 말이라고 하자, 호해의 말이 맞다는 신하와 부정하는 신하로 나뉘었다. 조고는 부정한 사람을 기억해 두었다가 나중에 죄를 씌워 죽여 버렸다. 그 후 궁중에는 조고의 말에 반대하는 사람이 하나도 없었다고 한다.

는 등 내부 분열이 심해졌다. 결국 진승은 장한과 싸우다 패한 뒤, 부하에게 살해당했다.

이로써 반란은 끝이 났고, 진승과 오광은 진(秦) 왕조에 저항하여 중국 최초의 농민 투쟁을 이끈 인물로 역사에 남게 되었다.

항우와 유방의 등장과 대립

진승 · 오광의 반란이 실패한 뒤, 힘을 잃어 가던 반란 세력에 투쟁의 불길이 다시 타오르기 시작했다. 예전 진승과 오광의 난이 있을 때, 이미 조 · 연이라는 나라가 새로 생겼고, 수많은 반란군이 자신들의 세력을 넓히고 있었다. 그 반란 세력 가운데 두각을 나타낸 두 인물이 있었으니, 바로 항우와 유방이었다.

유방은 기원전 209년 9월에 패(중국 장쑤 성) 부근에서 군사를 일으켰다. 그의 밑에는 장량(최고의 참모를 가리키는 말인 장자방의 유래가 된 인물)과 소하(전한 시

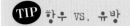

TIP 항우 vs. 유방

인물	항우(項羽)	유방(劉邦)
나이	기원전 210년 당시 22세	기원전 210년 당시 37세 또는 46세
생김새	신장이 8척에 이르는 대장부로, 산을 뽑을 만큼 힘이 센 장사였다.	높은 코에 용의 얼굴이고, 왼쪽 다리에 72개의 사마귀가 있다.
성격	소년 시절부터 학문이나 검술보다는 수많은 사람을 상대로 싸우는 기술을 배우려고 했다. 그래서 숙부 항량이 병법을 가르쳤다.	사람을 아끼고 무엇이든 남에게 주기를 좋아하며, 언제나 활달하였다. 넓은 마음과 깊은 생각을 지니고 있었다.
출신	대대로 초나라에서 장군을 지낸 명문가 출신이다.	부모의 이름을 역사 기록에서 찾아볼 수 없을 정도로 이름 없는 서민 출신이다.

대 정치가라는 전략가와 조참, 번쾌 등의 장수가 있었다. 유방은 행정 구역상으로도 가장 작은 곳에서 일어났고, 군사의 수도 자제_{나이가 젊을 뿐 군사 훈련을 제대로 받지 않은 자} 3천 명뿐이었다. 그러나 그는 제후들과 세력을 다툴 정도로 크게 힘을 키워 나갔다.

그 무렵 저장 성_{중국 남동부 동해 연안의 성. 성도는 항저우}의 회계에서는 진나라 장수 왕전에게 아버지_{항연}를 잃은 항량이 원한을 갚기 위해 군사를 일으킬 준비를 하고 있었다. 항량은 스스로 회계 군수에 올라, 조카인 항우를 부장으로 삼고 정병 8천 명을 거느렸다. 항량이 군대를 이끌고 진을 향하자, 자신의 세력을 이끌고 그의 밑으로 들어오는 사람들이 꽤 있었다. 이렇게 하여 병력이 6~7만 명으로 늘어나자, 항량은 진나라에 대항하는 무리에서 가장 큰 세력이 되었다. 여기에 기원전 208년 유방이 항량의 군대와 만나 연합 세력을 이루었다.

항우와 유방의 숨 막히는 대결

진승이 죽었다는 소식을 들은 항량은 시골에서 양치기를 하던 초나라 왕족 웅심을 찾아내 회왕으로 떠받들고, 스스로를 무신군이라 하였다. 그 뒤 진나라 장수 장한의 기습을 받아 항량이 전사하자, 항우와 유방은 팽성중국 장쑤 성 쉬저우의 옛 이름으로 물러나서 전열을 가다듬었다.

회왕은 송의를 상장군, 항우를 부장에 임명하고, 진의 공격을 받고 있던 조나라를 지원하도록 하였다. 그런데 송의는 허베이 성 자오현 동남쪽 부근에 이르러 46일 동안 나아가지 않고 형세를 지켜보기만 하였다. 이렇게 오래 기다리는 것을 참지 못한 항우는 송의를 죽여 버렸다. 회왕은 즉시 항우를 상장군에 임명하고, 전군을 지휘하여 조나라를 지원하게 했다.

항우는 쥐루중국 허베이 성에 있는 도시를 포위한 진의 군대와 아홉 번을 싸워 모두 이겼다. 이 모습을 지켜본 다른 제후들의 장수는 모두 항우 앞에 무릎을 꿇었다. 그 뒤 각 제후의 군대는 모두 항우의 지휘에 따르게 되었다. 항우는 진의 군대를 무찌른 뒤, 진의 내부 갈등을 이용하여 장수 장한의 항복을 받아 냈다. 진의 항복을 받았지만 진의 병사들이 복종하지 않을 것을 걱정한 항우는 진의 병사 20만 명을 모두 죽였다.

기원전 206년에 유방은 진나라 왕인 자영의 항복을 받고, 한구 관을 넘어 진의 수도 셴양에 들어섰다. 진왕의 자발적인 항복까지 받아 낸 유방은 진시황 시절에 남겨진 셴양의 재물과 아방궁 등 온갖 호화

롭고 사치스러운 것들에 빠져 그 자리에 안주하려 했다.

이것을 본 책사 장량이 유방에게 '좋은 약은 입에는 쓰나 병에는 이롭고, 충성된 말은 귀에는 거슬리지만 행동에는 이롭습니다'라고 아뢰었다. 장량의 뜻을 받아들인 유방은 재물과 유산, 행정 서류들은 손대지 않고 팽성으로 돌아갔다. 이때 유방은 진의 엄격한 법 제도는 모두 없애고 간략한 법인 약법 3장★을 발표하였다.

뒤늦게 항우가 군대를 이끌고 왔을 때 셴양은 이미 유방이 점거하고 있었다. 항우와 유방은 이전에 회왕과 "먼저 관중중국 북부의 산시 성 웨이수이 강 일대. 셴양은 이 지역에 속해 있음을 차지한 자가 왕이 된다."는 약속을 하였다. 그렇기 때문에 유방이 당연히 관중의 왕이 되어야 했다.

그러나 유방의 신하 조무상이 항우에게 유방이 관중의 왕이 되려는 음모를 꾸미고 있다고 밀고하였다. 이에 화가 난 항우는 자신의 40만 대군을 믿고, 즉시 유방을 없애려고 하였다. 그것을 미리 눈치 챈 유방은 무모하게 항우와 싸울 마음이 없었다.

항우의 전략가 범증은 연회를 명목으로 유방을 초대한 뒤 그 자리에서 죽이려고 했다. 그러나 유방은 자신을 낮추고 항우의 기분을 맞춰 주었고, 번쾌와 장량의 도움으로 죽음의 위기를 넘겼다.

기원전 206년, 항우는 셴양을 불바다로 만들고, 항복한 진나라 사람들을 무참하게 죽였다. 그는 셴양에 남아 천하 통일의 기반을 다져

★ 약법 3장
유방이 진나라 수도 셴양을 점령한 뒤, 기존의 법을 폐지하고 새로 만든 법. 사람을 죽인 자, 사람을 상해한 자, 도둑질을 한 자의 처벌에 관하여 딱 세 가지 법을 공표하였다. 이렇게 유방이 민심(民心)을 사로잡은 고사로부터 유래한다.

야 한다는 책사 범증의 말도 무시하고, 고향인 팽성으로 금의환향^{錦衣}_{還鄕}했다. 그 뒤 항우는 자신을 '서초의 패왕^{西楚覇王}' 이라 부르며, 회왕을 명목상의 황제로 내세웠다. 그리고 진을 무너뜨리는 데 공이 있는 장수들을 각 지역의 제후로 임명했다. 이때 유방 역시 한왕^{漢王}에 봉해졌다. 그런데 장수들을 제후로 임명하는 과정에서 공평하지 못해 많은 이들이 불만을 품게 되었다.

TIP 금의환향에 얽힌 이야기

'금의' 는 화려하게 수놓은 '비단옷' 이라는 뜻이다. 옛날에는 왕이나 높은 관직의 사람들이 입던 옷으로 출세의 상징이었다. 금의환향은 '비단옷을 입고 고향에 돌아간다.' 는 뜻으로, 출세하여 고향을 찾는 것을 가리킨다.

초와 한의 전쟁이 한창일 때, 항우는 스스로 망쳐 놓은 셴양이 마음에 들지 않아 고향인 팽성에 도읍을 정하려 하였다. 신하들은 항우가 셴양을 버리고 보잘것없는 팽성을 도읍으로 정하겠다고 하자 모두 할 말을 잃었다. 한생이 셴양에 머물 것을 계속 주장하자, 항우는 "지금 저잣거리에는 '부귀하여 고향에 돌아가지 못하면, 비단옷을 입고 밤길을 가는 것과 무엇이 다르리.' 라는 노래가 떠돌고 있다."고 말하며 화를 냈다. 그리고 한생을 기름 끓는 가마솥에 넣어 죽이고 말았다.

사실 이 노래는 항우가 천하의 요새인 셴양에 있는 한, 유방이 승리할 수 없다는 것을 안 장량이 항우를 셴양에서 내쫓기 위해 퍼뜨렸던 것이다. 그렇지 않아도 셴양을 싫어했던 항우는 그 노래가 하늘의 뜻이라고 여겨, 끝내 팽성으로 도읍을 옮겼다.

뒷날 항우는 셴양을 차지한 유방과의 대결에서 크게 패해 천하를 넘겨주고 말았다. 결국 항우는 '금의환향' 으로 고향 사람들에게 자신의 업적을 널리 알리기는 하였지만, 천하를 잃고 만 셈이다.

본격적인 초 · 한의 전쟁

얼마 지나지 않아 전영 · 진여 · 팽월 등이 잇달아 군대를 일으켜 초나라에 대항하였고, 유방도 서초^{西楚}를 공격함으로써 4년여에 걸친 초·한의 전쟁이 시작되었다.

초기에 유방은 항우가 잠시 제나라에 머물러 있는 틈을 타서, 기원전 204년 4월에 팽성을 공격하였다. 항우는 즉시 군대를 돌려 팽성을 지원하여 유방의 군대를 무찌르자, 유방은 형양중국 후난 성 지역으로 퇴각하였다. 그 뒤 초한은 각각 형양과 성고를 경계로 오랫동안 서로 대치하였다.

항우의 부대는 전투에서는 승리를 거두었지만, 계속되는 싸움에 군사들은 지칠 대로 지쳐 있었고 물자 보급마저 어려움을 겪고 있었다. 또 항우에게 불만을 품은 제후들이 유방에게 가면서 정치적으로도 어려워졌다. 인재 관리에서도 실패하여 원래 항우의 밑에 있던 한신·진평 등이 모두 유방에게 가 핵심 참모가 되었다. 이렇게 되자 항우는 자신의 핵심 참모였던 범증까지 믿지 못하여 많은 실책을 거듭하게 되었다.

거기에 비해 유방은 병사 수는 더 적었지만, 그동안 군사들이 쉴 수 있었고 군량도 넉넉하였다. 결국 장기적인 소모전 끝에 항우의 군대는 점점 지쳐 갔고, 전쟁의 주도권은 차츰 유방에게 넘어왔다. 전세가 유리해진 유방은 항우에게, 인질로 붙잡고 있는 아버지 태공을 비롯한 가족들을 돌려보내라고 요구했다. 불리한 입장에 처해 있는 항우는 이 조건을 받아들일 수밖에 없었다. 기원전 203년 9월, 양쪽 군대는 홍구 강전국 시대 만들어진 인공 운하로 황하와 의하를 연결한 강을 경계로 천하를 나누고 인질을 서로 돌려보냈다.

강화의 조건에 따라 항우가 무장을 풀고 동쪽으로 향하자, 유방도 무장을 풀고 서쪽으로 향하려 했다. 그러자 한나라 유방은 '지금이

황하 강. 길이는 5,464km로, 중국 서부에서 북부로 흐르는 강. 중국에서 두 번째로 큰 강으로 황토와 뒤섞인 누런 강물로 이루어져 있다. 중·하류는 중국 문명의 요람지로서 유명하다.

하늘이 내린 때'라며 초나라를 공격하자는 장량과 진평의 말을 받아들여 항우 군을 추격하였다.

결국 기원전 202년 12월에 항우는 군사 10만을 이끌고 가이샤垓下. 안후이 성 화이쓰다오에 있는 지방에 진을 치고, 한의 군사와 또다시 대치할 수밖에 없었다. 한의 장군 한신 '사냥이 끝나자 사냥개를 잡아 먹는다'는 고사성어의 주인공은 30만에 이르는 군사를 이용하여 여러 겹으로 항우의 군대를 포위하였다. 그러자 항우의 군대에서는 군량이 거의 바닥이 나고, 사기마저 떨어져 달아나는 병사가 생기기 시작하였다.

한신은 가이샤에 모여든 여러 군사 가운데 초나라 출신들을 골라 초나라 노래를 부르게 하였다. 한밤중에 한나라 군사들이 사방에서 초나라 노래를 부르기 시작하자, 놀란 항우는 애첩 우희를 불러 함께 술을 마시면서 자신의 답답한 심정을 시로 표현했다.

힘은 산을 뽑을 수 있고 기개는 온 세상을 덮을 만하건만(力拔山兮氣蓋世)

시운이 불리하여 오추마 항우의 애마도 나아가지 않네(時不利兮騅不逝)

오추마가 나아가지 않으니 어찌하면 좋을까!(騅不逝兮可奈何)

우희여! 우희여! 당신을 어쩌면 좋을까!(虞兮虞兮奈若何)

그날 밤 항우는 부하 8백여 명과 함께 한의 포위망을 뚫고 도망쳤다. 그러나 도중에 길을 잃어버리자, 농부에게 길을 물었지만 그가 일부러 잘못 가르쳐 주어 유방이 보낸 5천의 기병에게 추격을 당했다. 결국 살아남은 항우의 군사는 기마병 28명뿐이었다. 항우는 포위망을 뚫고 동쪽으로 달려가 우장烏江. 지금의 안후이 성 화현 경내에 이르러 스스로 목숨을 끊었다.

〈한(漢) 제국의 탄생〉

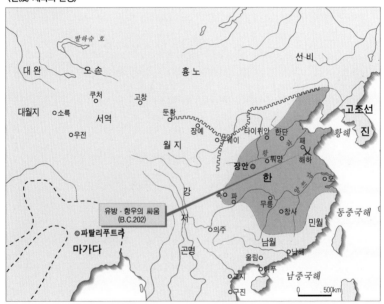

항우가 죽음으로써 4년여에 걸친 초楚와 한漢의 전쟁은 그 막을 내렸다. 진승·오광이 반란을 일으킨 이후 진秦을 무너뜨린 장본인은 항우였지만, 마지막 승리의 깃발을 올린 것은 유방이었다. 기원전 202년 2월, 유방은 황제의 자리에 올랐다. 그가 바로 한漢 제국의 고조高祖이다.

로마, 제국으로 가는 발판을 마련하다

포에니 전쟁

지중해를 둘러싼 피할 수 없는 충돌

기원전 8세기 그리스의 에게 문명이 쇠퇴하고 폴리스들이 등장할 무렵, 이탈리아 반도 서남쪽 티베르 강^{이탈리아 중부에 흐르는 강. 현재 테베레 강} 지역에서는 로마라는 도시 국가가 건설되어 그 세력을 키우기 시작했다.

로마는 기원전 753년에 트로이의 용사 출신인 아이네아스의 자손인 로물루스^{늑대의 젖을 먹고 자랐다는 건국 신화의 주인공}가 세웠다고 전해진다. 로마는 주변에서 가장 강력했던 에트루리아★ 세력을 북쪽으로 몰아내고, 라티움^{이탈리아 중서부에 있는 지역} 지역의 유일한 세력으로 자리 잡았다. 그 뒤 남쪽 삼니움 족과 여러 차례 전쟁^{기원전 326~기원전 290년}을 치른

★ 에트루리아(Etruria)

로마 공화정 이전에 이탈리아 중부에 있던 고대 도시 국가. 지금의 토스카나, 라치오, 움브리아 주에 해당하는 영토를 차지하고 있었다.

에트루리아는 기원전 650년 무렵, 이탈리아 반도의 가장 유력한 세력으로 성장하였다. 북쪽으로 포 강 유역에서 남쪽으로 라치오 주까지 그 영토를 확장하고, 100여 년간 로마를 지배했다.

〈로마의 발전〉

에트루리아 인
이 탈 리 아 인
그 리 스 인
페 니 키 아 인
일 리 리 아 인
리 구 리 아 인
→ 로마의 발전 방향
= 주 요 도 로

플라겐치아
제노바
볼로냐
피사
아르미움
안코나
일라리아
코르시카 섬
오스티아 로마
아르피
올비아
안티움
칸나에
네아폴리스
폼페이
사르데냐 섬
티레니아 해
메타폰툼
브룬디시움
브룩센툼
타렌툼
칼랄리스
시바리스
이탈리아 반도 통일
(B.C. 272)
크로톤
릴리바이움
메시나
래기움
셀라노스
시칠리아 섬
카르타고
카마리나
시라쿠사

0   100km

TIP 카르타고의 생성과 번영

카르타고는 아프리카 북쪽(지금의 튀니지) 해안에 페니키아 인들이 세운 식민 도시이다. 페니키아가 멸망한 뒤 기원전 800년경에 독립국이 되었다. 카르타고는 지중해 무역의 중심지가 되어, 막대한 부와 해군력을 가지게 되었다. 그 덕에 에스파냐에서 시칠리아 일부 지역까지를 지배하면서 상업국으로서 번영을 누렸다. 카르타고 사람들은 군사 문제를 주로 용병에게 맡겼다.
로마 인들은 카르타고 인을 포에니(페니키아 인이라는 뜻)라고 불렀다.

끝에 이탈리아 반도를 통일하였다.

로마가 이탈리아 반도 남쪽에 있던 그리스의 식민 도시 국가들을 통합한 것은 그리스 인들이 누볐던 해상 무역 시장을 이어받아 서지중해로 진출하는 계기가 되었다. 그래서 그 당시 지중해 최고의 부를 누리던 카르타고와의 충돌은 피할 수 없게 되었다.

기원전 288년경 시칠리아 섬이탈리아 남서부에 있는 지중해 최대의 섬의 시라쿠사시칠리아 섬 최초의 그리스 식민지에서 일어난 마메르티니고대 이탈리아 지방의 오스크 인 용병들의 반란을 계기로 로마와 카르타고는 3차례에 걸쳐 100년이 넘도록 전쟁을 하였다. 이것이 바로 포에니 전쟁기원전 264~기원전 146년이다.

로마 제국의 시조. 로마를 세웠다는 로물루스는 늑대의 젖을 먹고 자랐다는 이야기가 전해진다.

제1차 포에니 전쟁(기원전 264~기원전 241년)

시라쿠사의 용병 대장은 해고된 것에 대해 불만을 품고, 마메르티니들을 이끌고 메시나를 점령한 후 주변을 공격하였다. 기원전 265년에 이르러 시라쿠사의 히에론 2세의 반격을 받게 되자, 카르타고에 구원을 요청하였다.

카르타고 군이 시라쿠사 군을 물리치자, 마메르티니들은 그들을 도와준 카르타고 군을 몰아내기 위해 이번에는 로마에 도움을 청했다. 로마는 이탈리아 남부 그리스 식민 도시들에 대한 카르타고의 영향력이 커질 것을 우려하여, 기원전 264년에 전쟁에 개입하였다.

전쟁 초기 로마는 해군이 강한 카르타고에 밀렸지만, 차츰 해군력을 키우고 배를 움직이지 못하도록 하는 무기를 만들었다. 그 뒤 로마는 메시나를 공격해 카르타고 군을 몰아냈고, 시라쿠사도 점령했다. 그 기세를 몰아 로마 장군 레굴루스는 기원전 256년에 아프리카로 건너가 카르타고를 공격하였다. 그렇지만 카르타고 용병 대장 크산티포스가 이끄는 기병대와 코끼리를 중심으로 한 군대의 공격에 무너졌다.

로마는 포에니 전쟁을 계기로
해군력을 키워 지중해를 장악할 수 있었다.

그러나 강해진 로마의 해군은 계속 승리하였고, 마침내 아이가테스 해전기원전 241년에서 카르타고 사령관 하밀카르 바르카스와 싸워 카르타고를 항복시켰다. 그 결과 카르타고는 시칠리아를 내어 줬을 뿐 아니라 엄청난 배상금을 물어야만 했다. 그 뒤 시칠리아는 로마 최초의 해외 속주프로빈키아. 제1차 포에니 전쟁 이후 설치된 이탈리아 반도 이외의 로마 영토가 되었다.

2차 포에니 전쟁(기원전 218~기원전 201년)

제1차 포에니 전쟁이 끝나고 몇 년이 지나자, 로마는 코르시카 섬과 사르데냐 섬을 카르타고로부터 빼앗았다. 그리고 카르타고에게 더 많은 전쟁 배상금을 내라고 강요했다. 이때 하밀카르 바르카스와 아들 한니발, 사위 하스드루발은 이베리아 반도유럽의 남서부 대서양과 지중해 사이에 있는 반도에 '신카르타고'를 세우고 세력을 키웠다.

기원전 218년에 한니발은 로마의 동맹 도시 사군툼이베리아 반도 동해안에 있던 사군토의 옛 이름을 차지했다. 로마는 카르타고에 철수를 요구했지만 카르타고는 이를 거절했다. 결국 로마는 카르타고를 향해 다시 선전 포고를 했다.

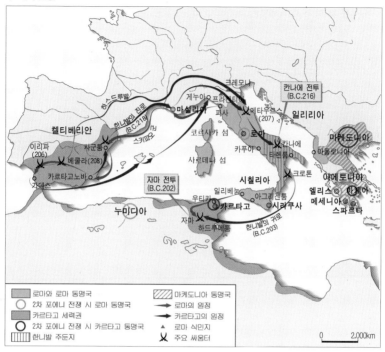

〈포에니 전쟁〉

로마와 로마 동맹국
2차 포에니 전쟁 시 로마 동맹국
카르타고 세력권
2차 포에니 전쟁 시 카르타고 동맹국
한니발 주둔지
마케도니아 동맹국
로마의 원정
카르타고의 원정
로마 식민지
주요 싸움터

0   2,000km

로마가 이미 바다를 통제하고 있었기에 카르타고의 한니발은 4만에 이르는 군사코끼리 포함를 이끌고 육로로 피레네 산에스파냐와 프랑스 경계과 론 강스위스에서 시작해 프랑스를 거쳐 지중해로 흐르는 큰 강을 지나 알프스 산맥을 넘어 이탈리아로 쳐들어갔다. 계속되는 행군과 여러 가지 악조건으로 인해 한니발은 많은 군사를 잃어, 이탈리아에 도착했을 때는 보병 2만 명, 기병 6천 명 정도만 남았다. 그러나 한니발은 이탈리아 북부에 사는 갈리아 인을 자기편으로 끌어들이고 기묘한 전술을 사용하였다. 그 덕에 군대는 반도의 각지에서 로마 군을 격파하고 승리하였다.

한니발은 기원전 216년 8월 2일, 남이탈리아의 칸나에 전투한니발의

TIP 코끼리를 전쟁에서 어떻게 사용했나?

동물원에서 보는 코끼리는 순하고 조련사들의 말을 잘 듣는 편이다. 그러나 전쟁에 쓰였던 코끼리는 매우 무섭고 잔인했다. 3m에 이르는 코끼리가 전쟁터를 달리면, 그 앞을 막을 수 없어 사람과 말들은 짓밟힐 수밖에 없었다. 그래서 코끼리는 전투에서 매우 중요하게 사용되었다.
그렇지만 코끼리가 두려움에 휩싸이거나 화가 나면, 적군과 아군을 구별하지 않고 공격했다. 코끼리 조련사들은 작은 침을 가지고 다니며, 아군을 공격할 때는 코끼리의 머리에 침을 꽂아 죽였다.

초승달 포진으로 유명한 전투에서 로마 군을 이중 포위하여 크게 승리했다. 그리고 마케도니아의 필리포스 5세, 시칠리아의 시라쿠사와 동맹을 맺었다. 그러나 로마는 이 동맹을 게릴라 전술배후나 측면을 소규모의 군사가 기습 공격함으로써 적을 교란시키는 방법과 외교 활동으로 교묘히 저지하였다. 기원전 211년 로마가 카푸아 시를 되찾을 때까지 로마와 카르타고 군의 전쟁은 이탈리아 반도에서 교착 상태에 빠져 있었다.

그러나 시간이 흐르자 로마 군은 카르타고를 상대로 승리를 거두기 시작했다. 한니발의 군대가 이탈리아 반도에 머물고 있는 동안, 로마 군의 스키피오자마 전투 승리 후 아프리카누스란 칭호를 얻었는 기원전 206년 카르타고 군의 근거지로 건너가 이베리아 반도를 완전히 평정했다. 스키피오는 기원전 204년에 카르타고의 본토를 완전히 쓸어버리기 위해 다시 군대를 이끌고 북아프리카로 건너가 전투 준비를 했다. 그때 남부 이탈리아에서 로마 군과 대치 중이던 한니발은 본국의 명령을 받고 아프리

카르타고는 기원전 146년 로마에 의해 완전히 멸망하였다.

카로 향했다. 로마 군의 스키피오는 기원전 202년에 자마 전투에서 한니발이 이끄는 카르타고 군과 맞대결을 펼친 결과 또 승리를 거뒀다.

그 결과 2차 전쟁에서도 패한 카르타고는 로마에 히스파니아에스파냐를 비롯한 지중해 섬들을 양도어떤 물건이나 권리를 남에게 넘겨주는 것하고, 전함 대부분을 넘겨주었으며, 50년간 배상금을 지불하게 되었다.

3차 포에니 전쟁(기원전 149~기원전 146년)

2차 포에니 전쟁에서 패배한 카르타고는 매우 어려운 상황이 되었지만 여기서 무너지지 않았다. 카르타고는 온 시민이 힘을 모아 전쟁의 피해를 복구하고, 경제를 다시 일으키기 위해 노력했다. 그들의 이런 노력은 또다시 로마의 신경을 건드렸고, 로마는 카르타고를 더 이상 두고 볼 수는 없다고 여겨 그들을 완전히 무너뜨리기로 했다.

그 무렵 카르타고 서쪽의 누미디아 국왕이 카르타고의 영토를 침략했다. 카르타고는 2차 포에니 전쟁이 끝난 뒤 맺은 강화 조약의 내용에 따라, 로마의 허락 없이는 함부로 군사를 움직일 수 없었다. 하지만 카르타고는 로마의 허가를 받지 못한 상태에서 누미디아에게 선전

TIP 포에니 전쟁에서 가장 중요했던 전투

1. 칸나에 전투(기원전 216년)

2차 포에니 전쟁 중 이탈리아 동남부의 칸나에 부근에서 로마 군과 카르타고 군 사이에 벌어진 큰 전투다. 이 전투에서 로마 군은 갈리아·히스파니아·아프리카 동맹군의 지원을 받는 한니발 부대에 크게 패했다.

로마 군은 서남방을 바라보고, 오른쪽으로 아우피두스 강(오판토 강)을 따라 후방으로 바다에서 3마일 정도 떨어진 곳에 자리 잡았다. 그들은 약 6천 명의 기병을 양 날개에 배치하고 보병을 중앙에 밀집시켜, 적군의 중앙을 힘으로 밀어붙여 파괴할 생각이었다. 여기 맞서서 한니발은 유명한 초승달 모양의 진을 선보였다. 그는 갈리아와 에스파냐 보병을 중앙에 놓고, 아프리카 부대를 둘로 나누어 그 양옆에 배치하고, 기병대를 양 날개에 포진시켰다. 그러나 적군과 교전을 벌이기 전에 전열을 초승달 모양으로 바꿔, 중앙이 전진해 가는 데 따라 양옆의 아프리카 부대는 사다리꼴 대형을 이루었다. 한니발이 예상했듯이 그의 기병대는 양 날개의 전투에서 승리를 거두고, 그 일부가 적군의 배후로 밀고 들어갔다.

한편 로마 보병은 한니발의 중앙군을 점점 밀어붙였다. 한니발의 부대는 뒤로 물러나기는 했지만 흩어지지 않았다. 따라서 로마 군의 중앙부가 점차 덫에 끌려 들어가는 상황이 되었고, 한니발의 초승달 대형은 이제 원으로 바뀌었다. 밀고 들어오는 로마 군을 옆에서 지켜보던 아프리카 부대가 안쪽으로 방향을 틀어 그들을 공격했고, 카르타고 기병대가 뒤쪽을 쳤다. 빽빽하게 밀리는 바람에 무기를 제대로 쓸 수 없게 된 로마 군은 포위된 채 죽어 갔다. 겨우 1만 4천 명의 로마 병사들이 달아났을 뿐, 1만 명 이상이 포로가 되고 나머지는 살해당했다. 이에 비해 카르타고 군은 약 6천 명의 병력만 잃었다.

포고를 하고 말았다.

이것을 빌미로 로마는 기원전 149년에 또 다른 스키피오스키피오는 고대 로마의 성. 로마사에는 여러 명의 스키피오가 등장함가 이끄는 군대를 보내 카르타고를 공격했다. 로마는 더 이상 카르타고가 일어설 수 없게 수많은 사람들을 죽이고, 카르타고의 수도를 완전히 파괴하여 사람이 살지 못

2. 자마 전투(기원전 202년)

스키피오가 이끄는 로마 군이 한니발이 이끄는 카르타고 군을 상대로 승리를 거둔 전투로, 2차 포에니 전쟁 최후의 전투였다. 로마의 역사가 리비우스에 따르면, 이 전투는 나라가라(지금의 튀니지 사키아트시디유수프)에서 벌어졌다고 하는데, 그 위치는 정확하게 확인되지 않고 있다. 자마라는 명칭은 전투가 벌어진 지 약 150년 뒤, 로마의 역사가 네포스가 그 전장을 지칭하여 붙인 것이다.

기원전 203년에 카르타고는 로마의 장군 스키피오가 아프리카를 침공하여 카르타고에서 서쪽으로 32㎞도 안 되는 지점에서 중요한 승전을 거둠에 따라, 커다란 위험에 빠졌다. 카르타고의 장군인 한니발과 그의 동생 마고는 교착 상태에 빠진 이탈리아 원정에서 되돌아올 수밖에 없었다.

이탈리아 원정에서 돌아온 한니발의 정예 부대를 마시니사(북아프리카의 누미디아의 통치자)의 기병대가 공격하고, 이어 로마 보병대와 기병대가 협공을 하자 카르타고 보병대는 곧 무너지고 말았다. 이 전투에서 카르타고 군 2만 명이 전사하고 나머지는 포로가 되었지만, 로마 군은 전사자가 1천5백 명에 그쳤다.

로마의 병사들

자마 전투에서 패한 카르타고는 스키피오가 제시한 강화 조건을 수락했다. 스키피오는 이 승리에 따른 찬양의 표시로 '아프리카누스'라는 별칭을 얻었다.

하는 도시로 만들었다. 이때 살아남은 주민들은 모두 로마의 노예가 되었다. 카르타고는 기원전 146년에 완전히 멸망하였고, 그 땅은 '아프리카'라는 이름으로 로마의 속주가 되었다.

3차례에 걸친 카르타고와의 전쟁에서 승리한 로마는 일개 도시 국가에서 지중해를 지배하는 대제국으로 발전하는 전환점을 맞이하게 되었다.

유구르타 전쟁 · 동맹시 전쟁

포에니 전쟁 이후 로마 사회의 변화

포에니 전쟁의 승리로 카르타고를 완전히 무너
뜨린 로마는 에스파냐와 북아프리카를 연결하는
서부 지중해의 주인이 되었다. 또 4차례에 걸친 전
쟁을 치른 끝에 마케도니아를 속주_{이탈리아 반도 이외의}
_{로마 영토}로 만들었고, 시리아 등으로 진출하여 오리
엔트 지역까지 세력을 넓혔다. 이때부터 '지중해
는 로마의 호수'라는 말이 생겼다.

로마의 영토 확장은 로마 사회에 많은 변화를
가져왔다. 로마가 정복한 식민지로부터 들어오는
막대한 세금은 로마의 지배층을 더욱 부유하게 만
들었다. 또 로마의 지배층은 식민지의 넓은 땅을
독점하고 많은 노예를 가지게 되면서 대규모 농
장, 목장, 과수원을 경영하기 시작했다. 이것이 바
로 노예 노동을 기반으로 한 대농장 라티푼디움
Latifundium이다.

로마 지배층이 라티푼디움을 경영하자 로마에
는 농산물이 싼값에 들어오기 시작했다. 농산물이
대량으로 싼값에 들어오자, 소규모 농장을 운영하
던 자영 농민들은 생활이 어려워졌다. 로마의 중

노예 노동을 기반으로 하는
라티푼디움

산층으로 전쟁에 나가야 했던 자영 농민들은 전쟁에 참여하고 돌아와
도 제대로 보상받지 못한 데다 농장 운영까지 어려워지자 기반이 점
차 무너져 갔다. 결국 그들은 자신들의 토지를 팔고 로마 시내로 들어
가 프롤레타리아트proletariat, 토지를 소유하지 못한 가난한 자유민, '프롤레타리아' 의
유래라 불리는 도시 노동자가 되었다.

　결국 로마에는 전쟁, 식민지 등으로 이익을 본 부유한 실업가와 원
로원으로 대표되는 새로운 귀족 계층이 등장하게 되었다. 그 결과 자
영 농민을 핵심으로 한 공화정이 무너지고, 원로원 중심의 새로운 귀

〈기원전 130년〉

족 정치 공화정이 자리를 잡았다.

이 무렵 로마 사회는 귀족과 평민 간의 계급 투쟁, 지배층의 권력 다툼, 국가 간 전쟁 등으로 혼란스러웠다. 이런 사회 위기를 극복하기 위해 나선 최초의 인물이 그라쿠스 형제*였다. 기원전 133년, 형 티베리우스 그라쿠스는 토지 소유 상한선을 정했다. 또 재산이 없는 시민들에게 토지를 분배하도록 제도를 바꾸려고 노력했다. 그러나 원로원의 반발을 사, 그들이 사주한 사람들에게 죽임을 당하였다. 테베리우스의 개혁 시도는 그렇게 사라졌다.

유구르타 전쟁(기원전 111~기원전 104년)

그라쿠스 형제의 개혁이 실패로 끝나고 나서, 로마는 민회를 중심으로 한 평민파새로운 형태의 민중적인 정치가와 벌족파원로원을 중심으로 정책을 펴나가려는 정치가, 경제적인 힘을 갖고 있던 독자적인 세력인 기사층의 대립으로 정치적 · 사회적 세력 다툼이 더욱 복잡해졌다.

그라쿠스 형제의 개혁 실패는 토지를 소유한 평민들의 몰락을 더욱 부채질했고, 그 결과 자영 농민들이 중심을 이루었던 로마 군대 체제는 더 이상 유지하기 어려워졌다. 로마 군대가 예전처럼 강력한 모습

★ 그라쿠스 형제

티베리우스 그라쿠스(기원전 163~기원전 133년)와 동생 가이우스 그라쿠스(기원전 153~기원전 121년)의 어머니는 한니발을 물리친 스키피오 아프리카누스의 딸이었다. 그녀는 지성과 미모, 귀한 태생까지 겸하여, 로마 최고의 여성으로 이름이 높았던 코르넬리아였다.
코르넬리아는 로마 귀부인들이 모여 각기 자신들의 보석이 최고라고 자랑하던 자리에서, 자신이 가진 가장 아름다운 보석은 바로 두 아들이라고 말했다는 일화는 너무나 유명하다. 그 두 아들이 바로 그라쿠스 형제이다.

을 보이지 않자, 세력이 커진 주변 민족들이 계속 이탈리아의 국경을 침입해 왔다.

이런 상황에서 기원전 111년, 북아프리카의 동맹국인 누미디아에서 문제가 일어났다. 세력 다툼을 통해 누미디아의 왕위에 오른 유구르타는 자신을 누미디아의 왕으로 인정하기만 하면, 로마의 패권경제력

TIP 고대 로마의 관직

· 원로원

포에니 전쟁 이후 원로원의 의석은 300명이었고, 그 뒤에 점차 늘어났다. 원로원의 임기는 제한이 없었다. 원로원은 집정관이 하는 일에 간섭할 수 있었으며, '원로원 최종 권고'를 통해 모든 법률을 무시할 수 있는 엄청난 권력을 행사할 수 있었다.

· 집정관

왕정에 왕이 있다면, 로마 공화정에는 집정관이 그 역할을 대신한다. 집정관은 2명으로 구성되어 있으며 임기는 1년이었다. 재선이 허용되며 40세 이상만 원로원의 승인을 얻어 취임할 수 있었다. 집정관 2명 가운데 1명이라도 거부권을 행사하면 정책을 시행할 수 없었다. 그리고 집정관은 민회(평민과 귀족이 같이 참여하는 시민 총회)를 소집할 권리가 있었고, 전쟁이 일어나면 총사령관으로 군대를 지휘했다.

· 법무관

법무관은 공화정 초기에는 1명이었지만, 공화정 말기에는 16명으로 늘었다. 처음에는 전쟁터에 나간 집정관의 임무를 대신했지만, 점점 사법 책임관으로 변화했다. 집정관과 마찬가지로 1년 임기이며, 연령도 40세 이상만 입후보(선거에서 후보자로 나서거나 내세우는 것)할 수 있었다. 또 비상시에는 군대를 지휘할 권한이 있었다.
집정관과 법무관은 임기가 1년이라 전쟁 수행 중 임기가 끝날 가능성이 있었다. 그래서 임기가 끝난 뒤에도 전쟁을 계속해야 할 때는 전직 집정관, 전직 법무관이란 이름으로 계속 전쟁을 수행하도록 했다. 전쟁이 끝나면 로마 식민지에 총독으로 파견되었다.

· 독재관

로마 공화정에서 모든 관직은 선거를 통해 뽑았다. 그러나 독재관만은 원로원 회의에

이나 무력으로 다른 나라를 압박하여 자기의 세력을 넓히려는 권력 아래 동맹 관계를 지속하고 싶다고 제의했다. 그 당시 로마의 집정관이었던 베스티아는 유구르타의 제의를 받아들이고 군대를 누미디아에서 철수했다.

그런데 유구르타가 로마에 머물고 있던 누미디아 왕족을 암살하는 사건이 일어났다. 뒤에서 음모를 꾸미는 것을 싫어하는 로마 인들은

서 집정관이 지명했다. 로마 공화정에 비상사태가 발생하면 임명되며, 임기는 6개월이었다. 그렇지만 왕이라고 할 만큼 엄청난 권력을 휘두를 수 있었다.

· 호민관
기원전 494년 만들어졌는데, 호민관은 권력 남용(옳지 못하게 함부로 쓰는 것)으로 피해를 본 평민을 돕고 원로원, 집정관, 민회의 결정에 거부권을 행사할 수 있었다. 평민의 대표 격으로, 민회가 아닌 평민회에서 뽑았다. 임기는 1년이고, 연령 제한은 없었다. 독재관의 결정을 제외한, 집정관과 원로원이 결정한 일에 거부권을 행사할 수 있었다. 처음에는 2명이었지만 점차 10명으로 늘어났다. 호민관의 임기가 끝나면, 자동으로 원로원 의석을 배정 받을 수 있었다.

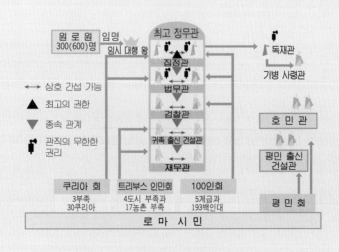

유구르타를 제압해야 한다는 결론을 내리고, 기원전 110년에 누미디아로 군대를 보냈다. 그러나 로마 군은 아프리카에 도착하자마자, 누미디아의 병사들에게 패하고 무기까지 빼앗긴 채 로마로 돌아왔다.

더는 물러설 수 없게 된 로마는 기원전 109년에 집정관 메텔루스를 총사령관으로 삼아 군대를 누미디아로 보냈다. 이때 메텔루스를 보좌하는 부장으로 전투 경험이 많은 48세의 마리우스가 임명되었다. 처음에는 로마 군이 승리하는 듯 보였지만, 전쟁은 장기전으로 접어들려고 하였다. 그러자 마리우스는 상관인 메텔루스에게 전략을 변경하자고 제안했는데, 메텔루스는 그의 제안을 거부했다.

이렇게 되자 마리우스는 로마 군의 총지휘권을 장악하기 위해 집정관에 출마했다. 그 결과 기원전 107년 유구르타 전쟁에 대한 공약으로 마리우스가 집정관으로 뽑혔다. 마리우스는 집정관의 권리인 정규 군단 편성을 기존의 징병제가 아니라 지원병 제도로 바꾸었다. 이제 로마의 병역은 시민의 의무가 아니라, 선택에 따른 직업으로 바뀌게 된 것이다.

마리우스는 누미디아로 가기 위해 곧바로 지원병을 모집했다. 이때 많은 사람들이 군대에 지원하였는데, 그들 대다수는 농지를 잃고 실업자가 된 사람들이었다. 당시 시민병에게 주는 경비와 지원병에게 주는 급료는 액수에 있어 전혀 차이는 없었다. 그러나 도시에 거주하는 실업자가 된 그들은 싼 값에 밀을 공급 받을 수 있는 권리를 포기하고라도, 어엿한 로마 시민이 되는 길을 택한 것이다. 마리우스는 지원병들과 함께 누미디아로 갔다. 그곳에서 그는 새로운 전법으로 곧 누미디아의 동쪽 절반을 평정하였다. 그러나 유구르타와의 전쟁이 끝

로마의 개선문 가운데 가장 오래되었다고 전해지는 티투스의 아치

나지 않은 채, 마리우스의 집정관 임기가 끝나 가고 있었다. 그래서 마리우스는 로마 민회에 요청하여 아프리카 전쟁을 수행하는 데 필요한 임페리움^{절대 지휘권}을 받아 전쟁을 계속 지휘할 수 있게 되었다.

　여기에 마리우스를 도우려고 외교적 재능이 뛰어난 술라*가 참여하게 되었다. 술라는 유구르타와 연합하여 싸우던 마우레타니아의 보쿠스 왕과 단독 회담을 가졌다. 그 뒤 보쿠스 왕은 유구르타 왕을 잔

★ 술라(기원전 138~기원전 78년)
로마 시대의 정치가, 장군. 뛰어난 술수와 군사적 재능으로 군대를 이끌고 로마에 두 번이나 진격하였고, 독재관이 되어 반대파에 대한 무자비한 숙청으로 공포 정치를 실시했다.

치에 초대한 뒤, 그를 체포해 술라에게 넘겼다.

유구르타가 잡히자 오랫동안 로마를 괴롭힌 전쟁도 마침내 끝났다. 유구르타는 기원전 104년 1월, 로마에서 열린 마리우스 개선식이 끝난 뒤 처형되었다. 누미디아 왕국은 예전과 마찬가지로 로마 밑에서 독립국으로 살아남게 되었다.

기원전 104년 유구르타와의 전쟁에서 승리하고 로마로 개선한 마리우스는 다시 한 번 집정관에 당선되었고, 이때부터 5년 동안 계속해서 집정관에 뽑혔다. 마리우스는 이번에도 대폭적인 군사 제도 개편을 실시하고, 알프스를 넘어 갈리아 부족들과 베르켈라이 전투를

TIP 베르켈라이 전투

기원전 102년 이동을 시작한 게르만 족의 수는 30만 명에 이르렀으며, 그들은 이탈리아를 향하여 계속 이동하였다. 게르만 족은 부족별로 나뉘어, 튜토니 족(유틀란트 반도를 원주지로 한 게르만 족의 일파. 인구 증가로 기원전 2세기경 남하)은 남프랑스의 바다를 따라 서쪽에서, 티그리니 족은 동쪽에서, 킴브리 족은 알프스를 넘어 이탈리아로 들어가기 시작하였다.

로마에서는 마리우스가 서쪽을 맡고, 카툴루스가 킴브리 족을 상대하게 되었다. 마리우스는 아쿠아에 섹스티아 전투에서 승리하였지만, 카툴루스는 그렇지 못하였다.

기원전 101년 봄, 마리우스와 카툴루스가 이끄는 로마 군은 포 강을 건너, 토리노와 밀라노 중간 지점의 평원인 베르켈라이에서 키브리 족과 맞서 싸웠다. 이 전투에서 12만 명의 킴브리 족이 죽고, 6만 명이 포로로 잡히면서 로마 군이 크게 승리했다. 그 소식을 들은 티그리니 족은 북유럽으로 도망쳤다.

베르켈라이 전투에서 로마가 승리한 것은 로마 군의 지휘관들이 병력을 효율적으로 움직이는 작전을 잘 짰고, 병사들이 지휘관의 지시대로 신속하게 움직인 덕이라고 보았다. 이로써 마리우스의 군제 개혁은 대단히 성공적이라는 것이 입증되었다. 그로 인해 마리우스는 전성기를 누리게 되었다.

비롯한 여러 전투를 벌여 계속 승리하였다.

동맹시 전쟁(기원전 91~기원전 88년)

기원전 3세기에 이탈리아를 통일했던 로마는 이탈리아 주변의 도시들과 자발적인 동맹이냐, 전쟁으로 인한 동맹이냐에 따라 차별적인 동맹 규약_{한 조직체의 구성과 활동에 관한 규정}을 맺고 있었다. 명목상으로는 이들 도시는 독립적인 자치 도시_{중세의 유럽에서 국왕이나 영주로부터 자치권을 얻은 도시}였지만, 실제로는 로마 공화정에 예속_{남의 지배 아래 매이는 것}되어 상납금_{나라에 세금으로 내는 돈}과 병력을 제공해야 했다. 또 로마는 이들 도시의 내정에는 간섭하지 않았지만, 외교 문제에 개입하며 이들을 억눌렀다.

포에니 전쟁과 여러 전쟁을 통해 로마가 지중해의 패권을 차지하는 과정에서 이들 도시들은 로마 군단에 절반 이상의 병력을 제공하며 로마에 도움을 주었다. 그렇지만 로마는 이들 도시에 로마가 차지한 부와 권리를 나누어 주길 거부했다. 결국 이탈리아 중부와 남부의 동맹 도시들은 로마에 점차 반감을 갖게 되었고, 계속해서 로마 시민권과 그에 따르는 특권을 요구했다.

기원전 2세기에 이르러 그라쿠스 형제와 같은 개혁가들이 로마 시민권을 이들 도시의 주민에게 확대해야 한다고 주장할 때마다 원로원을 비롯한 지배층은 강하게 반발했다. 기원전 91년 호민관 드루수스는 로마 시민권을 이탈리아 전체로 확대하는 법안을 제출하였다. 그러나 이 법안은 귀족은 물론 로마 시민권을 가진 무산 계급의 엄청난 반대에 부딪혔고, 드루수스는 살해당했다.

이 일로 로마 동맹 도시들의 불만은 폭발했고, 반란은 급속도로 퍼

〈로마 동맹 도시의 반란〉

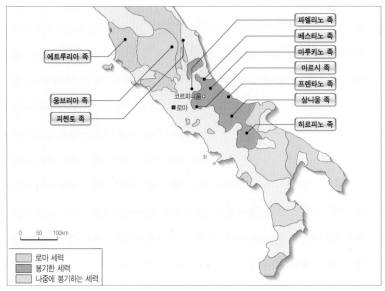

파엘리노 족
베스티노 족
마루키노 족
에트루리아 족
마르시 족
프렌타노 족
삼니움 족
움브리아 족
코르피니움
로마
피첸토 족
히르피노 족

0 50 100km

로마 세력
봉기한 세력
나중에 봉기하는 세력

져 나갔다.

　처음에는 피첸토 족, 베스티노 족, 마루키노 족, 파엘리노 족, 마르시 족, 프렌타노 족 등 8개 부족이 반란을 시작했다. 동맹 도시들은 자체 연방을 조직해 코르피니움을 중심지로 정하고, '이탈리아'라는 국가 이름을 정했다. 또 원로원 의원들과 관리들을 선출했으며, 이와 함께 독자적인 화폐도 주조했고, 육군 10만 명을 양성했다.

　기원전 90년 로마는 집정관 루푸스가 북부 전선을 맡고, 카이사르가 남부 전선을 맡아 이탈리아를 치기로 했다. 오랜 기간 로마와 함께 전쟁에 참여했던 이탈리아는 모든 면에서 로마와 같은 군사 체계와 전술을 사용했다. 같은 군사 체계와 전술 때문에 로마는 쉽게 승리를 거둘 수 없었다. 전쟁 초반 로마는 북부 전선을 맡은 집정관 루푸스가 전사할 만큼 상황이 좋지 못했다. 그러나 차츰 술라의 활약으로 남부 전선에서 승리하면서 전쟁의 주도권을 쥐게 되었다.

기원전 90년 말, 집정관 카이사르는 정치적 양보만이 이 반란을 저지할 방법이라고 생각했다. 그는 반란에 참여하지 않은 이탈리아 인들을 비롯해 반란에 가담했더라도 즉시 항복하는 모든 사람들에게 로마 시민권을 준다는 법률을 통과시켰다. 이 조치는 이탈리아 인의 감정을 누그러뜨렸고, 이제 그들은 로마에 대항해 싸워야 할 의미를 잃었다.

그 뒤로도 2년간 남부 전선에서는 전투가 계속되었지만, 로마 시민권의 확대로 명분을 잃게 된 반란군은 차츰 로마 편으로 돌아섰다. 이로써 로마는 이탈리아 반도 전체의 동맹 부족과 도시들에게 로마와 같은 권리와 의무를 부여하고, 진정한 반도 통일을 이루게 되었다.

제정의 기초를 닦는 과정에서 로마가 치른 전쟁

갈리아 전쟁과 악티움 해전

미트리다테스 전쟁(기원전 88~기원전 64년)

폰투스 왕국흑해의 남쪽 소아시아 지역의 옛 왕국 이름의 미
트리다테스 6세미트라다테스 6세라고도 함는 영토를 확장
하려는 자신의 계획에 로마가 끼어들자, 로마 인
을 소아시아에서 몰아낼 계획을 세웠다. 그는 로
마가 동맹시 전쟁 때문에 당분간 군대를 보낼 여
유가 없을 것이라고 판단했다. 그래서 기원전 91
년, 30만에 이르는 폰투스 군은 로마의 속주이탈리아
반도 이외의 로마 영토인 페르가몬고대 그리스 도시으로 쳐들
어갔다. 이것이 바로 미트리다테스 전쟁의 시작이
었다.

기원전 88년 미트리다테스는 아시아에 있는 로
마와 이탈리아 주민들을 모두 죽이라는 명령을 내
렸고, 그 결과 8만여 명의 이탈리아 인들이 죽었
다. 그 무렵 동맹시 전쟁에 나갔다가 로마에 돌아
온 술라는 집정관에 출마하여 당선되었다. 그는
집정관에 오르자 바로 미트리다테스와 싸우기 위
한 준비를 했다. 그러나 전쟁의 지휘권이 마리우
스에게 넘어가자, 자신이 직접 전쟁에 참여할 병
사들을 모집했다. 이때 참여한 군사 대부분은 2년

여 동안 술라를 따라 동맹시 전쟁에 참여했던 사람들로, 이미 술라의 사병이 되어 있었으며 그 규모가 3만 5천이나 되었다.

술라는 자신의 군대를 이끌고 미트리다테스의 군대를 진압하기 위해 그리스로 원정을 떠났다. 그런데 그 사이 로마의 정치를 맡았던 킨나가 마리우스와 함께 술라의 재산을 몰수하고 국외 추방을 명령했다. 이로써 술라는 더 이상 본국의 원조를 받지 못하고 로마 정규군과도 대치할 수밖에 없었다. 이런 상황에서도 술라는 기원전 86년, 아테네를 공격해 승리하였고 이듬해에는 폰투스 군과의 전쟁에서도 이겼다. 그 결과 미트리다테스와 다르다노스 조약을 맺어 그로부터 함대를 넘겨받고, 거액의 배상금을 치르게 했다.

그 뒤 술라는 폰투스 군과의 전쟁에 함께한 자신의 4만 군사, 메텔루스 피우스가 거느린 2개 군단, 폼페이우스의 3개 군단을 합쳐 모두 7만 5천 명을 이끌고 로마로 돌진했다. 그로부터 2년 동안 술라는 12만 규모의 로마 정규군과 내전을 치렀다. 마침내 내전에서 승리한 술라는 로마로 돌아와 딕타토르*가 되어 공화정 체제를 강화한 뒤, 스스로

★ 딕타토르(dictator)

특별 권력을 부여 받은 로마 공화국의 임시 행정관. 원로원의 추천을 받아 집정관이 지명하고, 평민회의 승인을 받아 임명된다.

이탈리아의 몇몇 라틴 국가에서는 상설직이었지만, 로마에서는 군사적인 필요가 있을 때만 임명했다. 나중에는 국내에 위기가 닥칠 때만 뽑았다. 정해진 임기는 6개월이었지만, 딕타토르의 권력은 위기가 해결되면 보통 소멸되었다. 딕타토르가 있는 동안 콘술이나 다른 행정관들은 임무를 계속 수행할 수는 있었지만 그의 권한에 복종해야 했다. 술라의 경우 발레리아 법(Lex Valeria)에 따라 딕타토르로 임명되었다. 이 법령은 그에게 정치 체제와 입법·군사·사법에 관한 전권을 부여했으며, 로마 역사상 최초로 딕타토르의 임기에 관해 제한을 두지 않았다.

독재관에서 물러났다.

한편 폰투스에서는 미트리다
테스 6세가 로마의 감시를 피해
자신의 군사력을 서서히 재건
해 가고 있었다. 그래서 로마
는 폰투스와 자주 전투를 치
렀다. 그러는 사이 기원전 74년
에 비티니아^{흑해와 폰투스와 맞닿아 있어 동양}

로마 제국 당시의 화폐

과 서양을 이어주는, 중요하지만 불안정한 지점 왕 니코메

데스 4세가 죽으면서 유언을 통해 자신의 왕국을 로마에 기증했다.
로마 원로원이 비티니아를 속주로 만들자, 로마와 국경을 마주하게
된 미트리다테스는 다시 로마와 본격적인 전쟁을 시작했다.

전쟁 초반에는 로마 집정관인 마르쿠스 코타의 패전으로 인해 로마
군이 불리했다. 그렇지만 술라의 가장 충실한 추종자인 루쿨루스가
기원전 73년에 키지쿠스^{오늘날 터키의 발리히사르} 항에서 크게 승리함으로
써 폰투스 군은 밀리기 시작했다. 이후 로마 군 지휘관들은 미트리다
테스를 잡을 때까지 전쟁을 해야 한다고 결정하고 폰투스 본토를 공
격하였다. 그때 로마 군에 패한 미트리다테스는 동맹국인 아르메니아
로 피신했다. 아르메니아의 티그라네스 2세가 미트리다테스를 내어
놓으라는 로마의 요청을 거절하자, 로마는 기원전 66년 폼페이우스를
보냈다.

폼페이우스는 2년 만에 전투를 끝내고, 미트리다테스와 티그라네
스 2세를 모두 무찔러 소아시아를 로마의 영향력 아래 두는 데 성공

했다. 이미 스파르타쿠스 반란 진압, 동지중해 해적 소탕 등으로 이름을 날렸던 폼페이우스는 미트리다테스 전쟁에서의 승리를 계기로 로마 권력의 중심이 되었다.

제1차 삼두 정치의 시작과 갈리아 전쟁(기원전 58~기원전 51년)

폼페이우스에게 권력이 집중되자 로마 원로원은 냉담한 태도를 취했다. 이 상황을 재빨리 알아차린 율리우스 카이사르는 스파르타쿠스 반란 진압에 공이 컸던 기사 출신 부호 크라수스와 손을 잡았다. 그리고 폼페이우스와 함께 기원전 60년에 제1차 삼두 정치를 시작하였다.

기원전 58년 카이사르는 갈리아지금의 프랑스, 벨기에, 스위스 서부, 그리고 라인 강 서쪽의 독일을 포함하는 지방 지역의 총독으로 임명되었다. 총독으로 부임한 카이사르는 곧 갈리아 지역을 정복하기로 마음먹고 진행시켰다. 그 당시 로마는 갈리아의 일부 부족 국가들과 교역 및 외교 관계를 맺고 있었다.

카이사르의 갈리아 정복 이전부터 로마의 동맹 부족이던 하이두이 족이 헬베티 족의 압박을 받고, 카이사르에게 도움을 요청했다. 카이사르가 이 요청을 받아들여 8년에 걸친 갈리아 전쟁이 시작됐다. 그 뒤 카이사르는 7년에 걸쳐 갈리아 전 지역을 손 안에 넣고 로마의 속주로 만들었다. 그러자 베르킨게토릭스갈리아 인의 왕이 되고자 했다가 동족에게 살해된 켈틸루스(Celtillus)의 아들는 로마에 대항하여 갈리아 부족들의 연합을 이끌어 냈다.

카이사르가 다른 속주의 반란 진압에 힘을 쏟고 있을 때, 베르킨게토릭스는 자신의 영역 안에 있는 로마 인들을 모두 죽이는 것으로 저

로마는 공화정에서 제정으로 변하는 과정에서 많은 희생을 치렀다.

항을 시작했다. 그러나 카이사르에게 맞서는 것은 너무 큰 위험이라고 생각한 다른 귀족들의 반대로 베르킨게토릭스는 추방당했다. 그러나 그는 여기서 포기하지 않고, 소규모 군대를 조직하여 게르고비아를 점령하고 스스로 왕이 되었다. 그리고 주위 다른 부족들과 동맹을 맺었다. 또 베르킨게토릭스는 동맹 부족들의 힘 있는 자들의 아들들을 인질로 잡아 두는 방법으로 자신의 지휘 통솔권을 유지하였다.

이 사실을 알게 된 카이사르는 즉각 알프스를 넘어 갈리아로 들어가, 모든 군대를 정비하고 베르킨게토릭스에 맞섰다. 하지만 카이사르의 군대는 그가 펼치는 전략에 넘어가 게르고비아 전투에서 패하고 말았다. 이 승리를 기회로 여긴 베르킨게토릭스는 평원으로 나와 로마 군과 전면전을 펼쳤다. 전면전의 결과는 카이사르의 대승리로 끝났다.

알레시아 공방전과 로마 제정의 준비

전면전에서 패한 베르킨게토릭스는 6만 명의 군사를 이끌고 알레시아^{프랑스 중동부 부르고뉴 지방 코트도르 주에 있던 고대 도시} 요새로 철수하여 모든 갈리아 부족에게 알레시아로 모이도록 하였다. 카이사르도 알레시아를 포위하고 방책적의 침입을 막기 위하여 세운 울타리을 세워 전투를 준비하였다. 그러나 곧 사방에서 몰려든 갈리아 군에게 포위당하고 말았다. 결국 카이사르는 안팎으로 적을 상대해야 하는 상황이 되었다. 카이사르는 곧 바깥쪽에도 방책을 세우고, 2만 5천의 군대로 10만의 갈리아 군과 대치하였다.

기원전 52년 9월에 벌어진 알레시아 전투에서 카이사르는 베르킨게토릭스와 갈리아 포위군을 모두 물리쳤다. 베르킨게토릭스는 카이사르 군대의 포위망을 뚫지 못하자, 결국 카이사르에 항복하였다. 이것으로 사실상 갈리아 정복 전쟁은 끝났다. 이 전투가 바로 로마가 제국으로 나아가는 데 결정적인 역할을 한 '알레시아 공방전'이다. 그해 겨울, 카이사르는 베르킨게토릭스와의 전쟁에 대한 이야기를 다룬 7권의 《갈리아 전기》를 책으로 펴냈다. 그리고 기원전 51년에는 전쟁 뒤 남아 있던 문제를 마무리하고, 모든 갈리아 부족을 로마에 복속시켰다.

한편 로마에서는 시리아 총독으로 있던 크라수스가 기원전 53년에 파르티아 기원전 247년 이란계 유목민이 카스피 해 남동쪽에 세운 고대 국가 군과 싸우다 죽었다. 원로원은 카이사르가 갈리아에서 얻은 명성과 무력을 두려워한 나머지 폼페이우스를 단독 집정관으로 임명했다.

카이사르는 법적으로 갈리아 지휘권이 끝나는 기원전 50년에 원로원의 소환 지시를 받았다. 당시 원로원의 소환 명령을 받은 사람은 군대를 모두 해산하고 로마로 돌아와야만 했다. 그러나 카이사르는 폼페이우스에 맞서기 위해 기원전 49년 자신의 군대를 이끌고 "주사위는 던져졌다."라는 말과 함께 루비콘 강 이탈리아와 갈리아의 경계을 건너 로마로 쳐들어갔다. 그 뒤 카이사르는 이탈리아, 히스파니아, 북아프리카, 그리스 등에서 폼페이우스를 지지하는 군대와 맞서 싸웠다.

기원전 48년 8월 9일, 카이사르와 폼페이우스는 최후의 전투를 치렀다. 이 둘은 파르살루스그리스 북쪽 테살리아에 있는 도시에서 맞섰는데, 이 전투에서 카이사르가 크게 승리했다. 결국 전투에서 패배한 폼페이우스는 이집트로 도망쳤지만, 기원전 48년에 이집트 왕 프톨레마이오스 13세의 부하에게 살해당하고 말았다. 그 뒤 카이사르는 프톨레마이오스의 누나 클레오파트라 7세와 연인 관계를 맺었다.

기원전 47년에 카이사르는 아버지 미트리다테스 6세의 폰투스 왕국을 되찾으려는 파르나케스 2세의 군대와 싸워 또 승리했다. 이 전투를 마치고 원로원에 보고할 때, 카이사르는 "왔노라, 보았노라, 이겼노라Veni, vidi, vici."라는 유명한 말을 남겼다. 카이사르는 폼페이우스를 따르던 세력을 완전히 물리친 뒤 기원전 44년에 종신 딕타도르와 임페라토르고대 로마의 최고의 군지휘권을 가진 자. 황제(emperor)의 유래가 되었다. 이것으로 카이사르는 사실상 로마의 1인 지배자가 되었다. 그러나 기원전 44년, 원로원 회의에 참석하다 공화정을 지키려는 원로원에게 암살당했다.

갈리아를 정복하여 대서양으로까지
로마의 세계를 넓힌 카이사르

악티움 해전, 그리고 새로운 황제의 시대로

카이사르가 암살된 뒤 카이사르가 유언장에 후계자로 지목한 옥타비아누스, 카이사르의 부하였던 레피두스, 폼페이우스와 전쟁을 치를 때 카이사르를 대신해 로마를 다스렸던 안토니우스가 이끄는 제2차 삼두 정치가 성립되었다. 권력의 중심에 선 그들은 곧바로 카이사르를 암살한 세력과 전쟁을 시작했다.

기원전 42년 10월, 옥타비아누스와 안토니우스의 군대는 마케도니아 필리피 근처에서 벌어진 전투에서 카이사르의 암살 주동자인 브루투스와 카시우스를 완전히 제거했다. 또 기원전 36년에 폼페이우스의 마지막 세력이었던 섹스투스 폼페이우스폼페이우스의 아들를 무찔렀다.

로마 제국의 초대 황제
옥타비아누스

이 틈에 세력을 키운 레피두스는 옥타비아누스에게 무력으로 대항하려 했다. 그러나 옥타비아누스의 야간 기습 작전에 패하여 군대 지휘권을 빼앗기고 은퇴하였다. 이렇게 2차 삼두 정치가 무너지고, 옥타비아누스와 안토니우스는 로마의 패권을 놓고 싸우게 되었다. 그 당시 옥타비아누스는 이탈리아와 로마 제국의 서부를 맡아 통치하였고, 안토니우스는 소아시아와 이집트 지역을 맡았다.

처음 옥타비아누스와 안토니우스의 사이가 벌어진 것은 카이사르가 남긴 유산 때문이었다. 엄연히 카이사르의 상속권자인 옥타비아누스가 있는데도, 안토니우스가 카이사르의 재산을 모두 몰수해 버렸기 때문이다. 기원전 37년, 안토니우

TIP 로마 병사가 사용한 글라디우스

글라디우스(Gladius)는 라틴 어로 '검'이라는 의미이지만, 통상적으로는 로마 보병이 사용하던 총 길이 50~70cm의 양날 검을 의미한다. 칼집은 나무와 가죽으로 만들고, 오른쪽 허리에 찬다.

기원전 7세기부터 로마에서는 베기와 찌르기를 동시에 할 수 있는 비교적 긴 검이 사용되었다. 그러나 긴 검은 로마의 밀집 전투 대형에서 사용하기가 어려웠고, 공격자의 몸을 방패 밖으로 노출시키는 단점이 있었다.

역사가 폴리비우스의 기록에 따르면, 2차 포에니 전쟁 때 카르타고를 위해 싸운 이베리아 반도의 켈트 족 용병으로부터 전래된 짧은 검이 표준적인 로마 검이 되었다고 한다.

스가 이집트의 클레오파트라 여왕과 결혼하자 둘의 관계는 더욱 악화되었다. 그 뒤 안토니우스는 옥타비아누스와 화해하기 위해 로마로 돌아와 옥타비아^{옥타비아누스의 누이 동생}와 결혼하였다. 그러나 결혼한 지 몇 년 지나지 않아, 안토니우스는 이집트로 되돌아가 클레오파트라와 함께 살았다.

그리고 안토니우스는 보병 10만 명, 기병 1만 2천 명과 800척의 함대를 동원하여 기원전 32년, 코린트 만 입구에 있는 악티움^{그리스 북서부의 안부라키아 만 앞에 있는 반도}에 진지를 세웠다. 이에 옥타비아누스는 이듬해 봄에 보병 8만 명, 기병 1만 2천 명, 군함 400척의 군대를 움직여 악티움 북부에 진지를 만들었다. 그로부터 수개월간 양 진영은 팽팽하게 대치하였다.

몇 달 뒤, 안토니우스는 동맹 세력 일부가 진지에서 빠져나가고 보급품도 모자라게 되자 전투를 서두르지 않을 수 없었다. 안토니우스

악티움 해전에 사용되었던 갤리선

는 육지에서 싸우는 것보다 바다가 유리하다고 생각해 함대를 동원했다. 먼저 안토니우스가 배들을 이끌고 만을 빠져나갔고, 클레오파트라의 소함대가 그의 뒤를 따랐다.

마침내 안토니우스와 옥타비아누스 사이에 치열한 해전이 벌어졌다. 전투가 절정에 이르렀을 때, 클레오파트라가 무슨 이유에서인지 함대를 이집트 쪽으로 돌려 버렸다. 그러자 안토니우스도 나머지 함대를 버리고 클레오파트라를 뒤따랐다. 결국 클레오파트라와 안토니우스에게 버림받은 함대는 옥타비아누스에게 항복

〈로마 제국의 발전〉

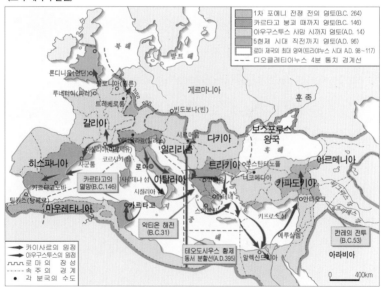

로마는 우세한 육상전력과 군자금을 보유했음에도 불구하고, 안토니우스의 잘못된 판단으로 인해 옥타비아누스에게 패하고 말았다.

했다.

악티움 해전에서 패배한 클레오파트라와 안토니우스는 이집트로 달아났지만, 이듬해 옥타비아누스가 이집트를 점령하자 둘은 자살하고 말았다. 옥타비아누스는 악티움 해전에서 승리한 공로로 기원전 27년에 원로원으로부터 '아우구스투스존귀한 자'와 '프린켑스제1인자'라는 칭호를 받았다. 그리고 겉으로는 공화정을 유지한 채, 실제로는 제정황제가 다스리는 군주 제도의 정치을 시작하였다. 이것으로 로마는 공화정 국가가 아닌, 황제가 다스리는 국가가 되었다.

조조 · 유비 · 손권의 천하 통일을 향한 대접전

중국의 삼국 전쟁

환관과 외척 간의 권력 투쟁으로 무너지는 후한(後漢)

한漢나라는 기원전 202년 유방이 제국의 문을
연 뒤, 무제기원전 141~기원전 87년 재위에 이르러 최고의
전성기를 누렸다. 그러나 그 뒤 계속되는 흉노몽골
고원에서 활동하던 기마 민족와의 전쟁으로 나라가 황폐해
지기 시작했다. 결국 서기 8년에 재상이었던 왕망
이 황제의 자리를 빼앗아 스스로 나라를 세우고,
국호를 신新으로 바꾸었다. 그는 개혁을 통해 유교
적 이상 국가를 건설하려 하였으나 녹림綠林의 난왕
광, 왕봉 등이 녹림산에서 일으킨 난, 적미赤眉의 난농민 반란으로
눈썹을 붉게 물들인 무리들이 일으켰다 하여 붙여진 이름 등으로
인해 멸망하고 말았다.

이때 유수가 스스로 군대를 일으켜 왕망과 적미
를 물리치면서, 왕족들과 호족들의 지원을 받아 혼
란스러운 상황을 모두 정리하였다. 마침내 25년,
한 왕실의 후손이었던 그가 황제광무제에 올랐다. 이
때부터를 역사에서는 후한後漢, 25~225년. 왕망의 정권을
경계로 전한과 구분하기 위해 붙인 이름이라 한다.

황제에 오른 광무제는 선정을 베풀어 다시 한
왕조가 번성할 수 있는 튼튼한 기반을 만들었다.

그 결과 여러 학문이 집대성되고, 세계 최초로 종이를 만들어 냈으며, 혼천의와 같은 발명품이 나오는 등 문화적으로 크게 발전했다.

하지만 제4대 화제$^{89~105년 재위}$ 이후, 15세 이전의 어린 황제들이 즉위하여 태후와 그 일가들이 실권을 잡으면서 왕실은 흔들리기 시작했다. 어린 황제들은 성인이 되어 직접 집권하기 위하여 환관들과 손을 잡고 외척 세력을 내쫓으려 하였다. 그러나 또다시 어린 황제가 즉위하게 되면서 외척들이 실권을 휘어잡는 상황이 반복되었다.

그 당시 외척 세력은 자신들을 '청류淸流'라고 부른 대신, 환관 세력을 '탁류濁流'라고 몰아붙였다. 166년, 11대 환제$^{146~167년 재위}$ 때에는 태학에서 공부하던 학생들이 환관 타도를 외치자, 환관들은 유생 이응과 진번 등이 파당을 만들어 조정을 비방한다는 상소를 올렸다. 관련 인물 200여 명이 체포되었고, 그들에게 평생 관리가 되지 못하는 종신 금고령이 내려졌다. 이것이 바로 제1차 '당고黨錮의 화禍'이다. 이후 10여 년 동안 당고환관에게 빌붙지 않으려던 사대부의 관직을 빼앗고 벼슬길을 막은 것(禁錮)을 가리킴는 계속되었다.

이렇게 외척과 환관들이 세력 다툼을 하는 동안 조정은 제 역할을 하지 못했다. 지방의 대지주들은 지방의 관직을 독점하고, 백성들의 재산을 빼앗았다. 배고픔과 횡포를 참지 못한 백성들은 고향을 버리고 도망쳐, 도적 떼가 되거나 무리를 지어 반란을 일으키기 시작했다.

황건적의 난과 조조, 유비의 첫 등장

이 무렵 어려움에 빠진 백성들의 마음을 사로잡은 사람이 바로 장각이었다. 태평도太平道라는 신흥 종교를 앞세운 장각은 "창천후한을 뜻함은 이미 죽고, 황천태평도에서 모시는 신이 일어난다. 갑자년에 천하가 길하리라.”는 노래를 퍼뜨리면서 수십만에 이르는 사람들을 모아 황건적_{머리에 노란 띠를 두른 도적들이라 하여 붙여진 이름}을 조직하였다. 그는 ‘한漢 왕조 타도’를 내세워 반란을 준비하였다. 그러나 정보가 새어 나가자, 원래 계획보다 앞당겨 184년에 반란을 일으켰다.

힘이 약했던 한나라 정부는 황건적을 토벌하기 위해 각 지방에 군사를 모집하라는 명을 내렸다. 그러자 지방 호족들은 황제의 명령을 받는다는 구실로, 병사들을 모아 사병으로 훈련시켜 자신들의 세력을 키우기 시작했다.

황건적 토벌은 조조와 유비가 첫 등장을 하게 된 계기가 되었다. 그 당시 기도위_{한의 관직 이름}였던 조조는 관군이 황건적에게 포위되어 위기에 빠졌을 때, 지원병을 이끌고 달려갔다. 그리고 황실 종친_{임금의 친족}이었던 유비는 의형제를 맺은 관우, 장비와 함께 황건적 토벌에 나섰다.

전국 각지에서 등장한 여러 영웅

184년 황건적의 우두머리 장각이 죽자, 황건적의 난은 수그러들었다. 그러나 황건적 토벌에 앞장섰던 장수들은 이것을 기회로 중앙 정치에 간섭하기 시작했다. 189년에 영제_{168~189년 재위}가 죽고, 영제의 아들 변소제이 황제로 즉위했다. 이때 소제의 외척인 하진이 실권을 장악하자 원소_{하북 출신 호족}가 하진에게 환관들을 모두 죽여야 한다고 말했다. 그러나 하진이 이 일을 미루고 있는 동안 궁지에 몰린 환관들에게 살해당하는 사건이 일어났다. 중국 역사에서는 이를 ‘십상시의 난_{189년. 시 가장 힘 있는 환관 10명이 주도한 난}이라고 한다.

하진이 죽자, 원소는 곧바로 군대를 이끌고 뤄양으로 들어가 2천여 명에 달하는 환관들을 모두 죽였다. 그 당시 소제는 동생 협과 함께 도망쳐 궁을 빠져 나오기는 했지만 마땅히 갈 곳이 없었다. 하는 수 없이 발길을 돌려 다시 궁으로 돌아오는데, 동탁의 군대와 마주치게 되었다. 이렇게 황제 형제를 모시고 궁으로 돌아온 동탁은 소제를 폐하고 동생 협을 황제로 세웠다. 새로 황제에 오른 협이 바로 후한의 마지막 황제인 헌제[189~220년 재위]이다. 동탁은 스스로 승상이 되었다가 이어 상국황제를 대신하는 재상이 되었다. 이렇게 정권을 잡은 동탁은 나라를 제멋대로 다스렸다.

이러한 동탁의 행동을 못마땅하게 여긴 원소를 중심으로 각지에서 군웅들이 연합하였다. 190년 1월에 결성된 연합군이 한구 관 동쪽에서 모였는데, 이들을 관동군이라 불렀다. 이 소식을 들은 동탁은 뤄양에 있으면 고립당할 수 있다고 판단하여, 그해 2월에 헌제를 모시고 장안중국 산시 성 시안 시의 옛 이름으로 수도를 옮겼다. 이때 뤄양의 모든 것을 불사르고 황제의 능까지도 파헤쳐, 뤄양은 완전히 초토화되고 말았다.

이미 폐허가 된 뤄양에 들어간 연합군은 명분이 없어져 자연 해산되었다. 그러나 저마다 군사를 일으켜 동탁을 친다는 구실로 패권 다툼을 하면서 군웅할거 시대가 시작되었다.

패권을 잡은 조조와 위의 건국

장안으로 간 동탁은 호사스러운 생활을 하면서 제멋대로 굴다가, 192년 왕윤과 여포의 계략에 살해당했다. 동탁이 죽자 헌제는 196년에 폐허가 되어 버린 뤄양으로 돌아와, 환관이 살던 초라한 집에서 생활하게 되었다.

그 무렵 192년부터 황건적의 잔당을 처리하고 세력을 키우던 조조는 여포를 비롯한 크고 작은 군벌군인을 중심으로 한 정치 세력들을 차례로 물리치고 황하 중·상류 지역을 차지했다. 그 뒤 헌제를 쉬창중국 허난 성 중심에 있는 도시으로 모시고 갔다. 이것으로 황제를 옆에 둔 조조는 군웅 가운데 가장 힘 있는 세력이 되었다.

한편 관동군의 맹주동맹을 맺은 개인이나 단체 가운데서 가장 중심 되는 인물이나 단체였던 원소는 황하 중·하류 이북 지방의 군벌과 호족들을 물리치고, 그 지역 최대 세력이 되었다. 그러고 나서 군사를 움직여 조조를 위협하였다.

마침내 200년에 조조는 75만 대군을 이끌고 관도로 출정한 원소와 황하 근처 관도중국 허난 성 부근에서 맞대결을 펼쳤다. 원소 군의 선봉장이었던 안량과 문추가 그 당시 조조 군에 있던 관운장에게 목이 베어 원소 군의 사기가 떨어졌다. 그런데도 원소는 군사의 수가 많은 것만 믿고, 장군 저수와 군사 허유의 계책을 듣지 않았다. 결국 허유는 조조에게로 넘어갔다.

원소 군과 대치한 지도 반년이 지나 군량이 부족

한 상태여서 철수를 고민하던 조조는 허유의 충고로 원소의 군량과 물자가 있는 곳을 기습하여 모두 불태워 버렸다. 승기를 잡은 조조 군은 총공격을 실시하여 원소 군을 크게 무찔렀다. 2년 뒤 원소가 병으로 죽자, 잠시 저항하던 원소의 군대는 조조에게 모두 패하고 말았다. 이것으로 조조는 중국의 반을 차지한 최고의 실권자가 되었다.

촉·오 동맹의 결실, 적벽 대전

삼국의 주역 중 가장 늦게 출발한 사람은 촉한蜀漢, 촉이라 함을 세운 유비였다. 전한前漢 경제의 후손이었던 유비는 관우·장비와 '도원결의'를 한 뒤, 황건적의 토벌에 참가하여 안희 지방의 현위현감 밑의 군사 담당 관리가 되었다. 그 뒤 그는 쉬저우중국 장쑤 성의 북서쪽에 있는 도시의 도겸을 도와 조조와 싸웠고, 도겸이 죽자 쉬저우를 차지하였다.

196년 원술을 토벌하기 위해 조조와 연합하여 싸우다 여포 군에게 쉬저우를 빼앗기고 조조에게 몸을 의탁하였다. 당시 황제였던 헌제가 조조를 없애 달라는 부탁을 유비에게 했는데, 이것이 발각되어 유비는 원소에게 도망쳐 의지했다. 그러나 관도 전투에서 원소가 패하자 형주중국 후베이 성 남쪽에 있는 지방, 지금의 장링 현의 유표에게로 가 객장자기 구역이 아닌 다른 관할 구역에 와 싸우

촉한 건국에 많은 공로를 세운 관우

120

는 장수이 되어 지내던 중 다시 관우와 장비를 만나게 되었다.

208년 유비가 관우, 장비와 함께 융중으로 가 삼고초려한 끝에 제갈공명을 군사로 얻었다. 그때 제갈공명은 유비에게 '삼분지계'★를 내놓았다. 이때 유비의 나이는 47세였고, 공명은 그보다 스무 살이나 아래였다.

그 무렵 손견동탁을 치기 위해 원소와 함께 연합군으로서 뤄양에 제일 먼저 입성한 장군의 둘째 아들 손권이 아버지와 형 손책이 쌓아 놓은 기반을 바탕으로, 군사 주유의 보좌를 받아 강남의 패권을 키워 가고 있었다.

그때 유비는 제갈공명을 맞아들여 형주에서 기반을 닦고 있었다. 그런데 형주 목사 유표가 죽은 후 조조가 백만 대군을 이끌고 형주를 향하고 있다는 소식이 들렸다. 유표의 아들 유종은 재빨리 조조에게 항복을 하였다. 이 일로 유비 군은 조조 군과 유표 군에게 협공당하는 신세가 되었다. 유비는 군사적 요충지이면서 중요한 보급 기지인 강릉으로 퇴각하였지만, 장판파중국 후베이 성 근처에서 크게 패하고 말았다. 결국 유비는 아내와 자식까지 버리고 도망치는 신세가 되었다.

이때 정세를 지켜보고 있던 손권은 유비가 보낸 제갈공명의 설명을 듣고 유비와 동맹을 맺었다. 그리고 주유가 이끄는 3만의 군사를 출전시키게 되었다. 2만의 유비 군을 포함하여 모두 5만이 된 연합군은

★ 삼분지계(三分之計)
삼분지계는 유비가 인재를 구하기 위해 제갈공명(제갈량이라고도 함)을 찾아갔을 때, 유비의 성실함과 겸허함에 마음이 끌린 제갈공명이 유비에게 내놓은 전략이다.
이 전략은 일반적으로 촉과 오의 세력이 강하니 유비가 천하 통일의 대업을 달성하려면 형주와 익주를 손에 넣고 오와 동맹을 맺어 촉을 공격해야 한다는 내용이다.

적벽 '츠비'를 한자음으로 읽은 이름. 후베이 성 지위 현 양쯔 강 연안에서 강을 사이에 두고 18만에 이르는 조조 군과 대치하게 되었다.

대부분이 북방 출신인 조조 군은 물 위에서의 전투에 약해 뱃멀미로 고생하자, 배를 모두 고리로 연결하여 육지와 같이 흔들림이 없게 만들었다. 이때 주유의 부하 장수 황개가 거짓으로 항복하겠다는 계책을 써서 접근한 뒤, 불화살을 쏘아 조조 군의 배를 불살랐다. 계속되는 화공火攻으로 군대를 재정비하지 못한 조조 군은 크게 패하여 쉬창으로 도망쳤다. 이것이 그 유명한 '적벽 대전208년'이다.

적벽 대전 이후 삼국의 관계

적벽에서 패한 조조는 얼마 지나지 않아 한중중국 산시 성 서남쪽, 한수이 강 북쪽 기슭에 있는 지방을 공격했다. 유비는 방통제갈공명과 함께 당대 가장 뛰어나다는 평을 얻은 지략가의 계책에 따라 형주 땅에 공명과 관우를 남겨 두고 양쯔 강을 거슬러 올라갔다. 그리고 214년에 익주지금의 쓰촨를 손에 넣음으로써 한중왕漢中王이 되었다.

조조는 헌제를 황제로 세운 이후 216년에 위왕이 되어 위魏 왕조를 열었지만, 마지막까지 '후한의 충신'이라는 명분을 내세워 황제로 즉위하지는 않았다. 220년 조조가 죽은 지 9개월 뒤, 아들 조비가 헌제로부터 황제의 자리를 물려받음으로써 위 왕조를 열었다. 이것으로 196년을 이어왔던 후한後漢은 완전히 역사 속으로 사라졌다.

조비가 황제의 자리에 오르자, 221년에 유비도 황제로 즉위하고, 한의 정통을 계승한다는 명분으로 국호를 한漢:蜀漢이라 하였다. 손권도 221년에 오왕吳王에 오른 뒤, 229년에 황제로 등극하였다.

위魏 · 촉蜀 · 오吳가 이렇게 천하를 나누어 가진 이때가 바로 중국의 삼국 시대三國時代이다.

〈삼국 시대〉

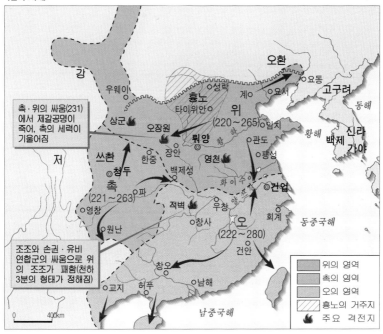

십자군 전쟁

서유럽 사회의 변화와 비잔티움 제국의 위기

395년 로마 황제 테오도시우스 1세가 죽자, 로마는 그의 두 아들에 의해 동·서 로마로 나누어졌다. 그 당시 서로마 제국은 게르만 족과 훈 족의 계속되는 위협과 중소 자영 농민층의 몰락 등으로 심각한 위기에 빠져 있었다. 그러다 결국 서로마 제국은 476년에 게르만 용병 대장 오토아케르에 의해 멸망하고 말았다.

그 뒤 서로마의 영토 안에는 동고트·프랑크·부르군드·반달 등 여러 게르만 족들의 나라가 들어섰다. 그 가운데 프랑크 왕국만이 로마 교황의 지지를 받으며 발전하였다. 그 당시 서유럽에는 로마 교회의 주교가 교황이라 불리면서 로마 가톨릭교가 성립되어 있었다. 교황은 프랑크 왕국과 손을 잡으며 세력을 확장하였다.

카롤루스 대제*가 죽은 뒤, 프랑크 왕국은 카롤루스의 세 아들 사이에 권력 다툼이 일어났다. 그 혼란스러운 상황이 이어지다 지금의 프랑스, 독일 이탈리아로 분열하였다. 세 나라로 나누어진 뒤 국왕의 힘이 약해진 상태에서 이민족의 침입이 계속되자, 각 지역의 제후들은 독자적으로 자신들의 지역을 지키려고 했다. 그 결과 제후들이 자신들의 지역을 통치하는 봉건 영주 시대가 시작되었다. 그 뒤 서유럽 사회는 10~12세기까지 봉건 제도와 그리스도교를 기반으로 안정된 사회를 이루게 되었다.

그러는 동안 콘스탄티노플지금의 터키 이스탄불에 위치한 동로마 제국은 나라 이름을 비잔티움 제국으로 바꾸고, 로마 황제이자 크리스트교의 지배자로 서로마 제국의 명맥을 이어가고 있었다. 그러나 비잔티움 제국도 이민족의 잦은 침입과 내부적인 갈등으로 인해 혼란이 계속되었다. '로마 제국의 부활'을 꿈꾼 유스티아누스 황제527~565년 재위에 이르러서야 다시 안정을 찾고, 지중해 지배권도 되찾았다. 그러나 그 영광도 잠시, 롬바르드 족의 이탈리아 반도 침입과 이슬람 정복자들에 의해 무너지고 말았다.

그 당시 비잔티움 제국을 위협하는 이슬람 제국의 주인은 바로 셀주크 튀르크*였다. 그들은 11세기 중엽에 바그다드현재 이라크의 수도이자 가장 큰 도시를 점령할 정도로 큰 세력으로 성장하여 이슬람 제국의 지배자가 되면서, 기독교인들의 예루살렘 성지 순례를 방해하기 시작했다. 그러자 기독교인들의 성지 순례는 목숨을 걸어야 하는 위험한 일

★ 카롤루스 대제

프랑크 왕국의 카롤링거 왕조의 제2대 국왕으로, 768년부터 814년까지 프랑크 왕국을 지배했다.

그는 주변 지역을 정복해 영토를 확장한 결과, 옛 서로마 제국의 영토 대부분을 차지하였다. 또 이민족의 침입으로부터 로마 교황청을 지키고, 정복한 지역에 기독교를 포교한 공으로 800년에 교황 레오 3세로부터 서로마 제국의 황제의 관을 받았다. 그리하여 카롤루스 대제가 되었다. 그를 샤를마뉴 대제라고도 부른다.

이 되고 말았다.

비잔티움 황제는 이슬람교도들로부터 성지를 되찾기 위해 이들을 공격했으나 크게 패했다. 결국 그 당시 비잔티움의 황제였던 알렉시우스 1세^{1081~1118년 재위}는 로마 교황 우르바누스 2세^{1088년 교황에 선출된 후} ^{1089년 '로마 교황청'이라는 용어를 처음 사용한 교황}에게 원조를 청했다.

TIP 동서 교회 지배자들의 갈등

비잔티움 제국의 황제는 비잔틴 교회의 우두머리를 겸하고 있었다. 726년 레오 황제는 예수와 성인들의 형상이나 조각상을 우상으로 생각하여 성상 숭배 금지령을 내렸다. 그러나 로마 교황은 이에 반대하였다. 이 일로 동로마 교회와 서로마 교회가 대립하다가, 1054년에 서유럽의 로마 가톨릭과 동유럽의 그리스 정교로 나누어졌다.

성지 탈환의 깃발 아래 서로 다른 속셈들이 모이다

그동안 황제들 때문에 권력자로서의 힘이 약해진 교황 우르바누스

★ 셀주크 튀르크(Seljuk Türk)

중앙아시아의 유목 민족인 튀르크 민족의 한 파. 10세기 말 족장 셀주크가 중앙아시아로부터 아랄 해(카자흐스탄과 우즈베키스탄 사이에 있는 소금기 많은 호수) 북동쪽 해안에 이주하여 수니파(派) 이슬람교에 귀의하였다.

대(大) 셀주크 왕조를 건설한 그의 손자 투그릴 베크(1037~1063년 재위)는 유프라테스 강 유역으로 진출, 아바스 왕조의 분쟁을 틈타 가즈니 왕조를 격퇴하여 전 이란을 병합하였다(1040년). 이어서 이라크를 점령하였으며, 바그다드로 쳐들어가 아바스 왕조 칼리프로부터 술탄의 칭호를 얻었다(1055년).

이로써 아바스 왕조의 분열 이후 빠르게 세력을 확장한 셀주크 튀르크는 11세기 중엽, 이슬람 세계의 새로운 지배자가 되었다. 1071년에는 동로마 황제 로마누스 4세의 군대를 물리치고 소아시아 지역 대부분을 점령하였으며, 시리아·팔레스티나·중앙아시아를 정복하고, 이집트의 파티마 왕조를 눌러 전성기를 이루었다.

십자군 전쟁은 기독교 세력과 이슬람 세력이 예루살렘 성지를 두고 170년 넘게 싸운 전쟁이다.

2세는 1095년 11월, 프랑스 클레르몽에서 종교 회의를 열었다. 여기서 그가 이교도들로부터 성지 예루살렘을 되찾자고 주장하자, 서방 세계의 수많은 사람들이 호응을 했다. 결국 대규모의 다국적 군대가 결성되어 예루살렘으로 출발했다. 이때 참가한 기사들이 가슴과 어깨에 십자가 표시를 했기 때문에 이들을 '십자군' 이라 부른다.

그때부터 기독교 세력십자군과 이슬람 세력셀주크 튀르크은 예루살렘 성지를 두고 약 2세기 동안 싸웠다. 이것이 바로 '십자군 전쟁' 이다. 십자군 전쟁은 1096년에 시작하여 1270년까지 총 7차례 전쟁을 치렀다학자에 따라서는 8차례로 보는 경우도 있음.

많은 사람이 구원을 얻고, 자신의 죄를 용서받을 수 있는 기회라고 생각하여 전쟁에 참여했다. 그러나 이것은 표면적인 명분에 불과했다. 십자군 전쟁에 참여한 여러 세력은 각기 다른 속셈이 있었던 것이다.

먼저 로마 교황 우르바누스 2세는 분열된 동서 교회를 통합하여 교황권을 절대적인 존재로 만들 절호의 기회라 여겼다. 영주와 기사들

전쟁에 참가한 기사들은 가슴과 어깨에 십자가 표시를 했다. 그래서 이들을 십자군이라 부른다.

은 새로운 영지와 재물을 얻기 위해 나섰다. 베네치아와 제노바 상인들은 동방 세계와의 무역을 통한 경제적 이득을 노렸고, 농민들을 농노의 신분에서 벗어나기 위해 전쟁에 나섰다.

〈십자군 전쟁〉

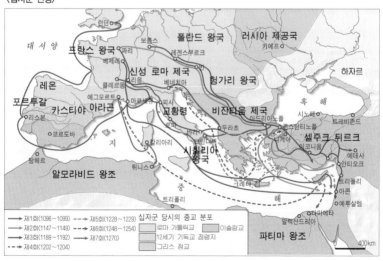

십자군의 유일한 성공 – 제1차 십자군 전쟁(1096~1099년)

1096년 각 지방에서 비잔티움 제국의 콘스탄티노플로 모여들기 시작했다. 교황 우르바누스 2세가 계획했던 기사군이 조직되기도 전에 먼저 모여든 사람들은 대부분 농민이었다. 제대로 준비되지 않은 상태에서 출발한 그들은 콘스탄티노플까지 가는 동안 먹을 것이 떨어지자, 헝가리와 불가리아에서 식량을 빼앗고 마을에 불을 질렀다. 라인강 근처에서는 유대 인들을 학대하여 비난과 원성을 사기도 했다. 일부 부대는 콘스탄티노플에 도착하기도 전에 헝가리 인들의 공격을 받아 목숨을 잃었고, 나머지 농민군민중 십자군, 군중 십자군이라고도 함도 목적지에 도착한 지 얼마 되지 않아서 이슬람 군에게 전멸당하고 말았다.

십자군은 1096년 가을에서야 정식으로 결성되었다. 1차 십자군에는 위그 드 베르망두아프랑스 왕 필립 1세의 동생가 총사령관으로 지휘를 맡고, 툴루즈프랑스 미디피레네 지방의 레몽 백작, 로렌프랑스 북동부 지역의 고드프루아 드 부용 공작, 부용의 동생 보두앵 백작, 플랑드르중세에 북해 연안의 저지대 남서부에 있던 공국. 지금의 프랑스, 벨기에, 네덜란드로 나누어짐의 로베르와 같은 유명한 기사들이 참가했다. 이들은 1097년 니케아소아시아 북쪽에 있는 도시를 점령한 다음, 안티오크지금의 터키 남부 하타이 주의 중심 도시를 차지 하기 위해 시리아 지방을 향해 전진했다. 그렇지만 이슬람 군의 공격을 받아 많은 병력을 잃었다. 비잔티움 군의 지원을 받지 못한 십자군은 이탈리아 도시들의 도움을 받아 힘겹게 시리아 지방을 점령하였다.

심한 더위와 질병, 굶주림 등으로 고생하던 십자군은 내부 세력의 갈등까지 겹치는 바람에 1099년 7월에서야 예루살렘에 도착하였다. 십자군은 6주 동안 싸우면서 이슬람 군뿐 아니라 주민들까지 무차별적으로 죽이고 예루살렘을 차지하였다. 승리한 십자군은 예루살렘-라틴 왕국1099~1187년을 건설하였고, 보드앵 백작이 왕으로 추대하였다. 이때 성전 기사단템플 기사단, 요한 기사단 등 기사 수도회를 설립하여 성지를 방어하게 하였다.

〈십자군 전쟁〉

제1차 십자군 전쟁1096~1099년은 십자군 전쟁 사상 가장 비조직적이고 잔인했으며, 7차에 걸친 전쟁 중 기독교 세력이 승리한 유일한 전쟁이었다. 1144년 이슬람 군이 에데사예루살렘 동북방에 위치를 점령하자, 다시 제2차 십자군1147~1149년이 결성되었다.

2차 십자군은 프랑스 국왕 루이 7세와 독일의 콘라트 3세 등이 참여하여 다마스쿠스시리아의 수도를 공격할 예정이었다. 그러나 십자군 병사들이 적들에게 속아 부대에서 빠져 나가는 일이 생기고, 내분까지 겹쳤다. 결국 2차 십자군은 아무런 성과도 없이 귀국하고 말았다. 그 뒤 십자군이 쉽게 출병하지 못하고 있는 사이, 이집트의 술탄 살라딘이집트에 아이유브 왕조라는 이슬람 국가를 세운 사람이 팔레스타인 지방을 공격하였다. 뒤이어 그는 1187년에는 예루살렘을 함락시키고 말았다.

왕들의 전쟁 – 제3차 십자군 전쟁(1189~1192년)

예루살렘 함락 소식을 들은 서방 세계에서는 다시 제3차 십자군을 조직했다. 3차 전쟁은 신성 로마 제국* 황제 프리드리히 1세붉은 턱수염 때문에 '붉은 수염왕'이라 불림, 프랑스 국왕 필리프 2세, 영국 국왕 리처드 1세'사자왕'이라 불림가 이끄는 군대가 참전하였다 하여 '왕들의 전쟁'이라고도 부른다. 그러나 당대 최고의 왕들도 별다른 성과를 얻지는 못하였다.

가장 먼저 출발한 프리드리히 1세는 허무하게도 소아시아의 키리키아 강에 빠져 죽었다. 필리프 2세는 리처드 1세와 연합으로 예루살렘 포위 작전을 진행하던 중 불화가 생겨 먼저 귀국해 버렸다. 혼자남은 리처드 1세는 끝까지 살라딘의 군대와 맞서 싸웠으나 예루살렘을 탈환하지 못했다. 결국 그도 살라딘과 기독교도의 성지 순례와 안전을 보장하는 평화 협정만 맺고 귀국하였다.

소년·소녀 십자군 결성 - 제4차 십자군 전쟁(1102~1104년)

1198년 새로 교황이 된 인노켄티우스 3세는 다시 십자군 결성을 주장하였다. 그 당시 신성 로마 제국은 내전 중이었기 때문에 빠지고, 주로 프랑스 기사단을 중심으로 제4차 십자군이 조직되었다.

1202년 베네치아에서 집결한 십자군은 바다 건너 이집트를 공격하기로 했다. 그 이유는 십자군의 수송을 맡은 베네치아 상인들이 밀린 선박 이용료를 빌미로, 달마티아크로아티아 남서부, 아드리아 해 연안에 있는 지방 연안을 공격해 달라는 요청을 했기 때문이었다. 결국 십자군은 그들의 요구를 받아들여 같은 기독교인들이 살고 있던 지역을 공격하여

★신성 로마 제국
962년에 오토 1세가 황제에 오른 때부터 프란츠 2세가 황제의 자리에서 물러난 1806년 8월까지, 독일 국가 원수가 황제 칭호를 가졌던 시대의 독일 제국의 정식 명칭이다.

차지하였다.

이 소식을 들은 교황 인노켄티우스 3세는 십자군을 파면_{잘못을 저지른}
_{사람에게 직무나 직업을 그만두게 함}했다. 그러자 십자군들은 동로마에서 추방
당한 아이작 2세와 그의 아들 알렉시우스 4세의 제안으로 콘스탄티노
플을 공격했다. 1204년에 콘스탄티노플을 함락한 십자군과 베네치아
상인들은 교회의 유물과 보물을 약탈하였다. 그리고 비잔티움 제국을
분할하여 라틴 제국_{1204~1261년}을 세워 볼드윈_{3차 십자군 전쟁 때 큰 활약을 펼침}
을 황제의 자리에 앉혔다. 이때 비잔티움 제국의 테오도루스 1세는
다른 비잔티움 지도자들과 함께, 니케아_{아나톨리아 남동쪽으로 64㎞ 떨어진 곳.}
_{지금의 터키 이즈니크}로 후퇴하여 니케아 제국을 세웠다. 니케아 제국은
1261년에야 다시 콘스탄티노플을 되찾았다.

4차 십자군 원정 이후 1212년에, 프랑스와 독일에서는 수많은 소
년·소녀가 십자군을 조직하여 성지 회복에 나섰다. 신의 계시를 받
았다는 북프랑스의 양치는 소년 에티엔의 이야기를 듣고 모여든 어린
이 십자군들은 7척의 배에 나누어 타고, 프랑스 남부 마르세유에서
출발하여 이탈리아를 향했다. 그들이 항해하는 도중에 2척의 배가 난
파되어, 그 배에 타고 있던 어린이 십자군들은 목숨을 잃고 말았다.
또 일부는 마르세유의 못된 상인에게 속아 알렉산드리아에서 노예로
팔리기도 했다. 다행히 알렉산드리아의 이슬람 지도자가 이들에게 온
정을 베풀어 700명의 어린이 십자군 노예를 고향으로 돌려보냈다.

종교적 열정보다 앞선 세속적인 욕망 – 십자군의 몰락

십자군은 제4차 십자군 전쟁 이후 종교적인 열정보다는 정치적·

경제적인 욕심이 앞섰다. 그 뒤에도 여러 차례 이슬람 지역으로 원정을 나갔지만, 예루살렘이 아닌 다른 지역을 공격하는 것이 대부분이었다.

제5차 십자군 전쟁1228~1229년은 교황 인노켄티우스 3세의 제창으로 이루어졌다. 헝가리 왕의 지휘 아래 이슬람의 근거지인 이집트로 가 다미에타지금의 지중해 연안의 나일 삼각주에 있는 두미아트의 주도를 점령하였다. 그러나 다미에타와 예루살렘을 바꾸자는 이슬람 군의 제안을 거절하고, 카이로로 진격하다 실패하였다.

제6차 십자군 전쟁1248~1254년은 신성 로마 제국의 프리드리히 2세에 의해 단독으로 이루어졌다. 그는 뛰어난 외교술을 발휘하여 1229년 예루살렘을 양보 받았지만, 1년 만에 다시 빼앗기고 말았다.

제7차 십자군 전쟁1270~1272년은 프랑스의 루이 9세가 주도했다. 이때 루이 9세는 이슬람 군과 싸우다 크게 패하여 포로로 붙잡혔다. 결국 엄청난 몸값을 내고서야 풀려날 수 있었다. 루이 9세는 추락한 자신의 명예를 되찾기 위해 다시 전쟁에 나섰다. 그는 튀니지로 원정하여 시리아까지 진출했지만 병으로 갑자기 죽는 바람에, 결국 제7차 원정도 무산되고 말았다.

1291년 팔레스타인에 마지막 남은 기독교인들의 도시 아콘이 이집트의 공격을 받아

십자군 기사. 십자군 전쟁은 중세 봉건 사회의 기반을 무너뜨리는 원인이 되었다.

함락되면서 200여 년에 걸친 십자군 전쟁도 막을 내리게 되었다.

십자군 전쟁의 영향

성지를 되찾기 위해 출전한 십자군 전쟁이 실패로 끝나자, 교황의 권위는 추락했고, 봉건 영주들이 몰락하게 되었다. 이에 비해 국왕들은 권력이 강해지고 영지를 확장하게 되었다. 결국 서유럽의 각 나라가 중앙 집권화를 이루는 계기가 되었다.

또 십자군 전쟁 이후 동방 무역의 주축이 되었던 북이탈리아 여러 도시들이 성장 발전하게 되었고, 지중해 무역권을 형성하게 되었다. 지중해 무역권은 뒤를 이은 북유럽, 내륙 무역권 형성과 함께 발전하여 농업 중심이었던 중세 봉건 사회의 기반을 무너트렸다.

십자군 전쟁을 계기로 비잔티움 문화와 이슬람 문화를 접하게 된 서유럽 사회는 문화적으로 큰 영향을 받게 되었다. 비잔티움 문화의 그리스 · 로마의 고전과 미술, 이슬람의 철학 · 의학 · 화학 · 수학 · 천문학 등이 전해지면서 서유럽 문화가 향상되었을 뿐 아니라 르네상스를 시작하는 발판이 되었다.

칭기즈 칸의 정복 전쟁

복수의 칼날을 갈아야 했던 테무친

몽골 족★은 중앙아시아 북부지금의 중국과 러시아의 경계의 거친 땅에서 사냥과 유목 생활을 하며 살았다. 그들은 인내심이 강하고 용감하였으며, 기마술이 뛰어났다. 그뿐 아니라 지도자에게 절대 복종하는 민족이었다.

12세기 서방 세계에서는 십자군 전쟁이 한창이었고, 중국에서는 송나라가 금나라여진족이 세운 나라에 밀려 임안지금의 저장 성 항저우으로 수도를 옮겼다. 그 당시 타타르동쪽, 케레이트중부, 메르키트북쪽, 나이만서쪽 등이 몽골 부족의 주인이 되기 위해 끊임없이 싸우고 있었다. 각 부족은 부족 국가를 형성하면서 칸汗, 부족 사회의 족장이나 국왕을 호칭하는 말, 동북아시아 민족 사이에서는 군주를 부르는 공통어로 쓰임에는 올랐지만, 부족 전체를 통일하지는 못하였다. 그들이 통일을 이루지

★ 몽골 족(Mongol)
본래 '용감한'이란 뜻을 지니고 있는 몽골 족은 흔히 몽고족이라고 불리기도 한다.
몽고(蒙古)라는 이름은 지난 수천 년 동안 북방 민족으로부터 전쟁에 시달려 온 중국 사람들이 몽골을 비하하기 위해 '우매할 몽(蒙)', '옛 고(古)'를 사용한 데서 비롯되었다.

몽골 제국의 제1대 왕 칭기즈 칸

못한 데는 부족 간의 갈등을 계속 부추겼던 금나라의 영향도 컸다.

금나라 세력이 약해진 13세기 초, 몽골에 새로운 인물이 등장했다. 혼란스러웠던 몽골 족을 통일하고 대제국을 이루어 세계 역사를 바꾸어 놓은 칭기즈 칸이다.

어릴 적 이름이 테무친이었던 그는 몽골 족의 하나인 보르지긴 마을 추장의 아들로 태어났다. 그러나 아버지 예수게이가 타타르 부족에게 독살당하고, 아버지의 권력을 차지하려는 부족 사람들과 경쟁 부족들의 공격으로 매우 힘든 어린 시절을 보냈다. 타이치오트 족의 공격에서는 거의 죽을 고비를 넘겼고, 메르키트 족에게는 아내 보르테를 빼앗겼을 정도로 고통을 겪었다. 그 과정에서 테무친은 언젠가는 다시 부족을 통합하고 다른 부족들을 자신의 발밑에 무릎 꿇게 하겠다고 다짐했다.

몽골을 통일하고 칸에 오르다

성인이 된 테무친은 아직 자신의 힘만으로는 강력한 메르키트 족을 상대할 수 없었다. 이에 아버지 예수게이와 의형제를 맺었던 케레이트 족의 완 칸인 토그릴과 어릴 적 친구인 자다란 족의 자무카의 도움을 받아 메르키트 부락을 습격하였다. 그는 이 싸움에서 크게 승리하여 메르키트 족 300여 명을 죽이고 여자와 아이들을 노예로 삼았다. 이어 자신이 타타르 족을 공격하러 간 사이, 자신의 재산을 약탈한 주르킨 족을 공격하였다. 이때 귀족들을 모두 처형하고, 평민들은 병사와 노예로 삼았다. 1189년 보르지긴 부족의 칸의 자리에 오른 테무친은 자신의 원수였던 타타르 족을 공격하여, 수레바퀴보다 키가 큰 남자들은 모두 죽이고 아이들만 살려 두었다.

그해 테무친은 쿠릴타이^{몽골 족의 부족 연맹 회의}의 맹주에 추대되면서 칭기즈 칸*이란 칭호를 받게 되었다.

그 뒤 날로 높아만 가는 칭기즈 칸의 명성을 두고 보지 못한 의형제 자무카가 칭기즈 칸을 공격하여 그의 부하들을 처참하게 죽이는 사건이 일어났다. 칭기즈 칸은 이번에도 완 칸과 손을 잡고 자신을 배신한 자무카를 쳐서 원수를 갚았다.

그러나 몽골을 통일하려는 칭기즈 칸은 완 칸과 동맹 관계를 계속 이어갈 수는 없다는 걸 알고, 그 당시 많은 부족의 지지를 받고 있는 완 칸을 공격하였다. 이때 칭기즈 칸에게 크게 패한 완 칸은 나이만

★ 칭기즈 칸의 추대 연도

칭기즈 칸은 온 세상의 왕 중의 왕이란 뜻이다. 그의 손자 쿠빌라이가 원나라를 세운 뒤 원나라의 태조(太祖)로 추중되었다.

중국인들이 원나라 태조 원년을 1206년으로 기록하다 보니 오인해, 칭기즈 칸의 호칭도 1206년에 받은 것으로 잘못 기록한 것이라는 설이 있다.

《몽골비사》에 의하면, 칭기즈 칸을 받은 때는 1189년으로 이 시기를 기점으로 그전에는 테무친이라는 호칭을, 그 이후에는 모두 칭기즈 칸이라는 호칭을 사용하여 구분한다.

족 진영으로 도망쳤지만, 그 부족의 병사에게 암살당하고 말았다. 그 뒤 나이만 족이 먼저 공격해 왔지만, 칭기즈 칸은 그들을 물리치고, 1204년에 모든 몽골 부족을 통일하였다. 그리고 1206년에 칭기즈 칸은 마침내 몽골 제국의 대 칸으로 추대되었다.

칭기즈 칸은 기존의 부족이나 가문 중심의 씨족 공동체를 해체하여 천호제일종의 군사 행정 조직으로 십호, 백호, 천호를 편성한 제도로 바꿨다. 신분에 상관없이 능력 중심으로 인재를 뽑았다. 또 자신에게 가장 충성하는 군사들만을 뽑아 케시크테이몽골 최강의 친위대. 기마병으로 구성됨를 만들고, 케시크테이에 뽑힌 친위 대원들은 쿠릴타이의 정식 구성원으로 삼았다. 칭기즈 칸은 케시크테이를 구성한 뒤, 누구도 감히 그에게 도전할 수 없는 막강한 군사력을 갖게 되었다.

오랜 원한 관계를 청산하고 참모를 얻다

몽골 군을 정비한 칭기즈 칸은 몽골 통일에 만족하지 않고, 서쪽 오이라트유럽에서 몽골 계의 한 부족인 칼무크 족을 이르는 말와 키르기스 족몽골 고원 북

몽골의 국토 대부분은 황무지로 북쪽과 서쪽은 산악지대, 남쪽에는 고비사막이 있다. 절반에 가까운 인구가 유목민 또는 준유목민이다.

서부의 예니세이 강 상류에 살던 터키 민족을 정복한 다음 서하지금의 간쑤 성, 산시 성에 있던 티베트 계 탕구트 족 국가와 싸워 승리하였다.

1211년 칭기즈 칸은 그동안 몽골과 오랜 원한 관계였던 금나라를 치기 위해 나섰다. 그는 금나라의 수도 옌징연경, 지금의 베이징까지 군대를 이끌고 갔다가, 1214년 금나라로부터 말 3천 필과 남녀 각 500명을 받고 돌아왔다. 그러나 금나라의 옌징은 1215년에 결국 몽골에 무너지고 말았다.

이때 칭기즈 칸은 금나라에 의해 멸망한 요나라 왕족 출신의 지략가 야율초재를 만났다. 야율초재의 뛰어남을 알아본 칭기즈 칸은 그에게 자신의 신하가 될 것을 제의하였다. 야율초재는 뛰어난 지략으로 칭기즈 칸의 신임을 받는 참모가 되어 서역중국인이 중국의 서쪽 지역을 모두 가리키는 데 사용한 이름 원정에 함께했고, 세금 제도를 정비하여 몽골 제국의 경제적 기초를 확립하였다.

이슬람 왕국 호레즘을 정벌하다

1218년에 칭기즈 칸은 상업의 중심지였던 호레즘중앙아시아 아무다리야 강 하류, 아랄 해 남쪽 지역에 있는 이슬람 왕국. 수도는 사마르칸트과 교류를 하기 위해 낙타 500마리와 값비싼 물건들을 실은 대상의 무리를 그곳으로 보냈다. 그러나 호레즘 왕국의 입구인 오트라르지금의 카자흐스탄에서 성주가 욕심을 부리는 바람에 상인들은 모두 살해당하고 재물은 약탈당했다. 이에 칭기즈 칸은 다시 호레즘의 왕 무하마드에게 사신을 보냈다. 하지만 그 사신마저 수모를 당하고 겨우 도망쳐 돌아왔다. 더는 참을 수 없게 된 칭기즈 칸은 호레즘을 공격하였다.

1219년에 20만의 군사를 이끌고 호레즘의 변방인 오토라르에 도착한 칭기즈 칸은 첫째 아들 주치, 둘째 아들 오고타이, 셋째 아들 차가타이에게 각 부대의 지휘를 맡겨 오트라르의 입구와 좌 · 우를 공격하게 하였다. 그리고 자신은 넷째 아들 툴루이와 함께 본대를 이끌고 중앙으로 향했다. 정면 대결 대신 지구전적을 지치게 하기 위해 빨리 결판을 내지 않고 오래 끄는 싸움을 펼친 몽골은 5개월 만에 오토라르를 함락시키고, 수도 사마르칸트지금의 우즈베키스탄 동부, 아무다리야 강 유역에 있는 도시로 원정군 모두를 집합시켰다. 사마르칸트에는 투르크 계, 이란 계 등으로 구성된 4~5만의 정예군이 있었지만, 야율초재의 뛰어난 전략과 몽골 군의 공세에 밀려 5일 만에 무너지고 말았다. 이때 칭기즈 칸은 사마르칸트를 비롯하여 점령한 모든 도시를 폐허로 만들었고, 수많은 남자를 죽였으며 여자와 어린아이는 모두 포로로 삼았다.

〈몽골 제국〉

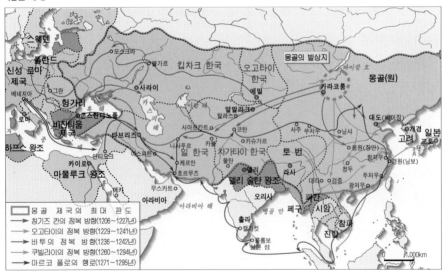

1220년에 호레즘을 정복한 칭기즈 칸은 군대를 나누어 정복 전쟁을 계속하였다. 일부는 카프카스 산맥흑해와 카스피 해 사이에 있는 산맥으로 아시아와 유럽의 경계를 이룸. 코카서스 산맥이라고도 함을 넘어 남러시아를 공격하여 크림 반도우크라이나 남부에 있는 반도에서 볼가 강러시아 서부에 위치, 유럽에서 가장 긴 강 유역까지 진출하였다. 일부는 인도 쪽으로 가서 영토를 확장하였고, 바미안지금의 아프가니스탄 전투에서는 도시를 폐허로 만들었을 뿐 아니라 주민을 모두 학살했다.

7년에 걸친 중앙아시아 대원정을 마친 칭기즈 칸은 1225년에 큰 아들인 주치만 흑해 부근에 남겨둔 채 개선하였다. 몽골로 돌아온 그는 넓은 영토를 아들들에게 나누어 준 뒤, 1226년에서 1227년까지 서하를 상대로 한 마지막 원정길에 나섰다가 간쑤 성중국 서북 지구 황하 상류에 있는 성 근처에서 병이 들어 사망하였다.

역사상 가장 큰 제국을 완성하다

칭기즈 칸은 큰아들 주치가 일찍 죽자, 그의 아들 바투에게 가장 먼 남러시아 일대를 주었고1243년에 킵차크한국 건설, 둘째 차가타이에게는 호라즘의 옛 영토를 주었으며1229년 차가타이한국 건설, 셋째인 오고타이에게는 옛 나이만의 영토를 주었다. 그러나 넷째 아들 툴루이만은 최후까지 영토를 분배 받지 못한 채, 칭기즈 칸과 함께 몽골 제국을 다스렸다. 칭기즈 칸이 죽

1204년 경에 만들어진 몽골어. 왼쪽에서 오른쪽으로 써나가는 몇 개 안 되는 세로 쓰기 문자들 중의 하나이다.

은 뒤, 1229년 몽골 족의 지도자들은 쿠릴타이를 열어 오고타이를 2대 대 칸^{태종}으로 선출하였다.

오고타이는 야율초재를 스승으로 받들면서 안으로는 제국을 완성하기 위해 노력했고, 밖으로는 아버지의 뜻을 이어받아 1234년 금나라를 완전히 멸망시켰다. 이때 고려가 금나라와 손잡는 것을 막기 위해 살리타를 시켜 고려를 공격하게 했다. 또 1236년에는 본격적인 유럽 원정에 나서, 원정군 총사령관에 바투를 임명하여 서방으로 진격하게 했다. 바투가 이끄는 원정군은 모스크바 공국을 점령하고, 러시아 최대 도시인 키예프까지 손에 넣은 뒤, 폴란드를 지나 독일의 슐레지엔^{지금의 폴란드 영토}까지 점령하였다. 헝가리의 수도 부다페스트를 무너뜨리고 오스트리아로 향하던 바투는 오고타이가 죽었다는 소식을 듣고 본국으로 돌아왔다.

대 칸의 자리를 둘러싼 갈등

몽골 본국에서는 오고타이가 죽은 뒤 대 칸의 자리를 놓고 후계자 싸움이 시작되었다. 오고타이의 장남 구유크가 3대 대 칸^{정종}의 자리를 물려받았지만, 3년 만에 죽어 버렸다. 이때 부족의 제일 연장자가 된 바투는 툴루이의 큰 아들 몽케를 4대 대 칸으로 앉히기 위해 쿠릴타이를 소집하였다. 그러나 차가타이와 오고타이의 일족이 바투가 소집한 쿠릴타이에 응하지 않아 회의가 무산되었다.

다음 해인 1251년 바투와 몽케 일파는 다시 쿠릴타이를 열어 몽케를 4대 대 칸^{헌종}으로 옹립하였다. 이를 막기 위해 오고타이 일파는 케룰렌 강^{몽골 북동부를 흐르는 강} 상류로 군사를 보냈다. 그러나 툴루이 일파

쿠빌라이는 몽골 제국 5대 대칸에 오른 뒤, 원나라를 세웠다.

에게 당해, 실패하고 본토에 있는 땅까지 빼앗기고 말았다.

1259년 남송을 공격하던 몽케가 쓰촨^{양쯔} 강 상류에 있는 지역에서 죽자, 몽케의 첫째 동생인 쿠빌라이는 1260년에 5대 대 칸^{세조}에 오른 뒤 1271년에 원^元나라를 세웠다. 몽케 칸이 죽기 전 1258년에 셋째 동생 훌라구는 바그다드를 점령하고 그곳에 일한국을 세웠다.

쿠빌라이가 대 칸에 오르면서 대 칸 자리를 둘러싼 지도층의 분열은 더욱 심해졌다. 결국 칭기즈 칸의 세계 정복의 꿈은 거기서 막을 내리고, 몽골 제국은 원 왕조와 4대 한국^{킵차크 · 차카타이 · 오고타이 · 일한국}으로 각자 독립적인 길을 걷게 되었다.

영토를 둘러싼 영국과 프랑스의 대립

백 년 전 쟁

프랑스 왕보다 더 많은 프랑스 땅을 가진 영국 왕

1066년 영국당시의 이름은 잉글랜드이나 이하 영국으로 명칭을 통일하기로 함에 노르만 왕조가 들어섰다. 노르만 왕조를 세운 윌리엄 1세*는 프랑스의 노르망디 공국*의 주인이었다. 이때부터 프랑스에 영국 영토

★ 윌리엄 1세
노르망디의 제후로서, 잉글랜드를 점령하여 노르만 왕조의 문을 연 정복왕. 로베르 1세의 아들로, 아버지가 예루살렘 순례에서 돌아오는 길에 죽자 1035년에 프랑스 왕 앙리 1세의 도움을 받아 노르망디 공을 계승했다. 초기에는 서자라는 이유로 고난을 겪었지만, 다른 제후국들과 여러 차례 전쟁을 치르면서 뛰어난 자질을 보여 입지를 굳혀 나갔다.
1066년 헤이스팅스 전투를 통해 잉글랜드의 헤럴드 2세를 몰아내고, 윌리엄 1세로 즉위하였다. 그는 잉글랜드를 지배하는데 있어 프랑스적인 제도와 문화를 들여왔고, 새로 정복한 영토를 봉신들에게 나눠 주면서 봉건제를 실시하였다.
하지만 유럽 본토와는 달리 '둠즈데이북'이라는 토지 대장을 만들어, 전국의 경작지를 파악하여 왕이 직접 세금을 거둬들이는 영국의 봉건제를 확립하였다.

★ 노르망디 공국
9세기 무렵 스칸디나비아 반도에서 내려온 바이킹들은 노르망디 해안을 비롯하여 내륙까지 약탈해 왔다. 이에 위협을 느낀 프랑스 왕 샤를 3세는 그들을 회유하기 위해 노르망디 지역을 내어 주었다. 911년 노르만 족의 우두머리 롤로가 루앙을 중심으로 센 강 하류에 노르망디 공국을 세웠다.

가 생겼다. 그 뒤 앙주지금의 프랑스 서부 멘에루아르 주에 위치했던 중세 백작 령의 백작인 헨리 플랜태저넷헨리 2세이 플랜태저넷 왕조를 열었다.

1154년 영국의 스티븐 왕이 죽자, 21세로 영국 왕으로 즉위한 헨리 2세사자왕 리처드 1세와 〈대헌장〉을 반포한 존 왕의 아버지는 프랑스 루이 7세와 결혼했다가 이혼한 아키텐보르도 지방의 옛 이름의 공작 엘레오노르와 결혼했다. 이로써 헨리 2세는 프랑스 내의 푸아투, 기엔, 가스코뉴를 가졌으며, 프랑스의 루이 7세와 싸워 브르타뉴를 차지하였다. 그 결과 영국은 프랑스 내에 노르망디와 앙주, 푸아투, 기엔, 가스코뉴, 브르타뉴 등 프랑스 국토의 서부를 지배하게 되었다. 이처럼 영국 왕이 다스리는 지역이 프랑스 왕보다도 더 많을 정도에 이르자, 프랑스 왕은 늘 불편한 마음이었다.

늘 대립하던 영국과 프랑스는 1337년 프랑스 왕위 계승 문제와 함께 영토를 차지하기 위해 전쟁을 시작했다. 이것이 단일 전쟁으로서는 인류 역사상 가장 길었던 '백 년 전쟁1337~1453년'이다.

프랑스 왕위 계승을 둘러싼 대립

1328년 프랑스에서 카페 왕조987년 서프랑크 카롤링거 왕조의 혈통이 끊긴 후 제후들 가운데 선출된 위그 카페가 왕으로 즉위하면서 문을 연 왕조의 샤를 4세가 후계자도 없이 죽었다. 그러자 그의 사촌이었던

백 년 전쟁은 인류 역사상 가장 긴 116년 동안 치러진 영국과 프랑스 간의 전쟁이다.

발루아 백작이 삼부회★의 결정으로 필리프 6세로 즉위하면서 발루아 왕조를 열었다.

이때 필리프 6세의 왕위 계승권에 문제를 삼은 이가 있으니, 바로 영국 왕 에드워드 3세였다. 그는 자신의 어머니가 샤를 4세의 누이^{영국}_{으로 시집간 이사벨라 공주}이므로 발로아 백작보다 더 정통성이 있다고 주장했다. 에드워드 3세의 주장은 표면적인 이유에 불과했다. 더 큰 목적은 이번 기회에 프랑스를 차지하고 영국으로 통합하려는 의도였다.

필리프 6세는 에드워드 3세의 주장이 프랑스를 무시하는 행동이라 생각했다. 그래서 프랑스에 있는 영국 왕의 봉토_{봉건 사회에서 제후나 기사가 영주에게 봉사하는 대가로 얻는 토지}를 모두 몰수하여, 프랑스 왕으로서의 권위를 높이기로 했다. 그 무렵 에드워드 3세는 스코틀랜드를 정복하기 위해 전쟁을 벌이고 있었다. 이에 필리프 6세는 영국의 힘을 약하게 만들려고 스코틀랜드를 지원했다.

그 사실을 알게 된 에드워드 3세는 1329년에 필리프 6세가 충성 서약_{서유럽 중세 봉건 사회에서 가신이 주군에게 충성을 다할 것을 서약하는 것}의 내용을 고치라고 요구했을 때 이를 거부했다. 그리고 프랑스 경제를 혼란스럽게 하려고 행동에 나섰다. 그 당시 유럽 최대의 모직물 공업 지대였던 플랑드르 지방으로 수출해 왔던 영국산 양모의 수출을 금지시킨 것이다. 이때 돈 많은 플랑드르 상인들은 프랑스 왕으로부터 자유로워지려고 에드워드 3세를 찾아가 돈을 대면서 프랑스와의 싸움을 부추겼다.

★ 삼부회

프랑스의 신분제 의회. 프랑스 혁명 전 3가지 신분, 즉 소수 특권층인 성직자와 귀족, 그리고 대다수의 민중을 포괄하는 제3 신분의 대표로 이루어졌다.

화가 난 필리프 6세는 1337년에 영국 왕의 봉토였던 아키텐 공작령유럽 최대의 포도주 생산지인 기엔·가스코뉴 지방. 지금의 보르도 지방이 그 중심지을 몰수하고, 노르망디 해안에 군대를 보내 영국을 위협했다. 에드워드 3세는 필리프 6세에게 정식으로 도전장을 보내고 전쟁 준비에 들어갔다. 그러면서 에드워드 3세는 병사들의 희생을 막기 위해 다음과 같은 3가지 결투 방법을 제안했다.

- 첫째, 국왕끼리 직접 대결하여 결투하거나 몇 명의 대표를 뽑아 국왕 대신 결투하기
- 둘째, 굶주린 사자 앞에 나서서 살아남은 자가 승리하기
- 셋째, 아픈 환자를 빨리 고치는 사람이 승리하기

그러나 이 제안은 필리프 6세가 결투에 응하지 않아 무산되었다.

제1기 : 크레시·푸아티에 전투와 브레트니 조약

1340년 영국과 플랑드르의 연합 함대가 라인 강 하구에 있는 항구에서 프랑스 해군을 저지하려다 전투가 벌어졌다. 이 전투가 백 년 전쟁의 시작이었다. 프랑스는 전투에서 패했고, 영국 해협도버 해협이 들어있는 영국과 프랑스 사이 좁은 해협의 제해권군사력으로 바다를 지배하는 권리을 잃었다. 그래서 백 년 전쟁은 116년이라는 긴 시간 동안 프랑스 땅에서만 전투를 벌였다.

1345년 에드워드 3세는 맏아들 흑태자 에드워드갑옷 색깔이 검은 색이라서 붙은 별명와 함께 노르망디에 상륙했다. 이듬해 크레시에서 필리프 6세

가 이끄는 프랑스 군과 정면 대결을 하게 되었다. 그 당시 중무장을 한 봉건 귀족들을 중심으로 한 프랑스는 전력에 있어서 자기네가 훨씬 유리하다고 생각했다. 그러나 프랑스 군대는 신무기인 큰 활을 가진 보병대^{장궁대라고 불림}로 맞선 영국군의 공격을 이겨내지 못하고 크게 패하고 말았다. 크레시 전투에서 승리한 영국군은 칼레로 진격하여, 칼레 시민들의 완강한 저항을 물리치고 1347년에 그곳을 차지하였다.

그러나 당시 유럽 사람들을 공포에 떨게 한 페스트*의 유행과 엄청난 전쟁 비용으로 인한 재정 곤란으로 두 나라 사이의 전쟁은 잠시 중단되었다.

1355년 영국의 흑태자가 남프랑스를 공격하여 전쟁은 다시 시작되었다. 그 사이 프랑스에서는 필리프 6세가 죽고 아들 장 2세가 왕위를 이어받았다. 1356년 흑태자는 영국군과 가스코뉴 군을 이끌고 중부 프랑스를 기습 공격하였지만, 수적으로 밀려 장 2세 군대의 추격을 받았다. 영국군은 푸아티에^{프랑스 중서부 푸와투 샤랑트 지방의 주요 도시}로 방향을 바꿨다. 9월 17일, 두 나라 군대는 접전을 벌였지만, 일요일인 다음 날 잠시 휴전을 하게 되었다. 그 사이 영국군은 푸아티에 남쪽 누엘레 근처 모페르튀 강 근처에 은신한 채, 프랑스 군을 맞아 크게 승리하면서 프랑스 왕 장 2세를 생포하였다.

★ 페스트
─────────────────

페스트균의 감염으로 일어나는 급성 전염병이다.

14세기 유럽에서 수많은 사람이 이 병으로 죽은 뒤 '흑사병'이라고 부르게 되었다. 페스트 때문에 그 당시 유럽 인구가 3분의 1로 줄었고, 백 년 전쟁이 중단되기도 했다. 대규모 사망은 노동력의 손실로 이어졌고, 유럽 경제의 기본인 장원 제도와 봉건 제도를 뒤흔들었다.

흑태자는 여기서 멈추지 않았고, 계속해서 1359년에 다시 프랑스를 공격하였다. 1358년에 북프랑스에서 농민 반란인 자크리의 난이 일어났기 때문에 프랑스에서는 더 이상 영국과 맞서 싸울 힘이 없었다. 결국 프랑스는 영국 왕 에드워드 3세에게 평화 회담을 요청했다.

1360년 영국은 브레티니에서 프랑스 대표와 회의를 하고, 칼레에 포로로 잡혀 있던 장 2세의 서명을 받아 브레티니 조약을 맺었다. 이

TIP 로댕의 '칼레의 시민'과 백 년 전쟁

백 년 전쟁 초기, 프랑스 칼레의 시민들은 영국군의 공격에 완강히 저항했다. 그들은 11개월 동안 버텼지만, 결국 1347년 영국 왕 에드워드 3세에게 항복하고 말았다.

이때 화가 난 에드워드 3세가 칼레 시민들을 모두 몰살시키겠다고 하자, 칼레 시의 대표는 에드워드 3세에게 도시와 시민들은 구해 달라고 간청했다.

이에 영국 왕은 칼레 시민의 생명을 보장하는 대신, 칼레 시에서 가장 명망 있는 대표 6명이 교수형에 사용될 밧줄을 목에 걸고 맨발로 영국군 진영에 도시의 열쇠를 건넨 뒤 교수당해야 한다는 조건을 내걸었다. 그때 칼레에서 최고 부자인 유스타슈 드 생 피에르가 가장 먼저 자원했다. 그러자 부유하고 존경받던 시민 장 데르가 나서고, 이어 사업가 자크 드 위쌍, 그의 사촌 피에르 드 위쌍, 장 드 피엥스, 앙드리에 당드리가 따라 나섰다. 그런데 모두 7명이었기 때문에 한 사람은 빠져야 되는 상황이었다. 그래서 내일 아침 제일 늦게 오는 사람을 빼기로 결정하고, 모두 집으로 돌아갔다. 다음 날 여섯 명이 모였는데, 가장 먼저 지원한 생 피에르만 나오지 않았다. 그는 죽음을 자원한 사람들의 용기가 약해지지 않도록 칼레의 명예를 위해 스스로 먼저 목숨을 끊은 것이었다. 이들이 처형되려던 순간, 영국 왕 에드워드 3세는 임신 소식을 알리며 자비를 베풀라는 왕비의 편지를 받고는 그 용감한 시민 6명을 살려 주었다.

그로부터 550년이 지난 1895년, 칼레 시는 이들의 용기와 헌신을 기리기 위해 생 피에르의 조각상을 로댕에게 의뢰했다. 이 조각상은 1893년 6월 3일 제막되었는데, 로댕이 10년 동안 심혈을 기울여 만든 작품이 바로 '칼레의 시민'이다.

1914년 독일의 극작가 게오르크 카이저는 로댕의 '칼레의 시민'을 보고 영감을 얻어, 이 조각상에 담긴 이야기를 희곡으로 발표하였다.

칼레의 시민

조약으로 영국은 푸아티에를 비롯한 프랑스 안에 있는 봉토를 차지했다. 대신 영국은 프랑스 왕위와 왕국의 이름 및 권리에 대한 청구권을 포기하였다. 이때 프랑스는 장 2세의 석방을 위해 300만 크라운^{영국의} 옛날 화폐 단위을 지불하고, 아키텐 지방과 칼레 시 등을 영국에게 할양^국 토의 한 부분을 떼어 다른 나라에 줌하였다.

제2기 : 오랜 휴전과 조약으로 맺어진 결혼

1364년 프랑스에서는 장 2세의 아들 샤를 5세가 왕위에 올랐다. 그는 왕위에 오르면서 브레티니 조약의 내용을 수정하기 위해 왕권과 군사력을 강화했다. 샤를 5세는 아키텐의 귀족들이 영국에 반항하도록 부추겼는데, 이 일로 두 나라 사이는 악화되어 다시 전쟁에 휘말렸다.

1369년에 영국군이 쳐들어오자, 샤를 5세는 프랑스가 영국보다 전력이 약한 점을 생각해 영국군과 국지전^{일부 지역에서만 싸우는 전투}을 벌이며 지방 도시를 하나씩 빼앗기 시작하였다. 이때 흑태자의 동생 랭커스터 공작인 존^{헨리 4세의 아버지}이 이끄는 군대와 싸워 승리를 하였고, 바다에서도 프랑스 해군이 승리하였다. 그 결과 프랑스는 브레티니 조약으로 인해 영국에 빼앗겼던 영토의 대부분을 되찾았으며, 1375년에는 영국과 다시 협정을 맺었다.

그 뒤 영국에서는 에드워드 3세가 1377년에 죽었는데, 장남인 흑태자는 아버지보다 먼저 병으로 이미 죽었다. 그래서 흑태자의 아들 리처드 2세가 열 살의 어린 나이에 영국 왕이 되었다. 프랑스도 마찬가지로 1380년에 샤를 5세가 죽고, 그의 아들 샤를 6세가 열세 살에 즉위했다. 두 나라 모두 왕의 나이가 어리고, 1381년에는 영국에서 와트 타일러의 난*이 일어나 리처드 2세에 대한 귀족들의 도전적인 반항이 겹쳤다. 그 바람에 두 나라 사이의 전쟁은 자연스럽게 멈추게 되었다.

1399년에 영국 리처드 2세는 숙부이자 랭커스터 공작인 존이 죽자 그의 영지를 빼앗았다. 이에 존의 아들 볼링부룩은 리처드 2세를 쫓아내고 헨리 4세랭커스터 왕조의 시조로 왕위에 올랐다. 헨리 4세는 곧바로 프랑스와의 전쟁을 다시 시작하려 했지만 스코틀랜드와의 전쟁, 웨일즈의 반란이 일어나 본격적인 전쟁을 벌이지 못했다. 한편 프랑스에서는 샤를 6세의 정신 상태가 불안정해져, 부르고뉴 파와 아르마냐크 파의 귀족들이 서로 권력을 차지하기 위해 대립을 하는 바람에 내란이 일어났다.

★ 와트 타일러의 난
1381년 영국 남동부의 여러 주에서 발생한 영국 사상 최대의 농민 반란. 지도자 와트 타일러의 이름을 따서 '와트 타일러의 난'이라고 부른다.
영국 정부가 백 년 전쟁에 필요한 비용을 조달하기 위하여 15세 이상에게 인두세를 거두자 그에 대한 불만이 터져 일어났다. 이 반란은 영국 농노제 폐지에 영향을 끼쳤다.

헨리 4세에 이어 왕에 오른 헨리 5세는 프랑스의 내분을 이용하여 부르고뉴 파와 손을 잡았다. 1415년에 군사를 이끌고 노르망디로 상륙한 그는 아쟁쿠르 전투에서 프랑스 군과 싸워 크게 승리한 뒤, 북프랑스를 장악하고 1420년에 프랑스와 트루와 조약을 맺었다. 이 조약으로 헨리 5세는 샤를 6세의 딸 카트린과 결혼하여 프랑스 왕위 계승권을 인정받았다.

제3기 : 잔 다르크의 활약으로 승세를 잡은 프랑스

1442년 영국의 헨리 5세와 프랑스의 샤를 6세가 연이어 죽자, 영국과 부르고뉴 파에 의해 나이 어린 헨리 6세가 두 나라의 왕이 되었다. 그러나 프랑스의 아르마냐크 파가 그를 왕으로 받아들이지 않고, 샤를 7세를 따로 프랑스 왕위에 올렸다.

그러자 영국은 1428년 오를레앙^{프랑스 중부,} ^{루아르 강의 오른쪽 기슭에 있는 도시}을 포위하여 샤를 7세를 궁지에 몰아넣었다. 1429년 신의 계시를 받았다는 소녀 잔 다르크가 흰옷에 흰 갑옷을 입고 등장하여, 프랑스 군이 영국 군을 눌리질 수 있도록 앞장서서 싸웠다. 그 결과 프랑스가 승리하면서 샤를 7세는 정식으로 프랑스 왕위에 올랐다. 그러나 다음 해 잔 다르크는 부르고뉴 파에 붙잡혀 영

잔 다르크

국군에 넘겨졌고, 1431년에 '마녀'로 지목되어 화형당하고 말았다.

하지만 이미 전세전쟁이나 경기 따위의 기세는 프랑스 쪽으로 기운 상태에서, 오랫동안 대립하고 있던 부르고뉴 파와 아르마냐크 파도 화해를 했다. 오랜만에 안정을 찾은 프랑스는 잔 다르크의 죽음을 애도하면서 영국군과 맞서 싸우다, 1444년에 툴프랑스 북동부에 있는 도시에서 조약을 맺고 휴전에 들어갔다.

116년 만에 마침내 막을 내리다

여전히 영국이 프랑스 안의 노르망디 · 칼레를 비롯한 여러 영토를 소유하고 있자, 샤를 7세는 군대를 동원하여 영국이 지배하는 여러 도시들을 공격하였다. 1450년에 이르러서는 영국군으로부터 노르망디 전체를 빼앗았다. 노르망디를 빼앗긴 영국에서는 왕위 계승 문제로 30년 동안 장미 전쟁★이 벌어졌다. 샤를 7세는 영국의 혼란을 틈타 프랑스 안의 영국군을 공격하여 1453년에는 기엔과 보르도, 가스코뉴 지방도 모두 탈환하였다.

결국 영국은 칼레를 제외한 프랑스 안의 모든 영토를 잃게 되었다. 1475년에야 두 나라 사이에 강화싸우던 두 편이 싸움을 그치고 평화로운 상태가 됨가 이루어졌지만, 백 년 전쟁은 영국군의 본거지인 보르도가 프랑스

★ 장미 전쟁

1455년에서 1485년까지 영국 왕위를 놓고, 붉은 장미를 표시로 삼은 랭커스터 가문과 흰 장미를 표시로 삼은 요크 가문 사이의 벌어진 왕위 쟁탈전.
어머니 계통으로 왕실에 연결된 랭커스터 가문의 유일한 왕위 요구자인 헨리 튜더가 프랑스의 루이 11세의 지원을 받아 리처드 3세를 격파하고 헨리 7세가 되었다.
장미 전쟁으로 많은 귀족과 기사들이 죽어 왕권을 강화하는 계기가 되었다.

군에게 점령당한 1453년에 실제적인 막을 내리게 되었다.

영국과 프랑스가 116년 동안 프랑스 안의 영토를 둘러싸고 벌인 백년 전쟁은 농토를 황폐화시키고, 봉건 기사 세력을 무너뜨렸다. 이는 중세 봉건 사회가 문을 닫고 중앙 집권화로 인한 절대 왕정이 서는 바탕이 되었다. 또 농노 해방의 길이 열리는 계기가 되었고, 부르주아 계급 중세 유럽에서 성직자와 귀족에 대하여 제3계급을 형성한 중산 계급의 시민을 등장하게 만들었다는 큰 의의를 지닌 전쟁으로 남았다.

30년 전쟁

종교 개혁이 가져온 갈등의 불씨

십자군 전쟁이 실패한 뒤 아비뇽 유수★와 교회의 대분열★을 거치면서 가톨릭교회의 교황권이 크게 약해졌다. 또 가톨릭교회는 교회세를 거둬들이고, 토지 소유를 늘렸으며, 뇌물을 받고 성직을 사고파는 등 각종 부정부패를 일삼았다. 교회의 횡포가 계속되자 그에 대한 비판의 목소리가 커져 갔다. 14세기 말부터 영국의 위클리프와 보헤미아의 후스프라하 대학의 교수이자 유명한 설교가, 에라스무스네덜란드 출신. 《우신예찬》의 저자를 비롯한 북유럽의 휴머니스트인문주의자. 본래 중세 대학에서 인문학을 가르치던 학자들을 뜻함들은 세속화되어 가는 가톨릭교회와 성직자를 비

★ 아비뇽 유수
1309~1377년까지 로마 가톨릭의 교황청이 로마에서 프랑스 아비뇽으로 옮겨 머물렀던 시기.
교황 보니파키우스 8세가 프랑스 왕 필리프 4세와 성직자의 과세권을 놓고 싸웠다. 1303년, 새로 선출된 교황 클레멘스 5세가 필리프 4세와 교회 문제를 협의하기 위해 로마로 돌아가지 못하고 장기간 아비뇽에 머물게 되면서 교황청의 아비뇽 천도가 시작되었다. 이후 약 70년간 프랑스 왕의 간섭을 받았다.
고대 히브리 인의 바빌론 유수와 빗대어 '교회의 바빌론 유수'라고도 한다.

프랑스 아비뇽. 십자군 전쟁에 실패한 뒤 교황이
로마에서 아비뇽으로 옮겨 머물렀던 적이 있다.

판하면서 종교 개혁을 요구하기 시작했다.

　종교 개혁이 본격적으로 시작된 것은 독일의 마르틴 루터가 1517년
〈95개 조 반박문〉을 발표하면서부터였다. 그 당시 교황 레오 10세는
산 피에트로 대성당^{베드로 성당}의 건축 비용을 마련하기 위해 면죄부를
판매하였다. 이때 독일의 마인츠 지역의 대주교가 자신이 내야 할 초

★ 교회의 대분열
그레고리우스 11세가 교황에 오른 뒤, 로마로 부임하여 아비뇽 교황청 시대를 일단
마감하였다. 그런데 그가 갑자기 죽자 우르바누스 6세가 새로운 교황으로 선출되었
다. 그가 교황에 오른 뒤 프랑스 추기경단을 푸대접하자, 그들은 로마를 떠나 클레멘
스 7세라는 새로운 교황을 따로 선출하였다. 이에 가톨릭교회에는 2명의 교황이 존재
하게 되었고, 각 나라들은 자국의 이해득실을 따져 유리한 교황 편에 서서 대립하게
되었다. 1378~1417년에 걸쳐 40년 동안 계속되었던 이때를 '대분열 시대'라고 한다.
그 결과 교황권은 몰락하고 교회의 권위가 크게 떨어졌다. 이를 수습하기 위해 1409
년 이탈리아 피사에서 공의회를 개최하여, 알렉산드르 5세를 새로운 통합 교황으로
선출하였다. 그렇지만 폐위된 두 교황이 이를 받아들이지 않아, 결국 3명의 교황이 난
립하는 결과를 낳았다. 이에 다시 콘스탄츠 공의회(1414~1417년)를 열어 새로운 교황
마르티누스 5세를 선출함으로써 분열 시대를 마감하였다.

입세성직자로 임명 받으면 그 첫해 수입을 교황에게 바치는 것를 빌려서 낸 뒤, 그 차용금을 갚기 위해 면죄부를 가져다 마구잡이로 팔았다.

성직자였던 루터는 면죄부 판매의 부당성을 비판하는 반박문을 독일어로 인쇄하여 뿌렸다. 또 "신앙의 근거는 교회가 아니라 성서"라는 주장을 하면서 《신약 성서》를 독일어로 번역하여 보급하는 일에 앞장섰다. 또 루터는 루터 파 교회를 세우고 가톨릭교회와 정면으로 대결했다.

〈종교 개혁과 반동 종교 개혁〉

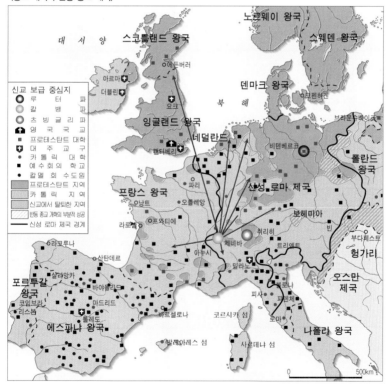

그때 루터를 지지하는 제후와 자치 도시들은 '슈말칼덴 동맹'을 결성하고, 가톨릭을 지지하는 황제와 전쟁을 하였다. 결국 1555년 '아우크스부르크 화의'에서 루터 파는 가톨릭교회로부터 정식으로 공인을 받았다. 이것으로 교황의 지배를 받지 않는 신교가 탄생하였고, 신교는 북부 독일·덴마크·노르웨이·스웨덴 등 북유럽에 전파되었다. 이때부터 신교도들을 '프로테스탄트항의하는 사람이라는 뜻'라고 부르게 되었다. 그러나 종교 회의에서 결정한 것은 제후들에게 자기 영토 내의 종교 선택권을 주는 것이지 개인의 신앙 자유를 뜻하는 것은 아니었다. 이것은 종교 전쟁의 첫 번째 불씨가 되었다.

두 번째 불씨가 된 것은 칼뱅의 종교 개혁이었다. 에라스무스와 루터의 영향을 받은 칼뱅은 본국인 프랑스에서 추방되어 스위스로 옮긴 뒤, 제네바 시와 추종자들의 지지를 받아 장로제를 중심으로 하는 종교 개혁에 성공하였다. 칼뱅의 종교 개혁이 성공한 것은 직업을 존중하고, 이윤 추구를 인정하였기 때문이다. 그는 인간의 구원은 이미 신에 의해 미리 정해졌다는 예정설을 주장하면서, 신도들에게 직업에 충실할 것을 권했다. 이런 칼뱅의 주장은 상공업을 하는 시민 계층의 두터운 지지를 받았다. 그 당시 가톨릭교회는 재산 모으는 것을 탐욕이라고 여기고 있었기 때문이다.

칼뱅 파는 주로 대서양 연안의 상공업이 발달한 지역으로 퍼져 나갔다. 각 지역으로 퍼져 나간 칼뱅 파는 잉글랜드에서는 청교도, 스코틀랜드에서는 장로파, 프랑스에서는 위그노, 네덜란드에서는 고이센이라는 이름으로 발전하였다. 그러나 공인을 받은 루터 파와 달리, 칼뱅 파는 신교로서 공인받지 못하였다. 그래서 가톨릭교회와 대립 관

위그노 전쟁 중 낭트 칙령이 앙리 4세에 의해 발표되면서 개신교도와 로마 가톨릭교도 간의 분쟁은 종식되었다.

계에 놓이게 되었는데, 이것 때문에 프랑스에서는 '위그노 전쟁' 이라는 종교 전쟁이 일어났다.

　이처럼 다양한 신교들이 확산되자, 가톨릭교회도 더 이상 가만히 있을 수 없었다. 가톨릭교회는 1545년에 오스트리아에서 '트리엔트 공의회¹⁵⁴⁵~¹⁵⁶³년' 를 열어 프로테스탄트가 늘어나는 것을 막기 위한 대책을 논의했다. 약 20년 동안 세 번에 걸쳐 열린 이 회의에서는 교회 부패와 성직 매매 금지 등 교회 내부 문제 개선과 기본 교리의 재확인, 신교도에 대한 엄격한 징벌 등이 결정되었다.

　그리고 교황청은 1540년에 에스파냐의 군인이었던 로욜라가 엄격한 규율로서 교황에게 절대 복종하기 위해 만든 '예수회' 라는 수도회 설립을 승인하였다. 또 종교 재판소를 설치하여 이단자교리에 어긋나는 사상이나 종교를 믿는 사람에 대해 일종의 마녀사냥¹⁴~¹⁷세기에 유럽의 여러 나라와 교회가 이단자를 마녀로 판결하여 화형에 처하던 일을 시작하였다. 가톨릭교회의 이런 반동적진보적이거나 발전적인 움직임을 반대하여 강압적으로 가로막는 경향을 띤 것 개혁은 16~17세기에 일어난 여러 종교 전쟁의 또 하나의 불씨가 되었다.

17세기에 이르러 다시 가톨릭교회구교의 세력이 커지면서 신교도들을 압박하기 시작하자, 독일 내의 신교와 구교의 제후들은 각각 동맹을 맺어 대립하게 되었다. 그 가운데 의회가 마비 상태가 될 정도로 분쟁이 심했던 곳은 바로 보헤미아*였다.

가톨릭의 절대 지지국인 에스파냐의 합스부르크 왕가가 보헤미아의 종교 개혁을 막기 위해 구교파인 페르디난트 2세를 새로운 왕으로 세우고 신교도를 탄압했다. 그러자 1618년에 신교파 귀족들이 새로운 왕을 반대하는 반란이 일어났다. 이 사건이 바로 최후의 종교 전쟁인 30년 전쟁의 시발점일이 처음으로 시작되는 계기이 되었다. 30년 전쟁은 페르디난트 2세의 황제 군과 맞서 싸운 국가를 기준으로 모두 4기로 나누고 있다.

제1기 보헤미아 · 팔츠 전쟁(1618~1620년)

1617년 슈타이어마르크오스트리아 남동부와 중부에 있는 지역의 대공 페르디난트페르디난트 2세는 보헤미아 의회의 승인을 받아 마티아스 왕신성 로마 제국의 황제이기도 함의 계승자가 되었다. 어릴 때부터 철저하게 예수회의

★ 보헤미아

체코를 동서로 나누어 서부를 영어로 보헤미아라고 한다. 보헤미아는 신성 로마 제국 황제 루돌프 2세가 1609년에 신교도에게 신앙의 자유를 허용하고, 구교와 같은 권리를 갖게 해 준 영방 국가였다. 영방 국가란 신성 로마 제국 내에서 세금 징수권, 재판권, 화폐 주조권 등을 얻은 공작이나 백작 같은 제후가 독립된 나라로서 주권을 행사하는 영역을 말한다.

교육을 받은 페르디난트 2세는 보헤미아의 왕이 되자, 가톨릭 교리를 강조하면서 신교도를 탄압했다. 그가 보헤미아의 신교도들을 탄압한 또 하나의 이유는 에스파냐를 다스리는 합스부르크 왕가 사람들과의 비밀 조약 때문이었다. 왕위를 물려받을 아들이 없는 마티아스 황제^신성 로마 제국의 후계자로 그를 밀어주는 대신, 알자스와 이탈리아에 있는 신성 로마 제국의 봉토를 내주겠다는 약속을 한 것이다.

페르디난트의 탄압을 부당하게 여긴 귀족들은 1618년에 탄압을 중지해 줄 것을 요구했지만, 받아들여지지 않았다. 화가 난 귀족 대표들은 왕의 신하들을 프라하 성 창문 밖으로 떨어뜨렸다. 역사에서는 이를 '프라하의 투척 사건' 이라고 한다. 그 뒤 1619년에 반란을 일으켜 칼뱅 파인 팔츠_{독일 라인 강 유역의 영지} 선제후_{신성 로마 제국 황제 선출에 참여할 권리를 지닌 제후} 프리드리히_{프리드리히} 5세를 보헤미아 왕으로 다시 세웠다.

페르디난트 2세는 가톨릭 동맹의 주축인 바이에른 공 막시밀리언 1세와 힘을 합쳐 황제 군을 결성하고 보헤미아로 쳐들어갔다. 황제 군은 프라하 근처의 빌라호라_{체코에 있는 하얀 산의 이름. 그래서 이 전투를 백산 전투라고도 함} 전투에서 귀족 · 용병 중심인 보헤미아의 반란군을 무찌르고, 프라하를 점령하였다. 이 전투에서 승리한 페르디난트 2세는 반란을 이끈 지도자들을 처형하고, 그들의 재산을 몰수하였다. 또 새로운 헌법을 만들어 의회를 무력화시키고, 보헤미아를 다시 가톨릭 국가로 만들었다.

이렇게 첫 번째 종교 전쟁은 가톨릭교회 측의 압도적인 승리로 끝났다. 그러나 독일의 신교 연합이 패하자, 이번에는 신교 측의 주변 국가들이 움직이기 시작했다.

제2기 덴마크 전쟁(1625~1629년)

신교 측 가운데 가장 먼저 나선 나라는 덴마크였다. 전쟁 전부터 독일 영토에 관심이 많았던 덴마크 왕 크리스티안 4세는 경쟁국인 스웨덴이 독일 북부 지역으로 진출하는 것을 막고, 그 지역의 이권을 차지하기 위해 1625년에 독일을 침공하였다. 이때 덴마크는 영국과 네덜란드로부터 군자금을 지원받았다.

페르디난트 2세는 재정적인 부담을 주지 않으면서 독립적인 황제군을 만들어 주겠다는 프리틀란트_{지금의 러시아 연방의 최서단에 있는 칼리닌그란드 주에 있는 도시 프라브딘스크}의 공작인 발렌슈타인의 제안을 받아들여, 그를 황제 군의 총사령관으로 임명했다. 발렌슈타인은 전쟁에 참여하는 장군들에게 병력 소집 비용을 대주면서 새로운 황제 군을 모았다. 그 뒤 가톨릭 동맹군의 틸리 백작과 연합하여 덴마크 군과 맞서 싸웠다. 덴마크 왕 크리스티안 1세는 바르에른의 장군 틸리 백작을 상대로 싸워 크게 패하였다. 신교 측 사령관인 만스펠트 백작도 발렌슈타인 장군과 데사우_{지금의 독일 중동부 할레 주의 북서부에 있는 도시} 근처에서 전투를 벌였으나 역시 패했다.

승리한 황제 군은 계속해서 크리스티안의 군대를 홀슈타인_{독일 가장 북쪽의 연방주}에서 몰아내고, 유틀란트_{북해와 발트 해 사이에 있는 유럽 북부의 반도를} 정복했다. 1627년에는 슐레지엔_{폴란드 남서부에 있는 역사적인 지방. 종교 개혁 때 대부분 신교로 개종}에서 덴마크 군을 몰아냈다.

황제 군이 유틀란트를 공격할 때 덴마크의 크리스티안 1세는 스웨덴의 구스타프 2세 아돌프와 반反가톨릭 동맹까지 맺었으나 전투에서 패했다. 크리스티안 1세는 곧 스웨덴과의 동맹을 파기하고, 1629년

166

뤼베크독일 북부 슐레스비히 홀스타인 주에 있는 항구 도시에서 신성 로마 제국과 별도의 강화 조약을 맺고 독일에서 완전히 물러났다.

덴마크와의 전쟁에서 승리한 페르디난트 2세는 1629년에 복원령을 내려, 1552년부터 몰수한 가톨릭교회의 재산을 모두 회복시키라고 신교도들에게 강요했다. 그리고 이것을 계기로 통일 국가를 이루려는 야심을 키웠다.

제3기 스웨덴 전쟁(1630~1635년)

덴마크와의 전쟁에서 승리한 신성 로마 제국은 발트 해를 향해 진출하기 시작했다. 위협을 느낀 스웨덴 왕 구스타프 2세북방의 사자왕이라 불림는 신교를 지킨다는 명분으로 황제 군의 발트 해 진출을 막기 위해 전쟁을 선포하였다.

구스타프 2세는 그동안 중립적인 입장을 취했던 프랑스로부터 군사비를 지원받아, 전함과 기병·보병을 모두 이끌고 독일의 우제돔독일 북부의 메클렌부르크에 있는 섬에 상륙했다. 구스타프는 포메른유럽 북동부에 있는 지역. 대부분 폴란드에 속하나 일부는 독일 영토 지역을 요새로 삼아 황제 군과 맞서 싸우려 했지만, 브란덴부르크 선제후와 일부 신교파 제후들의 협력을 얻지 못해 어려움을 겪게 되었다.

그 무렵 신성 로마 제국의 가톨릭교회 측 제후들은 페르디난트 2세의 복원령에 위협을 느끼고 있었다. 그들은 황제의 야심이 모두 발렌슈타인의 군대 때문이라고 생각했다. 그래서 발렌슈타인을 총사령관에서 쫓아내라고 황제에게 끈질기게 요구했다. 결국 황제는 발렌슈타인 장군을 해임시키고, 그 대신 스웨덴 군대가 남하할 때 틸리의 군대를 내보내 맞서게 할 수밖에 없었다.

그때 마그데부르크독일 작센안할트 주의 주도에서 황제의 지배에 대한 반란이 일어났다. 틸리가 이끄는 황제 군이 반란은 진압했지만, 그 과정에서 시민 3만 명을 학살하고 재산을 약탈하는 일이 벌어졌다. 두려움에 떨던 독일의 신교파 제후들은 스웨덴의 편으로 돌아서기 시작했다.

힘을 얻은 구스타프 2세는 동쪽으로 진격해 틸리 군을 라이프치히독일 작센 주 서쪽에 위치한 독일에서 10번째로 큰 도시로 몰아냈다. 그러자 라이프치히를 수도로 두고 있는 작센 선제후 요한 게오르그 1세는 구스타프와 동맹을 맺었다. 그 뒤 스웨덴 동맹군은 브라이텐펠트에서 황제 군과 격렬한 전투를 벌였다. 이 전투에서 구스타프는 틸리를 죽이고 승리하였다. 이것이 바로 30년 전쟁에서 신교파가 처음으로 승리한 '브라이텐펠트 전투1631년'이다.

한편 틸리의 전사 소식을 들은 페르디난트 2세는 해임시켰던 발렌슈타인을 다시 황제 군 총사령관으로 임명하고 전쟁터로 보냈다. 발렌슈타인의 등장으로 황제 군이 다시 힘을 얻자, 오랜 전투에 지친 구스타프는 발렌슈타인에게 전쟁을 중단하자고 요청했다. 그러나 발렌슈타인은 이를 거절하고 작센을 향해 진군했다. 그래서 구스타프도 작센의 신교도들을 구하기 위해 진군하게 되었다. 두 군대는 1632년에 라이프치히 남서쪽 뤼첸에서 크게 싸웠다. 뤼첸 전투에서 구스타프 2세가 탄환을 맞고 죽자, 스웨덴 군은 온 힘을 다해 황제 군을 무찔렀다. 전투에서 패한 발렌슈타인은 프라하로 돌아가 다시는 전쟁에 나오지 않았다. 그 결과 그는 다시 파면당했고, 얼마 뒤 프라하에서 황제 측 인물에게 암살당하고 말았다.

그 뒤 황제 군의 주력은 에스파냐 합스부르크 왕가의 필리페 4세의 군대로 대체되었다. 이 군대는 1634년 뇌르틀링겐 근처에서 스웨덴 사령관인 구스타프 카를손 호른과 베른하르트가 이끄는 스웨덴 군을 상대로 대승을 거두었다. 뇌르틀링겐 전투에서 패한 스웨덴은 1635년 프라하에서 페르디난트 2세의 요구대로 휴전 조약을 맺었다. 이때 페르디난트 2세는 다시 신성 로마 제국 내의 제후들과 도시들에 대한 지배를 강화하려 했다. 그 결과 또다시 가톨릭 측과 신교파 제후 모두의 반발을 샀다.

제4기 프랑스 · 스웨덴 전쟁(1635~1648년)

스웨덴의 구스타프 2세가 전사하고 뇌르틀링겐 전투에서 패배한 스웨덴이 고립되자, 뒤에서 스웨덴을 지원했던 프랑스가 본격적으로 전쟁에 개입하였다. 그동안 프랑스는 유럽에서 합스부르크 왕가의 힘이 커 가는 것에 불만을 가졌지만, 가톨릭 국가라는 이유로 전쟁에 나서지 않았었다. 그러나 1635년에 에스파냐가 프랑스의 보호를 받고 있던 트리어 대주교를 사로잡자, 프랑스 재상 리슐리외루이 13세 시대의 추기경이자 재상는 이것을 명분으로 내세워 신교파 국가들과 손잡고 30년 전쟁에 뛰어들었다.

1635년 프랑스는 에스파냐에 선전 포고를 하고, 독일로 나가 스웨덴과 연합하였다. 프랑스와 에스파냐는 처음에는 팽팽하게 맞섰다. 1643년 에스파냐 군은 네덜란드를 통해 프랑스 국경을 넘어와 라임 북동쪽 88㎞ 지점에 있던 로크루아프랑스 북동부 아르덴 주에 있는 옛 요새 도시를 포위했다. 그러자 앙갱 공작인 콩데가 프랑스 군을 이끌고 나가 에스파냐 군 2만 6천을 전멸시키고 대승을 거두었다. 이 전투에서 크게 패한 에스파냐 군은 더 이상 유럽의 군사적 강대국으로서의 지위를 지킬 수 없게 되었다.

그 무렵 스웨덴 군도 보헤미아를 침공하여 황제 군을 무찌르고 승리를 하였다. 이렇게 전세가 불리해지고 오랜 전쟁에 시달린 제후들이 전쟁을 끝내기를 원하자, 신성 로마 제국의 페르디난트 3세[1637년 아버지의 뒤를 이어 황제에 오름]는 1641년에 마침내 종전 협정을 제의했다.

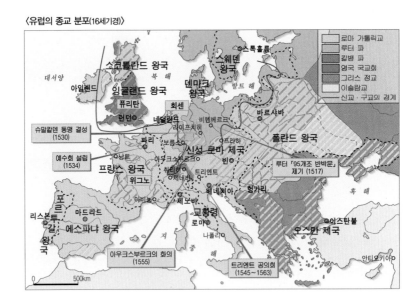

〈유럽의 종교 분포(16세기경)〉

베스트팔렌 조약과 전쟁의 결과

베스트팔렌에서 강화 회의*가 본격적으로 진행된 것은 1644년이었다. 그렇지만 최초의 국제적 회의라는 점에서 진행이나 결정 방법에 대한 이견이 대립하고, 각 나라마다 이해관계가 얽혀 있어 쉽게 마무리 짓지 못하고 있었다. 그 사이에도 전투는 계속되었는데, 전투의 상황은 그때그때마다 회의 주도권에 영향을 미쳤다.

1648년 봄, 30년 전쟁의 시발점이었던 프라하가 스웨덴에게 점령되었고, 프랑스 군은 황제 군과 에스파냐 군과 싸워 크게 이겼다. 이런 전세의 변화는 회의의 속도를 빠르게 진행시키는 데 결정적인 역할을 했다. 그 결과 전쟁에 참여했던 국가들은 1648년 '베스트팔렌 조약'을 맺고 30년 끌어온 긴 전쟁의 막을 내렸다.

베스트팔렌 조약의 주요 내용은 다음과 같다.

- 첫째, 신성 로마 제국 내에서 가톨릭, 루터 파와 더불어 칼뱅 파도 공식적으로 신앙의 자유를 인정받았고, 개인이 신앙을 자유롭게 선택할 수 있는 자유도 주어졌다.
- 둘째, 신성 로마 제국 내의 영방 국가의 제후들은 영토에 대한 완전한 주권과 외교권, 조약 체결권 등을 인정받았다. 그 결과 신성 로마 제국은 황제와 8선제후와 96제후, 61자유시의 연합체가 되었으며, 이는 1871년까지 오랫동안 통일 국가를 이루지 못하게 만든 결정적인 원인이 되었다.
- 셋째, 영토 면에서 프랑스는 승전의 대가로 알자스 지방과 라인 강 왼쪽 연안의 땅을 차지하게 되었고, 스웨덴은 발트 해 연안의

★ 강화 회의
전쟁의 종료와 평화의 회복을 선언하며, 배상금·영토·포로 문제 등의 조건을 내용으로 조약을 체결하기 위해 관련국들이 모여 여는 회의

30년 전쟁을 치른 결과, 가톨릭 제국이었던 신성 로마 제국은 사실상 무너졌다.

땅을 가졌으며, 브란덴부르크는 동 포메른을 차지하여 영토를
확장하였다.

- 넷째, 네덜란드와 스위스의 독립이 정식으로 승인되었다. 네덜
  란드는 에스파냐와 독립 전쟁(1568~1581년)을 치른 뒤 1581년에
  북부 7주로 구성된 네덜란드 연방 공화국을 선포하였다. 네덜란
  드는 1596년 영국과 프랑스의 도움으로 독립을 인정받았으나,
  정식으로 승인받은 것은 베스트팔렌 조약에 의해서였다.

베스트팔렌 조약으로 인해 유럽은 종교적 · 정치적 · 문화적으로 매
우 큰 변화가 생겼다. 특히 신성 로마 제국과 에스파냐는 엄청난 피해
를 보았다. 에스파냐의 합스부르크 왕가는 네덜란드 북부에 대한 주
권을 잃고, 독일 제후들에 대한 권한 행사가 제한되었으며, 알자스에
있던 합스부르크 영토를 잃었다. 또 네덜란드 독립 전쟁과 30년 전쟁
을 치르는 동안 재정적으로 엄청난 적자를 보았기에 결국 무너지고

말았다. 그 뒤 에스파냐는 세계적인 강국으로서의 지위를 상실하게
되었다.

신성 로마 제국은 30년 동안 각국의 침입으로 국토는 황폐해졌고,
1,600만이었던 인구는 600만으로 크게 줄었다. 13세기 이후 북유럽
의 중요한 경제적 · 정치적 세력이었던 한자동맹이 무너지고, 중산층
이 몰락하게 되었다. 결국 신성 로마 제국은 1806년 나폴레옹 1세의
군대에 의해 문을 닫을 때까지 존재는 남아 있었지만, 실체는 없는 국
가가 되었다. 그래서 베스트팔렌 조약을 가리켜 '독일 제국의 사망 신
고서' 라고 부르기도 한다.

철과 석탄의 땅, 슐레지엔을 차지하기 위한 분쟁

오스트리아 왕위 계승 전쟁과 7년 전쟁

유럽 최강의 군사 대국이 된 프로이센 왕국

30년 전쟁이 끝나고, 신성 로마 제국은 베스트 팔렌 조약에 따라 300여 개의 영방 국가13세기 봉건 제후들이 세운 지방 국가와 자치 도시의 연합체로 분열되었다. 오스트리아 왕국합스부르크 왕가, 신성 로마 제국 황제, 브란덴부르크 대공국독일 북동부, 바이에른 왕국독일 남동부, 쾰른 대주교령, 작센 공국독일 중동부 등은 비록 통일된 왕국은 아니었지만, 독립된 주권을 가진 국가로 나름 세력을 떨치고 있었다. 그 가운데 오스트리아에 이어 두 번째로 강력한 국가로 떠오른 프로이센브란덴부르크 대공국으로 인해 유럽은 다시 한 번 전쟁의 소용돌이에 휘말리게 되었다.

발트 해덴마크 남부에서 북쪽으로 북극권까지 뻗어 있는 바다 남동부 해안에 위치한 프로이센은 원래 프로이센 토착민들이 살던 지역으로, 중세부터 폴란드 인과 독일 인의 지배를 받았던 곳이다. 1266년 폴란드 영주 마조비아의 요청으로 독일 기사단십자군 전쟁 시대의 3대 기사단 중 하나. 튜턴 기사단이라고 불림이 들어와 지배하였지만, 그들이 폴란드와의 전쟁에서 패한 후 독일 기사단의 세력이 쇠퇴하였다.

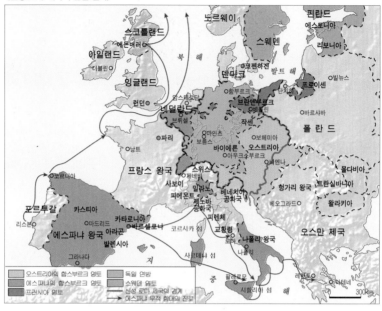

〈신성 로마 제국의 분열 결과〉

그러나 1525년 호엔촐레른 가문 출신의 기사단장 알브레히트가 자신의 세력을 기사단에서 분리하여 신교로 개종하고, 폴란드 왕으로부터 그 지역을 하사 받아 프로이센 공국을 열었다. 1618년 브란덴부르크 선제후이면서 프로이센 공국의 사위였던 요한 지기스문트가 공국을 상속 받았다. 이 일로 브란덴부르크와 프로이센 공국은 연합국이 되어 힘을 키워 나갔다. 그리고 1660년 프리드리히 빌헬름^{요한 지기스문트의 손자}이 스웨덴과 폴란드의 전쟁을 틈 타 폴란드의 지배로부터 프로이센 공국을 해방시켰다.

1701년 브란덴부르크 선제후 프리드리히 3세^{프리드리히 빌헬름의 아들}가 쾨니히스베르크^{오늘날 러시아 연방 서부 모스크바 주에 있는 도시인 칼리닌그라드}를 수도로 삼고, 프리드리히 1세^{1701~1713년까지 재위}로 즉위하면서 프로이센 왕국

〈프로이센의 획득지〉

프로이센 왕국 성립(1701)

북 해

(1744)

네덜란드

뤼베크 ○전포메라니아

○함부르크

○하노버

후포메라니아

틸지트

동프로이센
(1772)

단치히

서프로이센
(1772)

마그데부르크

○브뤼셀

○퀼른

○본

○아헨

로렌

신성 로마 제국

로렌 룩셈부르크

프랑스

○마인츠

하이델베르크

○베를린

○라이프치히

바이로이트
(1791~1807)

○뉘른베르크
(1791~1806)

○레겐스부르크

○포즈난

작센

○프라하

보헤미아

신동프로이센

바르샤바

남프로이센
(1793)

후베르투스부르크
(1742)

슐레지엔

폴란드

1740년 까지의 획득지

신성 로마 제국

1791~1796년 까지의 획득지

1740~1786년 까지의 획득지(프리드리히 2세)

발전 방향

(숫자) 획득 연도

을 세웠다. 이때만 해도 프로이센 공국의 땅을 제외한 호엔촐레른 가
문의 영토는 신성 로마 제국의 영역 안에 있었다. 그러다가 프리드리
히 1세가 에스파냐 왕위 계승 전쟁★을 위해 군사를 모으던 신성 로마

★ 에스파냐 왕위 계승 전쟁

합스부르크 가문 출신의 왕 카를로스 2세가 후사 없이 죽은 뒤, 에스파냐 왕위 계승을
둘러싸고 일어난 전쟁(1701~1714년). 1700년 에스파냐의 왕 카를로스 2세는 자신의
직위와 재산을 누이인 프랑스 왕비 마리아 테레사와 루이 14세 사이에서 태어난 루이
15세의 조부에게 상속한다는 유언을 남기고 죽었다.

그러나 프랑스 왕위 계승자가 에스파냐 왕이 된다면 장차 두 나라가 하나의 국가가
될 것이기 때문에 주변의 반대가 심했다. 이에 루이 14세는 둘째 손자인 앙주 공작 필
립을 에스파냐 국왕 필리페 5세로 보냈다. 앙주 공이 에스파냐 왕으로 즉위하자, 오스
트리아는 프랑스의 힘이 커지는 것을 두려워하였다. 그래서 오스트리아 합스부르크
가의 레오폴트 1세가 1701년에 영국, 네덜란드와 함께 반(反) 프랑스 동맹을 맺고, 펠
리페 5세의 즉위를 반대하며 전쟁을 선포했다. 나중에는 프로이센, 하노버, 독일의 공
국들을 비롯하여 포르투갈까지 이 동맹에 가담했다. 1713년 전쟁에 참여했던 각국이
위트레흐트 조약을 체결하면서 10년 넘게 끌어온 전쟁을 마감하였다.

프로이센 왕국을 군사 강국으로 성장시킨
프리드리히 빌헬름 1세

제국의 레오폴트 1세[1658~1705년까지 재위]에게 병력을 지원하는 조건으로
신성 로마 제국 영역 밖인 프로이센의 왕으로 인정받게 되었다. 그 뒤
브란덴부르크와 프로이센 전체가 프로이센 왕국으로 불리게 되었다.

프리드리히 1세의 뒤를 이은 프리드리히 빌헬름 1세[1714~1740년 재위]
는 제도를 정비하고 군사력을 강화하여, 절대 왕정[군주가 어떠한 법률이나 기
관에도 구속받지 않는 절대적 권한을 가지는 정치 체제]을 수립하였다. 그리고 프로이
센 왕국을 유럽 최강의 군사 강국으로 성장시켰다.

오스트리아 왕위 계승 전쟁(1740~1748년)

1740년에 프로이센의 왕이 된 프리드리히 2세[1740~1786년 재위]는 부왕
인 프리드리히 빌헬름 1세로부터 물려받은 튼튼한 국가 재정과 유럽
최고의 군사력을 바탕으로 영토를 확장하기 시작했다.

특히 프리드리히 2세는 호엔촐레른 가문이 브란덴부르크 선제후로
있던 1357년부터 소유권을 주장해 왔던 슐레지엔[폴란드 남서부에 위치한 역

오스트리아 왕위 계승 전쟁의 불씨가 된 마리아 테레지아.
오른쪽은 그녀의 남편 프란츠 스테판

사적인 지방. 실레지아라고도 부름을 손에 넣으려고 했다. 그래서 오스트리아의 왕위 계승에 대해 문제 삼아 오스트리아로 쳐들어갔다. 그 당시 슐레지엔은 오스트리아 합스부르크가의 통치를 받고 있던 지역으로, 광업과 섬유업이 발전하여 최고로 번창한 지방이었다. 그렇기에 프리드리히 2세가 더욱 욕심을 부린 것이었다.

전쟁의 직접적인 계기가 된 것은 1740년 오스트리아 왕이자 신성 로마 제국 황제였던 카를 6세^{1711~1740년까지 재위}의 죽음이었다. 카를 6세는 하나밖에 없던 아들이 일찍 죽어 합스부르크 가문의 혈통이 끊기게 되자, 국사 조칙★을 정해 장녀인 마리아 테레지아를 상속자로 삼았다.

★ 국사 조칙

신성 로마 제국 황제 카를 6세가 자신의 왕국과 합스부르크 영토를 분할하지 않고, 고스란히 물려주려는 의도로 공포한 법령이다. 이 법령은 1713년에 결정하여 1720년에 발표했다. 그 뒤 합스부르크 가문의 개별 영지로부터 동의를 얻어 냄으로써 합스부르크 왕조의 헌법이 되었다. 영국, 프랑스, 에스파냐, 네덜란드 등 주변 국가들도 대부분 국사 조칙을 승인하였다.

오스트리아의 새로운 왕으로 마리아 테레지아 여제女帝가 즉위하자, 프로이센의 프리드리히 2세는 게르만의 법전인 살리카 법★을 내세워 여자가 왕위에 오르는 것을 인정할 수 없다고 문제 삼았다. 또 바이에른 선제후인 카를 알브레히트1742년 신성 로마 제국 황제 카를 7세가 됨도 여자는 상속권이 없다며, 자신이 진정한 합스부르크의 상속인이라 주장하면서 신성 로마 제국의 황제권을 요구했다.

이때 프리드리히 2세는 오스트리아가 도저히 받아들일 수 없는 제안을 내놓아 전쟁의 구실을 삼았다. 그건 바로 신성 로마 제국 황제 선거1356년에 금인칙서가 발표된 이후 투표권을 가진 일부 선제후들이 황제를 선출해 옴 때

〈오스트리아 영토의 변화〉

★ 살리카 법전 ⋯⋯
게르만 족의 법전 가운데 가장 중요한 법전. 서유럽에 메로빙거 왕조를 세운 클로비스의 재위 시절(481~510년)에 발간되었다.
살리카 법전의 민법 규정 가운데 딸은 토지를 상속 받을 수 없다고 규정한 장이 있다. 그래서 16세기 이후 여자는 왕위를 계승할 수 없다는 것을 뒷받침하는 근거로 이 규정이 인용되기도 했다.

카를 알브레히트 선제후 대신, 토스카나 대공 프란츠 스테판^{마리아 테레}
^{지아 여제의 남편}을 지원해 줄 테니 슐레지엔을 프로이센에 양도하라는 것
이었다.

오스트리아가 이 제안을 거부하자, 기회를 노리던 프리드리히 2세
는 1740년 12월에 4만의 군사를 이끌고 슐레지엔을 공격해 7주 만에
점령해 버렸다. 프로이센의 승전 소식을 들은 대부분의 국가들은 마
리아 테레지아에게 국사 조칙 승인 취소를 통보했다. 다음 해 4월 프
로이센 군대가 몰비츠에서 오스트리아 군을 격파하자, 프랑스와 에스
파냐, 바이에른 선제후, 작센 선제후도 프로이센과 동맹을 맺고 오스
트리아 왕위 계승 전쟁에 참가했다.

그 당시 마리아 테레지아를 지원한 세력은 영국뿐이었다. 영국은
식민지 패권 장악에 걸림돌인 프랑스의 세력 확장을 막기 위해 오스
트리아를 지원한 것이다. 그런 이유로 오스트리아 왕위 계승 전쟁은
영국과 프랑스의 제2차 백 년 전쟁★이라 불리기도 했다.

★ 영국과 프랑스의 제2차 백 년 전쟁
1688부터 1815년까지 영국과 프랑스가 식민지와 해상권 쟁탈을 놓고 벌인 여러 전쟁
을 말한다. 크게 팔츠 계승 전쟁(신대륙 식민지에서는 윌리엄 왕 전쟁이 일어남), 에스파
냐 계승 전쟁(신대륙에서는 앤 여왕 전쟁이 일어남), 오스트리아 계승 전쟁(신대륙에서는
조지 왕 전쟁이 일어남), 7년 전쟁(신대륙에서는 프렌치-인디언 전쟁이 일어남), 미국 독립
전쟁, 프랑스 대혁명, 나폴레옹 전쟁이 이에 속한다.
7년 전쟁 이전까지는 대개 식민지 전쟁이라고도 부르는데, 이때는 신대륙과 인도에서
식민지 쟁탈을 둘러싸고 전쟁이 되풀이되었다. 어느 한쪽이 완전하게 승리하지 못한
상태였다. 그러나 7년 전쟁 때의 프렌치-인디언 전쟁과, 인도의 플라시 전쟁에 의해
서 영국의 승리가 거의 결정지어져, 식민 제국의 기초와 해상권이 확립되었다. 그 뒤
프랑스가 가끔 승리를 거두었지만, 영국을 무너뜨릴 수 없었다.

프리드리히 2세가 슐레지엔을 손에 넣자 오스트리아는 프로이센 군을 몰아내기 위해 여러 차례 반격을 가했다. 그러나 성공하지 못해 결국 1741년에 클라인 슈네렌도르프 휴전 협정을 맺게 되었다. 이때부터 슐레지엔은 사실상 프로이센의 차지가 되었다.

그 뒤로도 반년 이상 두 나라 사이의 전투는 계속되었지만, 오스트리아는 승리를 거두지 못했다. 1742년 6월에 마리아 테레지아는 프리드리히 2세와 브레슬라우^{브로츠와프의 독일어 이름. 폴란드 남서부의 주}에서 휴전 회의를 하고, 7월에 베를린 조약을 맺으면서 극히 일부 지역을 제외한 대부분의 슐레지엔 점령을 허용하고 말았다. 1740년부터 여기까지를 '제1차 슐레지엔 전쟁'이라고 한다.

오스트리아는 단지 슐레지엔만을 요구하는 프리드리히 2세에게 그 소유권을 인정함으로써, 잠시 프로이센과의 전쟁을 접을 수 있었다. 그로 인해 여유가 생기자 오스트리아는 다시 병력을 모아, 왕위 계승권을 두고 전쟁 중이던 프랑스·바이에른 연합군과의 전쟁에 집중할 수 있었다.

그 뒤 오스트리아는 프랑스와 바이에른 군대를 보헤미아에서 몰아내고, 바이에른을 침공해 위협을 가했다. 1743년에는 오스트리아 동맹군으로 나선 영국과 하노버·헤센 군대가 바이에른의 데팅겐에서 벌어진 전투에서 프랑스 군을 무찔렀다. 게다가 사보이 왕국^{이탈리아 사르데냐 왕국}까지 오스트리아 편에 합류하자, 프랑스 군은 1743년 9월에 물러나고 말았다.

1745년 1월 신성 로마 제국 황제 카를 7세가 사망하자, 그의 아들 막시밀리언 3세 요제프는 오스트리아가 점령한 바이에른 영토를 되찾기 위해 왕위 계승권을 포기했다. 그리고 테레지아 여제의 남편 프란츠 슈테판이 신성 로마 제국의 황제로 선출되는 데 지원하기로 했다.

이렇게 오스트리아가 세력을 키워 나가자, 위협을 느낀 프로이센은 군대를 내보내 다시 전쟁을 시작하였다. 처음엔 오스트리아의 육군 원수 오토 페르디난트 트라운에게 크게 패하여 슐레지엔에서 철수하였지만, 곧 다시 슐레지엔을 차지하였다.

프리드리히 2세는 1745년 12월에 드레스덴 조약을 맺어 프란츠 1세_{마리아 테레지아 여제의 남편}의 신성 로마 제국 황제 승인을 조건으로 슐레지엔의 소유권을 완전히 넘겨받았다. 이때부터 프리드리히 2세는 프리드리히 대왕으로 불리게 되었다. 1244년부터 1745년까지 일어난 이 전쟁을 '제2차 슐레지엔 전쟁'이라고 한다.

그러나 오스트리아 왕위 계승 전쟁에 참여했던 영국과 프랑스 등의 전쟁은 1748년까지 계속되었다. 별다른 성과도 없이 소모전만 치르게 되자, 1748년 10월에 엑스라샤펠 조약_{아헨 조약}을 맺고 전쟁을 마무리하였다. 이 조약으로 마리아 테레지아는 오스트리아의 영토 대부분에 대한 상속권을, 프리드리히 2세는 슐레지엔 소유권을 인정받았다. 그렇지만 프랑스와 영국의 식민지를 둘러싼 갈등은 하나도 해결된 것이 없었다.

유럽의 열강들이 모두 참여한 동맹 전쟁, 7년 전쟁(1756~1763년)

원래 자신이 상속 받은 권한을 인정받기 위해 전쟁을 치르고, 슐레지엔까지 빼앗긴 마리아 테레지아 여제는 슐레지엔을 되찾으려고 했다. 군대를 개혁하여 군사력을 강화하고, 국무 장관 카우니츠의 구상을 받아들여 프랑스 · 러시아 · 스웨덴 · 작센 등과 동맹을 맺어 유럽에서 프로이센을 고립시켰다. 역사에서는 이를 동맹의 역전^{Diplomatic} Revolution이라고 부른다. 이때 프랑스의 루이 15세는 오스트리아 왕위 계승 전쟁에 참여해, 별 소득도 없이 국력만 소모했다. 그래서 프로이센을 치기 위해 30년 전쟁으로 앙숙이 되었던 오스트리아와 손까지 잡은 것이다.

그러자 프로이센도 영국의 조지 2세^{하노버 선제후를 겸함}와 조약을 맺고, 1756년 작센으로 먼저 쳐들어가 수도 드레스덴을 점령해 버렸다. 또 1757년 로스바흐^{작센 지방 라이프치히 근교} 전투에서는 병력이 우세한 오스트리아 · 프랑스 연합군과 맞서 싸워 크게 승리하였다. 그러나 프로이센은 1759년 쿠네르스도르프에서 벌어진 오스트리아 · 러시아 연합군과의 전투에서 너무 많은 손실을 입었다. 여기에 지지 세력이었던 영국의 피트 총리가 물러나, 영국의 지원마저 끊기게 되자 절박한 상황에 처하게 되었다.

이런 어려운 상황에서 프리드리히 대왕을 구한 것은 엉뚱하게도 러시아였다. 1762년에 오스트리아를 적극 지지하던 러시아의 엘리자베타 여제가 갑작스럽게 죽고, 표트르 3세가 새로운 왕으로 즉위한 것이다. 평소 프리드리히를 존경하던 표트르 3세는 왕위에 오른 뒤, 프로이센과의 전쟁을 중단했다. 그뿐 아니라 병력까지 지원해 오스트리아 군대를 슐레지엔에서 몰아내는 데 협력하였다.

그 결과 프리드리히 대왕의 연합 군대가 다시 전세를 역전시키자, 오스트리아는 러시아의 지원 없이 전쟁을 계속하기는 무리라고 판단했다. 마침내 오스트리아는 1763년 2월 15일에 후베르투스부르크 조약을 맺고 전쟁을 마감하였다.

유럽의 강대국으로서의 지위를 확보한 프로이센

오스트리아 왕위 계승 전쟁과 7년 전쟁은 슐레지엔을 노린 프리드리히 2세와 상속 받은 권한을 지키기 위한 마리아 테레지아 여제와의 싸움에, 왕위 계승에 관련된 독일 영방 국가들과 해외 식민지를 두고 싸우던 영국·프랑스가 서로 동맹을 맺고 참여한 전쟁이었다.

후베르투스부르크 조약을 통해 프로이센은 슐레지엔의 완전한 주인이 되어 독일의 근대화의 주도권을 잡았을 뿐 아니라, 유럽의 새로운 강대국으로서의 지위까지 확보하게 되었다.

두 전쟁에 참여하였지만, 커다란 성과도 없이 엄청난 재정만 낭비한 영국과 프랑스는 더 이상 두 나라의 전쟁에 관여하지 않았다. 그리고 프로이센과 오스트리아가 화의를 하기 5일 전인 1763년 2월 10일에 파리 조약을 맺었다. 이 조약으로 프랑스는 북아메리카에서의 모든 군사적·정치적 권리를 잃고, 해외 식민지 패권 다툼에서 물러나게 되었다. 그 덕분에 영국은 캐나다와 인도를 비롯한 식민지와 해상권을 장악해 대제국으로 우뚝 서게 되었다.

미국 독립 전쟁

북아메리카 대륙의 주인이 된 대영 제국

15세기경 오스만 튀르크 제국1299년 오스만 1세가 셀
주크 제국을 무너뜨리고 소아시아에 세운 이슬람 왕국은 세력이
매우 강해져 비잔티움 제국동로마 제국을 멸망시키고,
동방 무역로를 차단했다. 동방의 향신료나 금·은
등에 대해 직접적으로 교역하지 못하게 된 유럽의
여러 국가는 새로운 무역로를 찾아야 하는 시급한
문제에 부딪히게 되었다. 이미 중앙 집권 국가로
발전한 대서양 연안의 국가들은 국가 운영에 필요
한 재정을 충당하기 위해 새로운 항로를 개척하는
데 앞장섰다. 그 무렵 나침반과 항해도 등 항해술
이 발달하여 먼 바다로의 항해가 가능해지자, 각
나라들은 신항로 개척에 더욱 힘쓰게 되었다.

새로운 항로 개척에 가장 먼저 나섰던 나라는
지중해 동쪽 이베리아 반도에 위치한 포르투갈과
에스파냐였다. 이 두 나라 덕분에 인도로 가는 항
로와 아메리카라는 신대륙이 발견되었을 뿐 아니
라 지구가 둥글다는 것도 증명되었다.

그 뒤 16~18세기에 이르는 동안 포르투갈·에
스파냐에 이어 네덜란드·영국·프랑스 등도 신

대륙에 식민지를 건설하기 위해 쟁탈전을 벌였다. 특히 18세기에는 유럽에서 에스파냐 왕위 계승 전쟁, 오스트리아 왕위 계승 전쟁, 7년 전쟁 등 여러 전쟁을 통해 세력을 다퉜던 영국과 프랑스는 인도와 북아메리카에서도 식민지를 차지하기 위한 전쟁에 열을 올렸다.

영국은 1607년 버지니아^{대서양 중부 연안에 있는 미국의 주}에 본격적으로 식민지를 건설했다. 그 당시 영국에서는 강력한 전제 정치^{왕이 권력을 장악하}여 의회나 법률에 제약을 받지 않고 통치하는 정치를 펼치던 제임스 1세가 영국 국교회를 강요하면서 다른 교파에 소속된 사람들을 압박하였다. 그래서 청교도★들은 신앙의 자유를 찾아 아메리카 대륙으로 떠났다. 또 인클로저 운동^{미개간지·공유지 등 공동 이용이 가능한 토지에 담이나 울타리 등의 경계선을 쳐서} 남의 이용을 막고 사유지로 하는 일으로 새로운 농업 자본가인 젠트리들이 성장하자, 그들에게 삶의 터전을 빼앗긴 요먼^{자영 농민. 젠트리와 노동자의 중간 계층}들도 새로운 대륙으로 떠났다. 이때 약 75만 명에 달하는 영국인이 고국을 버리고, 북아메리카 대륙으로 옮겨가 제임스타운^{버지니아에 영국 국}왕 제임스 1세의 이름을 따서 만든 최초의 식민지에서 새로운 생활을 시작하였다.

★ 청교도

영국의 칼뱅 파 신교도들을 부르는 말이다.

스튜어트 왕조의 제임스 1세와 찰스 1세는 왕권신수설(군주의 절대 권력을 옹호하는 학설)을 주장하며 전제 정치를 강화했다.

이때 영국 국교도가 아닌 사람들을 탄압하며 압박을 가해 오자, 자신들의 신앙을 지키려던 102명의 청교도들(필그림 파더스라고 부름)이 1620년 메이플라워 호를 타고 신대륙으로 이주했다. 이들이 북아메리카 동부 해안에 상륙하여 매사추세츠를 개척하자, 이 일을 계기로 많은 영국인들이 신대륙으로 향했다.

영국에 남은 젠트리 출신 청교도들은 신앙의 자유를 얻기 위해 1642년에 청교도 혁명을 일으켰다.

한편 프랑스도 1608년 샹플랭^{프랑스 탐험가}이 앞장서 퀘벡에 요새를 세우면서 식민지 개척에 나섰다. 그리고 1622년 콜베르^{중상주의 정책을 편}친 루이 14세 시대의 정치가가 재무 장관에 임명되면서 개발에 더욱 힘썼다. 루이 14세 때는 라살^{프랑스 탐험가}이 미시시피 강 유역에 뉴올리언스를 세우고, 그 지방 이름을 '루이지애나^{루이 14세의 이름을 따서 지음}'라고 지어 국왕에게 바쳤다.

서로 적대 관계에 있던 영국과 프랑스는 유럽 대륙은 물론이고, 북아메리카에서도 윌리엄 왕 전쟁^{1689~1697년}, 앤 여왕 전쟁^{1702~1714년}, 조지 왕 전쟁1744~1748년, 프렌치-인디언 전쟁1755~ 1763년 등 제2차 백 년 전쟁이라 일컫는 식민지 쟁탈전을 벌였다.

특히 매우 치열했던 프렌치-인디언 전쟁*에서 영국은 유럽에서 프랑스와 맞서는 전쟁을 프로이센에게 맡기고 식민지 전쟁에 총력을 기울였다. 그 결과 프랑스는 원래 차지하고 있던 퀘벡·몬트리올 등 지금의 캐나다 전 지역에서 영국군에게 패했다. 이에 1763년 체결된 파리 조약에 따라, 프랑스는 북아메리카에서의 모든 지배권을 포기하게 되었다.

영국의 식민지 정책의 변화가 가져온 독립의 불씨

북아메리카의 식민지에서 지배권을 장악한 영국은 18세기까지 북아메리카 동해안에 모두 13개의 식민지를 건설하였다. 식민지에 대해 거의 간섭하지 않았던 영국의 '건전한 방임 정책' 덕분에 13개 주는 저마다 자유를 누리면서 독자적으로 발전하였다.

그 당시 유럽에서는 7년 전쟁이 끝난 상태였다. 이 전쟁에 참여하여 큰 성과를 거두지 못하고 엄청난 돈만 소비하게 된 영국은 전쟁에

★ 프렌치-인디언 전쟁

영국이 오하이오 강 유역에 진출하기 시작하고, 이미 서부 일대에서 인디언과 모피 거래를 하고 있던 프랑스와 대립하면서 생긴 분쟁.

결국 이 사건은 북아메리카의 지배권을 결정지은 전쟁이 되었다. 프렌치-인디언 전쟁에서 영국은 식민지 보호를 위해 해군을, 캐나다 정복을 위해 정규군을 보냈다. 이에 맞서 프랑스는 인디언과 연합하여 전쟁을 준비했다. 드디어 영국과 프랑스 양국은 본격적인 전쟁 상태로 들어갔다. 결국 영국이 1759년에 퀘벡을, 1760년에 몬트리올을 차지하면서 1763년 전쟁을 끝냈다.

들어간 비용을 메워야 하는 상황에 처했다. 그래서 그동안 자유롭게 발전하도록 두었던 식민지에 눈독을 들였다. 여러 가지 법령을 만들어 식민지를 통제하고 세금을 늘리는 등 탄압하기 시작한 것이다. 영국 의회는 식민지의 세금 수입을 늘리기 위해 1764년에 설탕세법^{타국}식민지에서 수입하는 설탕에 대한 과세, 1765년에 인지세법^{식민지의 상업 및 법률 서류,}신문, 팸플릿, 카드, 달력, 주사위 등 모든 수입 인쇄물에 인지를 붙여 직접세를 부과하려는 법, 1767년에는 타운센트법^{차 · 유리 · 납 등에 과세} 등을 발표하였다.

그러나 식민지 주민들이 "대표 없는 곳에 과세 없다."면서 식민지 대표가 참여하지 않은 의회의 결정에 따르지 않고, 영국 제품 불매 운동과 함께 거세게 반발하였다. 결국 영국 의회는 1770년 차에 대한 관세만 남기고 모든 관세를 폐지하였다.

하지만 영국의 동인도 회사^{17세기에 유럽 각국이 인도, 동남아시아와 무역하기 위}하여 동인도에 세운 무역 독점 회사가 자금난에 허덕이게 되자, 영국 수상 노스는 1773년에 북아메리카에서 동인도 회사만 차를 판매할 수 있도록 법을 만들었다. 이 법이 발표되자, 식민지 주민들은 보스턴 항으로 들어오는 동인도 회사의 배를 습격하여 차 상자를 모두 바다에 던져 버렸다^{보스턴 차 사건}.

보스턴 차 사건이 일어나자, 영국 의회는 보스턴 항구법^{보스턴 항 폐}쇄 · 식민지 건설 특허장 폐기 · 재판 운영법 · 숙영법^{영국 군대를 식민지인들}의 가택에 민박과 같은 4가지의 '참을 수 없는 법'^{강제법 또는 불관용법이라고도 함}을 만들어 식민지를 강력하게 탄압하기 시작했다. 이런 조치는 결국 무력 충돌로 이어졌고, 그 결과 13개 주의 식민지 주민들은 영국으로부터 독립하기 위해 무기를 들었다.

대륙 회의를 열어 독립을 선언하다

1774년 영국 의회가 '참을 수 없는 법'을 통과시키자, 조지아 주를 제외한 식민지 대표 56명은 필라델피아에 모여 제1차 대륙 회의를 열었다. 이 회의에서 그들은 본국 의회의 식민지에 대한 입법권^{법을 제정하}는 권한을 부정하고, 본국과의 통상을 단절하는 등의 내용을 결의했다. 그리고 본국에 탄원서를 보내고, 영국 제품 불매 운동을 벌이는 한편, 전쟁에 대비한 군사 훈련에 들어갔다.

1775년 4월 영국 본국 군대와 식민지 민병대가 처음 충돌한 것은 보스턴 근교에서 벌어진 렉싱턴 전투^{미국 독립 전쟁의 시발점}였다. 1775년 봄, 식민지인들을 진압하라는 본국의 명령을 받은 토머스 게이지 장군^{당시 매사추세츠 총독}은 애국파^{미 독립 전쟁 때 식민지 정책에 반항했던} 민병대들이 준비해 놓은 무기와 탄약을 파괴하고, 애국파 지도자들을 체포하기 위해 군대를 콩코드^{미국 매사추세츠 주 동부 미들섹스 군의 읍}로 냈다. 영국군은 콩코드로 진격하는 도중에 렉싱턴그린에서 70여 명의 현지 민병대와 부딪쳤지만 쉽게 무너뜨리고 진군했다. 그러나 영국군은 콩코드 전투에 패하고, 보스턴으로 돌아가는 도중 게릴라전을 펼치는 식민지군에게 당해 큰 피해를 입었다.

식민지군은 뉴잉글랜드 사람들과 힘을 합쳐, 영국군이 주둔해 있는 보스턴을 포위 공격하여 영국군을 몰아냈다. 뿐만 아니라 식민지군은 영국군이 보스턴 북쪽 해안에 위치한 높은 언덕인 벙커힐과 브리즈힐을 점령하려 한다는 정보를 입수하였다. 그래서 그곳에 요새를 만들어 영국군과 맞서 싸웠다. 이 전투에서 식민지 민병대는 영국군에게 요새를 점령당한 채 패했다. 하지만 영국군 전력에 큰 손실을 입힘으로써 자신감을 얻은 식민지군은 다시 영국군을 공격하였다. 결국 윌리엄 하우 장군게이지 장군의 후임이 이끄는 영국군은 1776년 3월에 보스턴에서 철수할 수밖에 없었다.

그 사이 1775년 6월 15일부터 열린 제2차 대륙 회의에서 각 주 대표들은 조지 워싱턴 장군1차 대륙 회의 때 버지니아 대표로 참석한 인물. 미국의 초대 대통령을 독립군 총사령관으로 임명하고, 민병대를 곧 정식 군대로 편성해 본격적인 독립 전쟁 준비에 나섰다. 그들은 몇 달 뒤 영국과의 완전한 분리를 결의하였고, 이듬해 7월 4일에 토머스 제퍼슨이 쓴 〈독립 선언서〉로크의 계몽사상을 바탕으로, 기본적 인권과 혁명권 등 민주주의의 기본 원리 천명하고 영국의 폭정을 열거하고 있음를 승인하고 독립을 선포하였다. 이 독립 선언은 곧 정식 선전 포고가 되었고, 이제 독립 전쟁은 내란이 아닌 두 나라의 전쟁이 된 것이다.

〈독립 선언서〉를 검토하고 있는 벤자민 프랭클린, 토머스 제퍼슨, 존 애덤스

독립 전쟁의 전환점이 된 새러토가 전투

대륙 회의가 진행되고 있는 그 시간에도 영국군과 독립군은 여러 곳에서 전투를 벌이고 있었다. 리처드 몽고메리 장군이 지휘하는 독립군은 캐나다를 공격하여 몬트리올을 장악하고, 퀘벡에 진격하여 포위 공격을 하였다. 하지만 1776년 봄, 영국에서 지원 병력이 도착하자 포위를 풀고 물러났다.

식민지인들이 독립을 선포하자, 영국은 리처드 하우 제독을 파견해 식민지 대표와 협상하려 하였다. 그러나 독립에 대한 의지로 강하게 저항하던 독립군은 영국의 평화 제의를 거부한 채 계속 맞서 싸웠다. 영국 정규군에 비해 조직적인 훈련이나 장비 면에서 뒤처져 있던 독립군 부대는 계속되는 패배로 불리한 상황이 되었다. 하지만 독립군은 거기서 물러서지 않고 영국군을 공격하였다.

1776년 겨울 크리스마스 전날 밤, 독립군 총사령관 워싱턴은 군대를 이끌고 트렌턴^{미국 뉴저지 주의 도시}에 주둔 중이던 영국군 수비대를 공격하여, 천여 명에 이르는 포로를 사로잡았다. 그리고 바로 프린스턴^{미국 뉴저지 주의 도시}으로 이동해 영국군 3개 군단과 맞서 싸워 무찔렀다.

조지 워싱턴

이 전투가 독립군이 최초로 승리를 거둔 트렌턴 · 프린스턴 전투이다.

한편 캐나다에 주둔해 있던 존 버고인 장군이 지휘하던 영국군은 1777년에 남쪽으로 이동해 7월에 타이콘더로가 요새^{뉴욕 주 북동부에 위치}를 함락시키고, 에드워드 요새^{뉴욕 주 동부 허드슨 강 상류}까지 장악했다. 그 뒤 존 버고인 장군은 일부 병력만 남겨 두고, 30일분의 식량과 군사들을 이끌고 허드슨 강을 건너 뉴욕의 사라토가 부근에 진을 쳤다. 근처 약 6.5km 거리에서는 호레이쇼 게이츠 장군이 이끄는 독립군이 계속 병력을 모으고 있었기 때문에 양국 군대는 대치 상태가 되었다.

9월 19일 영국군은 남쪽으로 이동해 프리맨스팜으로 진격해 먼저 공격했다. 그렇지만 호레이쇼 게이츠 장군의 방어선을 뚫는 데는 실패한 채1차 새러토가 전투(프리맨스팜 전투), 올버니미국 뉴욕 주의 주도로 진격했다. 10월 7일 존 버고인 장군은 1,500명을 이끌고 정찰에 나섰다가 베미스 고원에서 독립군의 베네딕트 아널드 장군 군대의 반격을 받았다2차 새러토가 전투(베미스 고지 전투).

그 당시 존 버고인의 부대는 병력도 줄고 보급품도 떨어져 가는 상황이었기 때문에 할 수 없이 후퇴하려고 했다. 그러나 호레이셔 게이츠의 군대에 포위되어 더 이상 버틸 수가 없게 되었다. 결국 존 버고인이 이끄는 영국군은 1777년 10월 17일 새러토가 협정을 맺고 항복하였다. 새러토가 전투 결과, 독립군의 사기가 크게 오르면서 전쟁은 획기적인 전환점을 맞게 되었다.

또다시 국제전으로 변한 전쟁

이 무렵 7년 전쟁 이후 유럽 최강국이 된 영국에 위협을 느끼고 있던 프랑스, 에스파냐, 네덜란드가 독립군을 돕겠다고 나섰다. 독립군은 자금이나 장비·군사력특히 해군력 등 여러 면에서 모두 영국에 비해 뒤떨어졌기 때문에 유럽 국가들의 지원을 반갑게 받아들였다.

가장 큰 힘이 된 것은 프랑스였다. 이미 프랑스는 1776년부터 몰래 독립군에 군수품과 엄청난 양의 화약을 공급해 주고 있었다. 그 뒤 새러토가 전투에서 독립군이 승리하는 것을 보고, 프랑스는 1778년 함대와 육군을 보내 공식적으로 참전하여 영국에 선전 포고를 하였다.

러시아 · 프로이센 · 덴마크 등은 직접적으로 전쟁에 참여하지는 않았다. 그렇지만 영국이 식민지의 해상 봉쇄를 강화하자, 무장 중립 동맹을 맺고 자국의 사나포선사략선. 교전 중인 적선을 공격할 수 있는 권한을 정부로부터 인정받은 민간 소유 무장 선박을 이용하여 독립군에 군수 물자를 운송해 주었다. 이로써 식민지에서 다시 유럽 열강들의 국제전이 시작되었다.

요크타운 전투와 아메리카 합중국 탄생

유럽의 원조를 받은 독립군은 프랑스 군과 손잡고 1781년 전쟁을 마감하는 결정적인 전투를 벌였다.

영국군 사령관 콘 월리스는 남부 지역 전투에서 계속 패해 전력에 손실이 커지자, 버지니아로 이동해 요크타운에 요새를 만들었다. 그러자 프랑스의 라파예트 장군은 육로를 차단해 영국의 증원군이 요새로 들어가는 것을 막았다. 또 그라스 백작이 지휘하는 24척의 프랑스 함대는 체서피크 만미국 동부 대서양 연안 평야에 있는 큰 만. 남부로 버지니아와 경계를 장악한 채 대기하고 있었다.

1781년 독립군의 워싱턴 장군은 프랑스 로샹보 백작이 이끄는 군대와 연합하여, 콘 월리스의 요새를 포위 공격하였다. 한편 해상에서는 토머스 그레이브스 제독이 이끄는 영국 함대가 프랑스 해군에 밀려 뉴욕으로 되돌아갔다. 육 · 해 양쪽 모두에서 지원이 막혀 버린 영국군은 프랑스 함대와 지상 연합군의 공격을 견디지 못해 결국 항복하고 말았다. 그 뒤 해전은 계속되었지만, 지상에서의 전투는 모두 끝이 나 사실상 독립 전쟁은 마감되었다.

1783년 전쟁에 참여했던 국가들은 파리에서 전쟁을 종결하는 강화

〈미국의 독립 전쟁〉

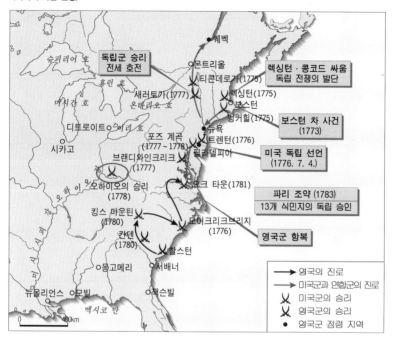

조약을 맺었다. 이때 영국은 미국의 완전 독립을 승인하였으며, 서쪽
으로 미시시피 강, 남쪽은 동·서 플로리다, 북쪽은 오대호에 이르는
땅을 영토로 인정하였다.

영국의 식민지였던 13개 주★는 1787년 헌법을 제정하고, 1789년
'아메리카 합중국United States of America' 이라는 새로운 연방 공화국으로
탄생하게 되었다.

★ 13개 주 ─────────────

뉴욕, 뉴저지, 뉴햄프셔, 델라웨어, 로드아일랜드, 매사추세츠, 메릴랜드, 메인, 버몬
트, 버지니아, 조지아, 코네티컷, 펜실베이니아.

나폴레옹, 프랑스 황제가 되어 유럽을 넘보다

프랑스 대혁명과
나폴레옹 전쟁

프랑스 대혁명과 인권 선언

17세기 후반 프랑스의 루이 14세는 재정 전문가 콜베르를 기용하여 강력한 중상주의 정책을 펼쳤다. 이에 따라 국가의 부를 늘리려고 상업을 중심으로 한 경제 정책을 실시했다. 그 결과 프랑스는 유럽에서 가장 강한 국가로 올라섰고, 루이 14세는 절대 군주나라의 모든 권력을 쥐고 자신의 뜻에 따라 나라를 운영하는 힘을 가진 국왕로서 최대 전성기를 맞았다.

하지만 18세기 초 베르사유 궁전 건축과 팔츠 전쟁이나 에스파냐 왕위 계승 전쟁과 같은 여러 전쟁에 참여하여 국가 재정을 바닥냈다. 또 루이 15세 때도 오스트리아 왕위 계승 전쟁과 7년 전쟁에 참가하여 엄청난 재정만 낭비한 채 성과도 없이 물러나고 말았다. 이어 '제2차 백 년 전쟁'이라 불리는 영국과의 식민지 쟁탈을 위한 오랜 전쟁에서도 밀려 재정 상태는 더욱 악화되었다.

루이 16세가 즉위하였을 때는 이미 국가 재정은 위험 수위를 넘어서고 있었다. 그런데도 미국 독립 전쟁에 참전함으로써 왕실 재정은 거의 파탄 상태에 빠졌다. 루이 16세는 이를 개선하기 위해 제3 신분인 평민들만 냈던 세금을 제1 신분성직자과 제2 신분귀족에게 도 거두려는 재정 개혁을 시도하였다. 그러나 왕비와 귀족들의 반대로 실패하고 말았다.

TIP 프랑스 신분 구조와 세금 부담

그 당시 프랑스는 전체 국민의 2% 정도였던 성직자와 귀족이 전체 토지의 약 30%를 차지하고 있었다. 그러나 그들은 세금을 내지 않으면서 각종 특권만 누리고 있었다. 성직자는 왕에게 내는 기부금 말고는 거의 모든 세금이 면제된 채, 호화로운 생활을 하고 있었다. 귀족들은 농민들에게 땅을 빌려 준 값을 받고, 높은 관직을 차지하여 연금을 받았다. 그러나 땅에 대한 세금 등을 감면 받고 편안한 생활을 누렸다. 이에 비해 나머지 98%에 해당하는 평민들이 세금을 모두 부담하고 있었다. 특히 인구의 80%를 차지하는 농민들은 수입의 절반을 내놓은 채 생활고에 시달리고 있었다.

결국 루이 16세는 재정 문제 해결을 위한 마지막 선택으로 1614년 이후 한 번도 열리지 않은 삼부회를 소집하기에 이르렀다. 그러나 이 때 소집한 삼부회는 프랑스 혁명의 불씨가 되고 말았다.

그 당시 제1 신분과 제2 신분 대표는 각각 300명이고, 제3 신분 대표는 약 600명으로 숫자에서는 두 배였다. 그렇지만 표결 방식이 각 신분별 투표였기 때문에 관례대로 투표를 진행한다면 2:1로 제3 신분이 질 것이 분명하였다. 이에 제3 신분 대표자들은 신분별 표결 방식을 반대하면서 국민 의회를 결성했다. 그리고 프랑스 헌법을 제정할 때까지 해산하지 않겠다면서 베르사유 궁전의 테니스 코트에 모여 시위를 하였다테니스 코트의 서약. 그들의 주장에 하급 성직자와 일부 귀족이 합류하면서 드디어 국민 의회를 인정하고 헌법 제정에 나섰다.

그러자 루이 16세는 군대를 동원해 의회 활동을 위협하려 했다. 이를 본 파리 시민들은 폭동을 일으켜 1789년 7월 14일에 바스티유 감옥을 습격하였다. 이 사건이 바로 프랑스 대혁명^{1789년의} 도화선이었다.

〈프랑스 대혁명〉

바스티유 감옥 습격 소식은 곧 전국으로 퍼졌고, 무거운 세금과 부역으로 고통받고 있던 농민들은 영주의 저택을 습격하여 성을 약탈하고 봉건적 의무가 기록된 문서들을 불태웠다. 농촌이 대혼란에 빠지자 국민 의회에서는 봉건제 폐지를 제의했고, 성직자 · 귀족들이 그 제의에 찬성하면서 새 헌법의 기본 원칙을 만들어 그 결과를 공포하기에 이르렀다. 이것이 프랑스 의회가 결의하여 1789년 8월 26일에 발표한 '인권 선언' ★이다.

그러나 헌법 제정 과정에서 루이 16세가 다시 의회를 제지하려 했

★ 인권 선언
'구 체제의 사망 증명서'라고도 일컫는 이 선언문은 인간의 자유와 평등, 3권 분립, 국민 주권과 재산권, 언론 · 출판 · 신앙의 자유 등에 대해 모두 17조항의 내용을 열거하고 있다.

으나 실패하였다. 그 뒤 1791년에 입헌 군주제를 채택하는 새 헌법을 제정하고 각종 개혁을 추진하였다. 이후 프랑스는 부유한 상공업자와 부농 출신에 기반을 둔 지롱드 당이 주도권을 장악하여 입법 의회 시대를 열었다. 그렇지만 프로이센·오스트리아 전쟁에 참전하여 전세가 불리하게 되었다. 그러자 파리 시민들은 다시 폭동을 일으켜 왕의 퇴위와 보통 선거 실시를 주장하였다. 그 결과 왕정이 폐지되고 국민 투표로 공화정제1 공화정이 시작되었다.

그 당시 프랑스 시민들에게 낡고 모순된 구제도앙시앵 레짐는 시정하고, 개혁해야 한다는 비판 의식을 심어 준 것이 있었다. 바로 18세기 중엽 유럽을 지배했던 계몽주의 사상이었다. 특히 모든 인간은 평등하고 자유롭다는 로크의 주장은 시민 계층인 부르주아들이 사회 개혁을 요구하는 데 결정적인 역할을 하였다. 거기에 바다 건너 미국이 독립 혁명에 성공하게 되자, 이에 자극을 받아 봉건적인 요소와 전제 정치를 타파하고 자유와 평등이 존중되는 사회 건설을 주장하고 나선 것이다.

나폴레옹, 프랑스 황제가 되기까지

왕정이 폐지되고 공화정이 수립되었지만, 집권 세력인 공화파는 지롱드 당부르주아 기반과 자코뱅 당소시민층과 소생산자층 기반으로 분열되었다. 새로 정권을 장악하게 된 자코뱅 당의 로베스피에르는 혁명 정부를 수립하고, 국외로 탈출하려다 실패한 루이 16세를 1793년에 단두대에서 처형하였다. 뿐만 아니라 1만 5천 명에 이르는 반혁명 용의자들을 처형하는 등 공포 정치를 펼쳤다. 이때 도시 빈민층이나 하층 시민인 상퀼로트 '반바지(퀼로트)를 입지 않은 사람'이라는 뜻들이 프랑스 혁명에 적극 참여하여, 반대파를 잡아들이고 숙청하는 등 적극적으로 활동했기 때문에 이 시기를 '상퀼로트 시대'라고도 한다.

그 무렵 주변 국가들은 루이 16세가 처형되는 것을 보고, 프랑스 혁명의 여파가 자기 나라로 확산되는 것을 막기 위해 1793년 제1차 대불 동맹 영국 수상 피트의 주창으로 영국, 오스트리아, 프로이센, 네덜란드가 맺은 동맹을 맺고 프랑스에 선전 포고를 하였다.

나폴레옹

프랑스에서는 로베스피에르의 독재 정치에 떨던 시민들과 숨어 있던 부르주아지들이 더 이상 참지 못하고, '테르미도르의 반동' 프랑스 혁명력에서 '열의 달'을 뜻하는 말로 1794년 7월을 가리킴을 일으켰다. 그 결과 로베스피에르를 처형하고 공포 정치를 마감하면서 5인의 총재로 구성된 총재 정부가 들어섰다. 그 뒤 해외로 망명했던 왕당파들이 영국 정부의 지원을 얻어 군대를 이끌고 들어와 '방데미에르 13일의 폭동' 프랑스 혁명력의 '포도의 달' 13일. 1795년 10월 5일을 가리킴을 일으켰다. 이때 왕당파의 반란을 진압한 핵심 인물이 바로 나폴레옹이다.

나폴레옹은 총재 정부로부터 사령관으로 기용되어 이탈리아를 평정하고, 오스트리아 빈을 공격하여 승리를 거두었다. 나아가 이탈리아 북부와 벨기에를 프랑스 영토로 병합시켰다. 그 결과 제1차 대불 동맹이 무너지고 말았다.

그러나 영국군이 전쟁을 마무리할 생각이 없자, 프랑스 정부에서는 지중해를 장악하여 영국의 인도 항로에 타격을 주기 위해 나폴레옹을 이집트로 보냈다. 나폴레옹이 이끄는 프랑스 군대가 전투마다 계속 승리를 하는 동안 영국은 오스트리아와 러시아를 끌어들여 제2차 대불 동맹을 맺고 프랑스 국경까지 쳐들어왔다.

그 무렵 프랑스는 무능력하고 부패한 총재 정부 때문에 정치적·경제적 혼란이 더욱 심각해졌다. 이것을 알게 된 나폴레옹은 1799년 몰래 프랑스로 들어와 총재 정부를 무너뜨리고 정권을 장악하였다. 이것이 바로 나폴레옹을 프랑스 역사에 공식적으로 등장시킨 '브뤼메르 18일의 쿠데타' 브뤼메르는 혁명력에서 '안개의 달'로 11월을 가리킴. 1799년 11월 9일 이다.

나폴레옹은 3인의 통령 정부를 수립한 뒤, 임기 10년의 제1통령에 취임하였다. 그러다가 1804년 12월 2일 국민 투표를 실시하여 99.8%가 넘는 엄청난 지지를 받아 프랑스 역사상 최초의 황제, 나폴레옹 1세가 되었다.

아우스터리츠 전투와 신성 로마 제국 해체

황제에 오른 나폴레옹은 이듬해인 1805년 영국을 침략할 계획을 세우고, 18만에 이르는 군인들을 도버 해협 근처에 집결시켰다. 이에 영국은 다시 오스트리아·러시아·스웨덴과 함께 제3차 대불 동맹을 맺고 프랑스에 맞섰다.

나폴레옹의 군대는 오스트리아 군이 프랑스 동맹국인 바이에른을 먼저 공격하자, 나폴레옹은 도나우 강을 건너 울름에서 오스트리아 군을 물리쳤다. 하지만 해전에서는 빌뇌브가 지휘하던 프랑스와 에스파냐 연합 함대가 트라팔가 곶^{이베리아 반도 남서쪽}에서 영국의 넬슨 제독이 이끄는 함대와 맞서 크게 패하고 말았다.

비록 재해권을 차지하는 데 실패했지만 나폴레옹은 멈추지 않고 다시 진격하였다. 오스트리아 빈을 공략하고, 더 나아가 러시아ㆍ오스트리아 동맹군을 아우스터리츠^{지금의 체코 동부 슬라브코프}로 몰아넣은 뒤 중앙을 돌파하여 격파시켰다. 삼제회전^{프랑스, 오스트리아, 러시아의 3명의 황제가 모두 모인 전투}이라고 불리는 이 전투에서 승리한 날이 바로 나폴레옹의 대관 1주년 기념일인 12월 2일이었다. 나폴레옹은 이 아우스터리츠 전투의 승리를 기념하기 위해 파리에 개선문을 세웠다.

한편 전쟁에 진 오스트리아는 프랑스와 프레스부르크 조약^{1805년 12월 26일}을 맺고, 많은 땅을 이탈리아와 바이에른 등에 양도하고, 프랑스에는 금화 4천 프랑의 배상금을 지불해야 했다. 이 조약에 따라 바이에른과 뷔르템베르크는 오스트리아로부터 영토를 받아 독립 왕국이 되었다. 2만에 가까운 전사자를 낸 러시아 역시 전선에서 물러나게 되었다.

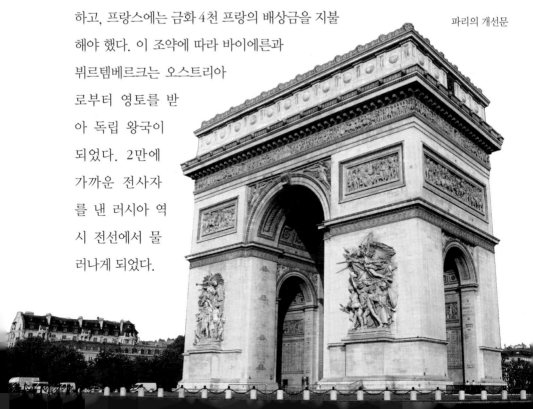

파리의 개선문

이를 계기로 나폴레옹은 신성 로마 제국을 해체하고, 각각 영토가 확장된 바이에른독일 남동부 전체에 이르는 큰 주 · 뷔르템베르크 왕국지금의 바덴뷔르템베르크 주의 중부와 동부 · 바덴지금의 바덴뷔르템베르크 서부 · 헤센다름슈타트지금의 헤센과 라인란트팔츠 주 일부 · 나사우지금의 헤센 주 서부와 라인란트팔츠 주의 베스터발트 지방 · 베르크지금의 독일 뒤셀도르프 · 쾰른 주 공국 등을 통합하여 라인 연방을 결성하였다. 이것으로 카롤루스샤를마뉴 대제 때부터 거의 천년의 역사를 이어온 신성 로마 제국은 사실상 문을 닫게 되었다.

대륙 봉쇄령과 틸지트 조약

라인 연방의 성립으로 인해 나폴레옹이 중부 독일까지 강력한 영향력을 행사하게 되자, 다급해진 프로이센은 그동안 지켜만 보던 중립적인 입장을 버렸다. 프로이센은 1806년에 영국 · 러시아 · 스웨덴과 제4차 대불 동맹을 맺고, 프랑스에 선전 포고를 하였다.

프로이센이 작센과 연합하여 나폴레옹의 서부 병력이 있는 곳을 향해 진군하자, 나폴레옹의 군대는 러시아 군대가 합류하기 전에 엘베 강을 차단한 후 서서히 북쪽으로 진군했다. 그 뒤 예나와 아우어슈테트에서 프로이센 군을 공략하여 크게 승리한 나폴레옹은 10월 27일 베를린에 입성하였다. 그해 11월 21일, 나폴레옹은 베를린에서 영국에 대해 대륙 봉쇄령영국에 경제적 타격을 주기 위하여 유럽 대륙과 영국의 무역을 금지하도록 한 명령을 발표하였다. 이는 영국을 경제적으로 고립시키기 위한 조치였다.

한편 프랑스 군대는 아우어슈테트 전투에서 패하고 도주한 프리드리히 빌헬름 3세를 계속 추격하기 위해 동프로이센으로 향하였다. 그

과정에서 프로이센을 지원하러 온 러시아 군과 아일라우^{지금의 러시아 바}

그라티오노프스크에서 전투를 벌이게 되었다. 2월 눈바람 속에서 치러진 이 전투에서 나폴레옹은 처음으로 별다른 성과를 거두지 못한 채 고전하였다. 다시 전열을 가다듬은 나폴레옹 군대는 같은 해 6월 후퇴하는 러시아 군을 프리틀란트^{지금의 러시아 프라브딘스크} 마을에 몰아넣고 총공격을 퍼부었다. 이 전투에서 러시아 군대는 완전히 무너졌고 동맹군인 프로이센 군은 틸지트로 물러나고 말았다.

그 결과 1807년 7월, 나폴레옹은 전투에서 패한 프로이센·러시아와 틸지트 조약을 맺었다. 조약에 따라 프랑스와 러시아는 동맹국이 되었고, 나폴레옹을 지원한 작센은 옛 폴란드 영토의 일부를 되찾아 바르샤바 공국이 되었다. 또 북부 독일에는 베스트팔렌 왕국이 세워져 나폴레옹 동생 제롬이 왕위에 올랐다. 이때 프로이센은 전쟁 배상금으로 1억 2천만 프랑을 지불해야 했는데, 그 배상금을 갚을 때까지 프랑스 군대의 지배를 받게 되었다. 이로써 나폴레옹은 유럽의 서부와 중부 지역을 완전히 장악하게 되었다.

최대의 전성기를 맞는 나폴레옹

1808년 나폴레옹이 자신의 형 조제프를 에스파냐의 왕위에 올리자, 이를 반대하는 폭동이 일어나 마드리드에서 에스파냐 전국으로 확산되었다. 그때 영국이 반란군을 지원하기 위해 군대를 파견하였다. 이에 나폴레옹은 직접 군대를 끌고 에스파냐를 침공해 영국군을 몰아낸 뒤, 부하인 술트에게 그곳을 맡기고 돌아왔다. 그러나 에스파냐의 저항이 완강해 프랑스는 대군을 투입하고도 패배하고 말았다^반

도 전쟁. 이를 지켜보던 오스트리아는 영국과 제5차 대불 동맹을 결성하고 바이에른을 침공하였다.

나폴레옹은 에크뮐 전투에서 오스트리아 군대를 격파하고 빈으로 입성하였다. 이때 도나우 강 북쪽으로 후퇴한 오스트리아 군이 도나우 강을 건너려는 나폴레옹의 군대를 공격하자, 양측은 아스펜과 에슬링에서 크게 싸웠다. 이 전투에서 나폴레옹은 자신이 직접 지휘한 전투에서 최초로 패배를 경험했고, 프랑스 군은 큰 타격을 입었다.

본국과 이탈리아 등에서 지원군이 도착해 총 15만 4천의 병력을 갖춘 나폴레옹은 다시 전열을 가다듬었다. 그리고 카를 대공이 이끄는 15만 8천 병력의 오스트리아 군이 배치되어 있는 바그람을 선제공격하였다. 이 전투에서 나폴레옹은 부하인 마세나 장군을 강의 오른쪽으로 상륙시켜 카를을 끌어내는 작전을 세웠다. 예상대로 카를 대공은 마세나를 치기 위해 군사를 움직였고, 이 틈을 타 나폴레옹은 카를의 측면을 공격하는 한편, 로바우 섬에 집중 배치해 두었던 포대에 발포 명령을 내렸다.

1809년 7월 5일과 6일, 이틀간에 걸쳐 대격전을 벌였던 바그람 전투에서 승리한 나폴레옹은 7월 11일 빈의 쇤부른 성에서 강화 조약을 맺었다. 이 조약으로 오스트리아는 막대한 전쟁 배상금과 함께 8만㎢가 넘는 영토와 주민을 프랑스에 넘겨주어야 했다. 그리고 영국과의 관계도 끊기로 했다.

1810년 나폴레옹은 러시아를 견제할 목적으로, 아내 조세핀과 이혼하고 오스트리아 황제 프란츠 1세의 딸 마리 루이제와 결혼하였다. 이듬해 둘 사이에 나폴레옹 2세가 태어났는데, 나폴레옹 2세는 곧 로

마 왕이 되었다. 이로써 프랑스는 교황령까지 흡수하여 유럽의 제국
으로서 최고 절정기에 이르렀다.

〈나폴레옹 시대의 유럽〉

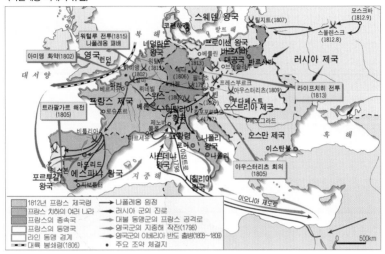

러시아 원정 실패와 나폴레옹의 몰락

1810년 이후 프랑스와 러시아의 관계가 어긋나기 시작했다. 이미
1806년에 베를린 칙령을 발표하여 영국에 대한 대륙 봉쇄령을 내렸
던 나폴레옹은 틸지트 조약으로 동맹 관계를 맺은 러시아에게도 협력
을 요구했다. 그러나 곡물 수출국인 러시아가 이에 협조하지 않자, 두
나라의 우호 관계는 1812년에 이르러 깨어지고 말았다. 이에 화가 난
나폴레옹은 60만 대군을 이끌고 러시아 원정에 나섰다.

그해 9월 나폴레옹의 군대는 보르디노에서 러시아 군과 싸워 많은
희생자를 냈음에도, 계속 전진하여 마침내 모스크바에 입성하였다.
모스크바로 가는 도중에 나폴레옹이 러시아의 알렉산드르 1세에게

평화 교섭을 제의했지만 무시당했다. 프랑스 군이 모스크바에 들어갔을 때 이미 시내는 텅 비어 있었고, 화재까지 일어나 거의 모든 것이 불타 버렸다. 그런 상태에서 보급도 끊기고 혹한까지 겹쳐 프랑스 군은 매우 곤란한 처지가 되었다. 상황이 그 지경에 이르자 나폴레옹은 할 수 없이 철수를 명령했는데, 후퇴하는 동안 러시아 군과 농민들의 기습 공격을 받아 엄청난 피해를 입게 되었다. 추위와 배고픔은 더욱 많은 사상자를 내어 결국 살아 돌아온 병력은 겨우 1만 정도였다.

나폴레옹의 러시아 원정 실패 소식은 1813년에 프로이센·러시아·영국·오스트리아·스웨덴이 제6차 대불 동맹을 결성하는 계기가 됐다. 동맹군과 나폴레옹의 군대는 작센 지방의 라이프치히에서 3일 동안 치열하게 싸웠는데, 결국 나폴레옹 군대가 패하고 말았다. 이로써 독일과 폴란드 등 라인 강 동부에 남아 있는 프랑스 병력은 완전히 무너지고 말았다. 이 전투가 바로 동맹군에 가담한 모든 나라들이 다 참여하였다 하여 '여러 국민들의 전쟁'이라고도 불리는 라이프치히 전투이다.

나폴레옹이 연이어 패하자, 라인 연방을 비롯한 나폴레옹의 지배 아래 있던 나라들이 떨어져 나갔다. 이에 비해, 승리한 동맹군은 이듬해 봄 파리에 입성하였다. 결국 나폴레옹 1세는 황제의 자리에서 쫓겨나 지중해에 있는 엘바 섬으로 귀양을 갔고, 새로 루이 18세가 즉위하였다.

그러나 무능한 루이 18세에 대해 프랑스 시민들이 불만을 갖자, 언제든 다시 돌아올 준비를 하고 있던 나폴레옹은 1815년 2월 엘바 섬을 탈출하여 파리로 와 복위하였다. 그때 빈 회의를 개최 중이던 유럽의 여러 나라들은 서둘러 제7차 대불 동맹을 맺고, 벨기에의 워털루에서 다시 나폴레옹과 전쟁을 치렀다.

나폴레옹의 군대는 워털루 근방에서 영국의 웰링턴이 이끄는 부대와 프로이센의 블뤼허의 부대를 저지하는 데 실패했다. 그 때문에 영국군과 프로이센 군은 힘을 합치게 되었다. 그 와중에 나폴레옹 군대는 적을 공격할 적절한 시기를 놓치게 되었고, 나폴레옹이 프로이센군의 측면을 공격하는 사이에 네이 부대가 상대에게 무너졌다. 그 여파로 나폴레옹 부대는 패하고 말았다.

결국 나폴레옹의 재기를 위한 노력은 백일천하_{실제로는 95일로} 끝나고, 그는 세인트헬레나 섬에 감금되어 인생을 마감했다.

나폴레옹 정권이 무너진 뒤 유럽의 각국은 프랑스 혁명 정신이 확산되는 것을 막고, 나폴레옹 전쟁으로 인해 복잡해진 국경 문제를 해결하기 위해 1815년 6월에 오스트리아 빈에 모여 회의를 개최했다.

오스트리아의 재상 메테르니히 주도로 열린 이 회의는 역사상 가장 광범위한 내용을 담고 있는데, 가장 중요한 것은 프랑스 혁명이 일어나기 전의 유럽으로 되돌려 놓기로 결정한 것이다. 그 결과 각국의 자유주의와 민족주의 운동을 억압했고, 그리스나 라틴 아메리카의 독립을 불러왔다. 하지만 1848년 혁명_{나폴레옹이 몰락한 뒤, 1830년 프랑스에서 또다시 혁명이 일어났고, 1848년에는 전 유럽이 혁명의 불길에 휩싸였다. 낡은 체제가 무너지고, 국민 국가가 자리 잡기 위한 힘든 과정이었음} 이후 자유주의와 민족주의를 꽃피우게 되는 계기를 불러오는 바람에 빈 체제는 무너지고 말았다.

아편 전쟁

중국 역사상 가장 넓은 영토를 차지했던 청나라

1616년 건주 좌위 여진★의 추장 누르하치태조 천명제는 임진왜란으로 조선과 명나라가 주변에 신경 쓸 여력이 없는 틈을 타, 여진 부족을 통합하여 만주국인 후금을 건국하였다. 그의 아들 아바하이태종 숭덕제는 1636년에 나라 이름을 청淸으로 바꾸고, 내몽골을 비롯한 주변 국가들을 공격하여 영토를 확장하였다. 또 국가 조직들을 정비하는 데 힘써 청나라의 기초를 확립하였다. 특히 군사ㆍ행정 제도인 팔기 체제전체 군사를 8개의 군단으로 나누고, 8종류 깃발로 구분를 확립하고, 강력한 군사력을 바탕으로 아시아의 새로운 강국으로 떠올랐다.

★ 건주 좌위 여진
여진족은 만주 동부 지역에 거주하던 숙신ㆍ읍루 계 민족으로, 청나라를 세운 만주족의 전신이다. 명나라는 쑹화 강 유역의 여진을 '해서 여진', 파저 강과 훈장 강 유역의 여진을 '건주 여진', 헤이룽 강 유역의 여진을 '야인 여진'으로 나누어 부족별로 통치했다.
건주 여진은 1405년에 명나라 영락제가 설치한 건주위의 지배를 받다가, 본위와 좌위ㆍ우위로 나누어져 각기 추장의 지배를 받으며 살았다.
후금을 건국한 누르하치는 건주 좌위의 추장이었다.

한편 명나라는 1643년 이자성이 이끄는 반란군에게 베이징을 함락당해 멸망하고 만다. 그러자 청의 3대 황제인 순치제세조는 숙부인 도르곤태조 누르하치의 14번째 아들. 태종이 죽고 순치제가 어린 나이로 즉위하자 보정왕으로서 섭정함의 도움으로 베이징을 점령하고, 중국 대륙의 주인이 되었다.

그 후 강희제성종 때 몽골 족을 완전 복속시켜 중국 지배의 안정된 기반을 구축했다. 옹정제세종는 네르친스크 조약1689년 네르친스크에서 청나라와 러시아가 체결한 국경 확정 조약. 스타노보이 산맥과 아르군 강으로 국경을 정함을 맺으며 러시아와 국경을 확정 지었고, 건륭제고종에 이르러서는 중국 역사상 가장 넓은 영토를 지배하는 왕조를 이루었다.

그러나 성종 이후 130여 년간 전성기를 누리던 청 왕조도 18세기 말부터 변화가 일어났다. 건륭제 때 많은 외정군대를 이끌고 외국으로 나가 전쟁에 출정함과 내부 분열, 사치 등으로 막대한 경비를 낭비하여 흔들리기 시작했다. 여기에 오랫동안 나라가 안정을 누리자 팔기군은 무력해지고, 관리들은 부패했다. 인구 증가로 경작지나 식량이 부족한 가운데 백성들은 무거운 세금에 허덕이고, 사회는 혼란에 빠지기 시작했다. 이때 백련교의 난★이 일어나, 가경제인종가 난을 평정하는 동안 약 1억 냥이나 되는 돈을 소모하였다. 그 결과 국가 재정이 극도로 악화되었고, 청나라는 쇠퇴기에 접어들고 말았다.

★ 백련교의 난
명·청 시대에 백련교도들이 주동하여 일으킨 여러 종류의 종교적 농민 반란이다. 원래 '백련교'란 천상의 미륵 부처가 하강하여 지상에다 극락세계를 세운다는 신앙을 내용으로 한 비밀 종교 단체였다. 원나라 말에 홍건적의 난 등을 일으켜 나라가 혼란스러워지자 명·청 시대에는 백련교를 금지시켰다. 그 뒤 건륭제 때 다시 일어난 백련교의 난은 청나라의 재정을 크게 악화시켰다.

무역 불균형을 해소하기 위해 아편을 이용한 영국

영국은 산업 혁명으로 대량 생산된 상품을 팔기 위해 이미 포화 상태가 된 유럽을 벗어나 새로운 시장인 아시아 · 아메리카 · 아프리카로 눈을 돌리기 시작했다. 그 결과 세계 무역의 주도권을 장악한 제국이 되었다. 그러나 영국의 판매 시장 개척에 걸림돌이 된 것이 있었으니, 바로 청나라의 공행 무역 체제였다.

공행 무역 체제란 관청의 허락을 받은 일부 상인들이 광저우^{중국 광둥} _{성의 성도이자, 화난 지방 최대의 무역 도시}에서만 무역을 할 수 있도록 허가한 것이다. 또 청나라는 수출하는 모든 물품의 값을 오직 은으로만 결제하도록 다른 나라에 요구하였다.

그 당시 영국이 청나라에 수출하고자 했던 물품은 면 · 모직물이 중심이었고, 수입품은 차 · 비단 · 도자기 등이었다. 그런데 영국의 면 · 모직물은 청나라 내에서 수공업으로 자급자족^{필요한 물자를 스스로 생} _{산하여 충당함}해도 충분했기 때문에 잘 팔리지 않는 데 비해, 영국인에게 있어 이미 필수품이 된 차는 영국 내에서 엄청난 양이 소비되고 있었다. 이런 상황에서 영국의 무역 적자는 날로 심각해져 갔다. 영국은 계속되는 무역 불균형 상태에서 벗어나고자, 여러 차례 사신을 보내 공행

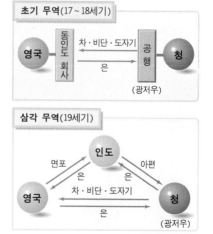

〈청나라와 영국의 무역 변화〉

초기 무역(17 ~ 18세기)

영국 → 동인도 회사 → 차 · 비단 · 도자기 / 은 → 공행 → 청 (광저우)

삼각 무역(19세기)

인도

면포 / 은 ← 영국 → 차 · 비단 · 도자기 / 은 → 청 (광저우) → 아편 / 은 → 인도

의 무역 독점권 폐지를 요구했지만 청나라는 이를 거부했다.

결국 차를 사들일 은이 부족해진 영국은 은을 지불하지 않고도 차를 수입할 수 있는 방안을 찾게 되었다. 그래서 영국은 식민지인 인도에서 생산되는 아편*을 청나라에 수출하기로 결정했다. 1773년, 영국은 동인도 회사에 아편 전매권_{어떤 물건을 혼자서만 판매할 수 있는 권리}을 주고, 무역 허가권이 없는 청나라의 지방 무역 상인들이 그 아편을 밀수_{세관을 거치지 않고 몰래 외국의 물건을 사들여 옴}하게 하여 아편을 퍼트리는 방법을 쓰기로 한 것이다.

아편은 순식간에 청나라 전역에 퍼졌고, 심각한 문제들을 불러일으켰다. 빈민층의 아편 복용으로 농촌 경제는 파탄_{일이나 계획 따위가 원만하게 진행되지 못하고 중도에서 잘못됨}에 빠졌고, 아편에 빠진 관료나 병사들로 인해 국가 기능까지 마비될 지경이었다. 세금으로 내야 할 은까지 아편을 사는 데 다 쓰는 바람에 세금이 걷히지 않자, 청나라는 엄청난 재정 파탄으로 인해 경제적 위기에 몰리게 되었다.

위기에 처한 청나라 조정에서는 이 문제를 해결하기 위해 1839년,

★ 아편(opium)
양귀비의 덜 익은 열매에 흠을 내어 나오는 액을 모아 건조시켜서 얻는 마약의 일종이다. 주로 인도·터키·유고슬라비아·파키스탄 등에서 재배·생산되는데, 세계에서 생산되는 양은 약 100만kg이나 된다.

심한 통증을 가라앉히기 위해 중증 환자를 위해 처방하기도 하나, 중독성이 강해 문제가 된다. 아편을 상습적으로 복용할 경우 급성인 경우 죽음을 부를 수도 있다. 중독되면 몸이 야위고 피부가 창백해지며 눈빛이 흐려지고 환각 등의 신경 증상이 나타나 육체와 정신을 망가뜨린다.

임칙서★를 흠차 대신황제의 특명을 받아 전권을 갖고 파견되는 관리으로 광저우에
파견하였다.

제1차 아편 전쟁(1839~1842년)

광저우에 도착한 임칙서는 아편 밀매와 관련된 사람들을 체포하여
엄격하게 처벌하였고, 동시에 모든 상인들에게 아편 밀매 금지령을
내렸다. 그리고 아편 밀매 중지 서약서를 쓰게 하고, 그들이 보유한
아편을 모두 넘길 것을 요구했다. 그러나 영국 측은 임칙서가 강경하
게 나오는 이유를 잘못 해석한 나머지, 아편 1,037상자만 내놓으면서
그의 체면을 세워 주려고 했다.

이미 사전 조사를 통해 2만 상자가 넘는 아편이 있다는 것을 알고
있었던 임칙서는 영국 측의 행동을 자신을 무시한 처사라고 생각하
고, 더욱 강경하게 압력을 가하였다. 결국 임칙서는 2만이 넘는 아편
상자를 모두 몰수법이 금지하는 물건이나 범죄로 얻은 물건을 관청에서 모두 거두어들임
했는데, 이것이 영국과 청나라가 아편 전쟁을 벌이게 되는 결정적인
원인이 되었다.

임칙서는 영국인 무역 감독관 찰스 엘리엇 일행을 감금한 상태에
서, 몰수한 아편을 광둥 성 근처 갯벌에 커다란 구덩이를 파고 집어넣

★ 임칙서(林則徐)

복건 태생으로 어려서부터 총명하였고, 27세 때 진사시에 합격하였다. 지방 관리로
재직하던 시절에는 강소 · 호북 · 하남을 순시하면서 수리 공사와 재해 구제 사업에
많은 공을 쌓은 인물이다.
일설에 의하면, 동생이 아편 중독으로 폐인이 되어 일찍 죽었기 때문에 아편의 폐단
에 대해서는 매우 엄격하였다고 한다.

은 뒤 불태워 없앴다. 이것으로 불법 아편 매매를 근절시켰다고 생각
한 임칙서는 일부 제재를 풀어 합법적인 아편 거래는 허용하였다. 하
지만 이미 아편에 중독된 사람들의 수요를 감당하지 못해 아편 가격
은 천정부지^{천장을 알지 못한다는 뜻으로 물가 따위가 한없이 오르기만 하는 것을 비유함}로
치솟게 되었다.

그러자 1839년 8월, 임칙서는 다시 외국과의 모든 교역을 중단시키
고, 광둥 성의 공장들을 포위하여 아편 생산에 제재를 가했다. 그 사
이 엘리엇은 영국 상인들을 모두 마카오로 철수시킨 뒤, 본국에 군대
를 보내 달라고 요청하였다.

그 무렵 주룽^{중국 광둥 성 남동부에 있는 중심 도시. 홍콩에서 중국 대륙으로 들어가는 교}
^{통 요충지}에서 영국 해병이 청나라의 농부를 살해하는 사건이 발생했다.
임칙서는 영국 측에 범인을 넘기라고 요구했지만, 영국의 무역관 엘
리엇은 이를 거부하였다. 그러자 임칙서는 군대를 이동시켜 마카오
일대를 봉쇄하였다. 당시 마카오를 지배하던 포르투갈은 영국인들에
게 그 지역에서 떠나라는 압력을 넣었다. 엘리엇은 영국인들을 모두
상선^{돈을 받고 사람이나 짐을 나르는 데 쓰는 배}에 태우고, 홍콩과 주룽 사이의 해
상에 머물게 되었다. 임칙서는 또 다시 그 선박들에 대해 양식 공급을
중지할 것과 함께, 육지에서 발견되는 모든 외국인은 그 자리에서 죽
이라는 명령을 내렸다.

한편 영국에서는 의회 내의 청교도들과 영국 국교회 등이 도덕적
이유를 내세워, 아편 무역과 청나라와의 전쟁에 반대하면서 군대 파
견을 승인하지 않고 있었다. 그러나 빅토리아 여왕은 의회의 승인이
떨어지기 전인 1839년 10월, 이미 청나라와의 전쟁을 결심하였다.

영국 함대는 임칙서의 강력한 통제로 인해 극심한 식량난에 시달리고 있었다. 그러자 엘리엇은 영국인에 대한 압박을 풀어 달라는 협상을 하기 위해 주룽으로 갔다가 청나라 해군과 첫 충돌을 벌이게 되었다. 이어 11월에는 촨비^{광둥 성에 있는 도시}에서 전투를 벌였는데, 이 전투에서 청나라는 영국 함대에 참패를 당했다.

화가 난 임칙서는 12월에 영국과의 통상^{나라들 사이에 서로 물품을 사고팖. 또는 그런 관계} 정지를 선포하였다. 이 사실을 보고 받은 빅토리아 여왕은 1840년 2월에 해군 소장 조지 엘리엇^{무역관 찰스 엘리엇의 사촌형}을 전권 대사^{나라를 대표하여 다른 나라에 파견되어 외교를 맡아보는 최고 직급} 겸 총사령관으로 임명해 원정군을 파견하였다. 또 인도와 스리랑카에 주둔하고 있던 부대를 남중국해^{태평양과 중국해의 일부분으로 중국 화난 지방의 남쪽에 걸쳐 있는 해역}로 집결시켰다. 그해 4월 자본가 집단의 압력을 받은 영국 의회도 청나라와의 전쟁을 공식적으로 승인하게 되었다. 이로써 영국과 청나라 사이의 '아편 전쟁'이라 불리는 전면전^{일정한 범위 전체에 걸쳐 광범위하게 벌어지는 전쟁}이 공식적으로 시작되었다.

조지 엘리엇이 이끄는 영국 함대는 저장 성^{중국 동부의 동중국해 연안에 있는 성. 주도는 항저우}에 위치한 저우산 군도를 점령하고, 계속 북상하여 베이징의 통로에 있는 다구, 톈진^{중국 화베이 지구에 있는 중심 도시} 앞바다까지 밀고 들어갔다. 이 소식을 들은 청나라 조정은 다급히 임칙서를 면직^{일정한 직무에서 물러나게 함}시키고, 기선을 보내 영국과의 교섭에 나섰다. 이때 영국에서 요구하는 조건이 너무 일방적이라고 여긴 청나라 도광제^{선종. 인종 가경제의 둘째 아들로 1820년 즉위}는 영국의 요구를 받아들이지 않고, 오히려 기선을 소환하여 관직을 박탈해 버렸다. 그러자 영국군은 일방적으로 촨비 가조약★을 선포하면서 홍콩을 강제로 점령하였다.

1841년 8월에 헨리 포틴저가 새로운 전권 대사로 광둥에 도착하였다. 그는 1842년에 군대를 증강하여 상하이를 점령한 다음, 양쯔 강을 거슬러 올라가 전장중국 장쑤 성 남부 양쯔 강 삼각주에 위치한 도시을 점령하였다. 난징중국 장쑤 성의 중심 도시. 오·송·양 등의 도읍지였음까지 위태로운 상황이 되자, 청나라 군대는 전장에서 영국군과 치열한 전투를 벌였다.

그러나 영국군이 난징과 함께 수도인 베이징까지 위협하고 들어오자, 1842년 8월 29일 도광제는 영국과 강화 조약을 체결함으로써 1차 전쟁에서 패배하고 말았다. 이때 맺어진 조약이 홍콩 할양땅이나 물건 따위를 한 부분 떼어서 남에게 넘겨줌과 광저우 등 5개 항구의 개항, 공행의 무역 독점 폐지 등 7개 조항을 내용으로 한 난징 조약이다.

다음 해 영국은 난징 조약의 내용을 좀 더 구체적으로 이행하기 위해 치외 법권다른 나라의 영토 안에 있으면서도 그 나라 국내법의 적용을 받지 아니하는 국제법에서의 권리 인정·최혜국통상 조약을 맺은 여러 나라 가운데 가장 유리한 대우를 받는 나라 대우·관세 자주권 등을 내용으로 하는 후면 추가 조약까지 맺었다. 이로써 청나라는 중국 역사상 최초의 불평등 조약을 맺은 것이다. 이를 계기로 청나라의 약체가 드러나자, 서구 열강들도 앞다투어 청나라를 넘보게 되었다. 그 결과 청나라는 1844년에는 미국과 왕샤 조약, 프랑스와 황푸 조약 등 불평등 조약을 맺지 않을 수 없었다.

★ 촨비 가조약

1841년 1월 청나라의 전권 대신 기선과 영국 대표 엘리엇 사이에 맺어진 가조약. 홍콩 할양, 몰수 아편 대금 600만 달러 배상, 광둥 무역 재개, 양국 정부의 직접 교섭권 인정 등 4개 조로 되어 있다.

전쟁에서 패한 청나라는 실업자가 늘어나고, 생활고에 시달리던 서민들의 불만이 날로 커져, 결국 1851년 태평천국의 난*까지 일어나 더욱 큰 혼란에 빠지게 되었다.

제2차 아편 전쟁(1856~1860년)

태평천국의 난이 한창 진행되고 있던 1856년 10월 8일, 광저우 앞바다에 정박 중이던 홍콩의 아편 밀수선 애로호에 청나라 관리가 올라가 12명의 해적 용의자를 연행하였다. 광저우의 영국 영사는 조약 위반과 배에 걸려 있던 영국 국기를 내린 것은 영국에 대한 모독이라면서 공개 사과와 함께 보상을 요구하고 나섰다. 이것이 제2차 아편 전쟁의 시발점이 된 애로호 사건이다.

영국은 난징 조약이 체결된 후 청나라 시장을 점유하려 했으나, 자국의 공업 제품의 수요가 증가하지 않고 무역에 큰 성과가 없자, 청나라에 난징 조약 이행과 아편 자유화를 요구했다. 하지만 청나라가 이를 계속 받아들이지 않고 미루자, 영국은 다시 무력으로 밀어붙일 구실을 찾고 있던 차에 애로호 사건이 터진 것이다.

청나라가 애로호 사건에 대한 보상을 거부하자, 영국은 프랑스와 연합하여 청나라를 공격하기 시작했다. 프랑스는 광시 성에서 포교 활동을 하던 프랑스 신부 샤프들레네가 중국 관리에게 처형당한 사

★ 태평천국의 난(태평천국 운동)

1851년 홍수전과 농민 반란군이 광시 성에 '태평천국'을 세우고, 청조 타도와 새 왕조 건설을 목적으로 일으킨 농민 운동(1851~1864년)이다.

그들은 기독교의 평등사상과 토지의 균등 분배를 바탕으로 이상 국가를 세우려고 했지만, 한인 지주 관료인 증국번, 이홍장의 의용군에 의해 1864년에 진압되었다.

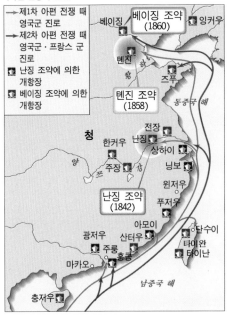

〈아편 전쟁의 전개〉

- → 제1차 아편 전쟁 때 영국군 진로
- → 제2차 아편 전쟁 때 영국군 · 프랑스 군 진로
- 🏯 난징 조약에 의한 개항장
- 🏯 베이징 조약에 의한 개항장

베이징 조약 (1860)
베이징
잉커우
톈진
즈푸
동중국 해
톈진 조약 (1858)
전장
청
한커우
난징
상하이
주장
닝보
원저우
푸저우
난징 조약 (1842)
아모이
광저우
산터우
단수이
주룽
홍콩
타이완 타이난
마카오
남중국 해
충저우

건을 구실로 전쟁에 참여하였다.

1856년 12월 28일, 공격을 시작한 영국 · 프랑스 연합군은 다음 날 광저우를 점령하고 청나라와 협상을 벌였다. 이 협상에는 미국과 러시아 대표들도 참가하였다. 그러나 청나라가 이를 순순히 받아들이지 않자, 연합군은 베이징을 위협하기 위해 북상하여 톈진까지 진격하였다. 결국 청나라는 더 이상 버티지 못하고, 1858년 6월 26일과 27일에 걸쳐 영국 · 프랑스와 톈진 조약을 맺게 되었다. 그 내용은 외국 공사국가를 대표하여 파견되는 외교 사절의 베이징 주재, 양쯔 강 유역을 비롯한 북부 지역 10개 항구 개항, 여행과 무역 · 포교의 자유, 치외 법권 확대, 아편 무역의 승인, 배상금 등에 관한 것이다.

1859년 톈진 조약의 비준서국가의 전권 위원이 조인한 조약 문서를 최고 주권 기관이 승인하는 법적 문서를 교환하기 위해 다시 청나라로 들어온 영국과 프랑스 함대는 조약을 거부하는 청나라 군대와 다구에서 다시 전투를 벌였지만 참패를 당했다. 이에 다시 원정군을 보강한 연합군은 1860년 10월에 청나라의 수도 베이징을 함락시키고 베이징 조약을 맺었다. 베이징 조약에는 톈진 조약의 내용에다, 톈진 항의 개항과 영국에 주룽 할양 등이 추가되었다.

아편 전쟁의 결과와 의의

1, 2차 아편 전쟁에서 모두 패한 청나라는 영국에 홍콩과 주룽을 할양하고, 베이징 조약 때 중재에 나선 러시아에게 헤이룽 강 북쪽 땅을 할양하는 등 적지 않은 영토를 잃었으며, 많은 항구를 개항해야 했다. 또 엄청난 전쟁 배상금을 지불하고, 불평등 조약으로 인해 관세 자주권까지 빼앗기는 바람에 국가 재정이 바닥나고 말았다.

청나라는 아편 전쟁으로 인해 아시아의 강호로서, 주변 국가에 떨쳤던 중화주의중국 사람이 자기 민족을 세계 문명의 중심이라고 생각하여 자기 민족의 우월성을 자랑하여 온 사상 위상이 추락하게 되었다. 또 서양 제국주의 국가들의 상품 시장과 원료 공급지인 반식민지로 전락하고 말았다. 그 결과 청나라는 서구 열강들의 정치적 · 경제적 이권을 다투는 각축장이 되어 버렸지만, 뒤늦게나마 근대화를 적극 추진하고 민족 운동이 활발해지는 계기가 되었다.

유럽의 강대국이 되고 싶었던 러시아의 남하 정책

최후의 종교 전쟁이었던 30년 전쟁 이후 17세기 말부터 유럽의 열강들은 자국의 세력을 확장해 나가기 위해 치열한 경쟁을 벌였다. 특히 경제적 이권을 차지하기 위한 영토 분쟁이 잦아지면서 군사력을 더욱 강화하기 시작하였다.

이 과정에서 일찌감치 중상주의16세기 말부터 18세기에 걸쳐 유럽에서 지배적이었던 경제 정책. 나라의 부를 늘리려고 상업을 중히 여김 정책을 앞세워 절대 군주제군주가 국가 통치의 모든 권력을 장악하는 정치 체제를 완성한 영국이나 프랑스에 비해 아직도 중세 봉건적 농노제가 기반인 러시아는 후진성일정한 수준을 기준으로 할 때 그보다 뒤떨어진 상태을 면하지 못하고 있었다. 하지만 17세기 말에 서유럽의 선진 문물을 도입하여 러시아의 근대화에 힘쓴 표트르 대제가 등장하면서 비로소 국가의 힘을 키워 가기 시작했다.

러시아는 세력 확장을 위해 부동항겨울에도 얼지 않는 항구을 확보해야 했다. 그래서 동쪽 시베리아 방면과 서쪽 발트 해 방면, 남쪽 흑해 방면으로 진출하려고 했다. 그렇지만 동쪽으로는 청나라, 서쪽으로는 영국의 견제에 막혀 뜻을 펴기 어려운 상황이었다. 표트르 대제 때 페트로그라드^{지금의 상트 페테르부르크}로 수도를 옮긴 러시아는 서아시아의 최강국인 오스만 튀르크가 버티고 있는 흑해로 진출하기 위해 준비했다.

1762년 러시아의 황제로 즉위한 예카테리나 2세^{예카테리나 여제}는 당시 유럽의 열강들이 세력 다툼^{오스트리아 왕위 계승 전쟁, 7년 전쟁, 미국 독립 전쟁} 등을 하고 있는 틈을 타, 남쪽으로 진출하기 위한 전쟁에 나섰다.

남편인 표트르 3세를 폐위시키고, 황제에 오른 예카테리나 2세는 심각한 재정난을 해결하기 위해 성직자들의 재산을 국고로 귀속시키고 강력한 개혁을 실시하였다. 하지만 이 개혁이 제대로 성공하지 못하자, 국민들의 지지를 얻기 위해 투르크와의 전쟁을 구실로 남하 정책을 추진하였다.

그녀는 두 차례에 걸친 투르크

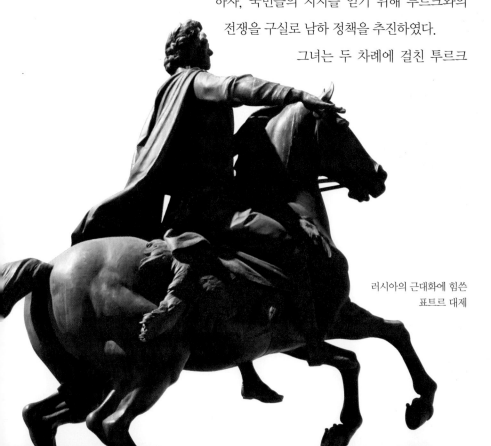

러시아의 근대화에 힘쓴
표트르 대제

와의 전쟁1768~1774년, 1787~1792년을 통해 흑해 연안과 크림 반도를 점령하였다. 특히 1744년에는 쿠추크카이나르지 조약을 통해 투르크 내의 그리스 정교도 보호권과 보스포루스 해협흑해와 마르마라 해를 연결하여 터키의 아시아 지역과 유럽 지역을 가르는 해협의 자유 항해권까지 얻어 냈다.

그 무렵 러시아 안에서는 카자크 족 장교 출신 푸가초프가 엄청난 규모의 반란을 일으켰다. 한참 흑해 진출에 열을 올리던 러시아는 반란군을 진압하기 위해 남하 정책을 잠시 접어야 했다.

그 뒤 나폴레옹이 러시아 정복에 실패하고 몰락하자, 한층 목소리가 커진 러시아의 알렉산드로 1세는 유럽의 열강들과 신성 동맹★을 맺고 강대국으로 부상하게 되었다. 그때 투르크와는 상호 불가침 조약나라들 사이에 서로의 영토를 침략하지 말자고 맺는 약속을 맺었다. 하지만 이것이 러시아가 남쪽 진출을 완전히 포기하겠다는 의미는 아니다.

1821년 투르크의 지배를 받던 그리스가 독립 전쟁을 일으켰다. 그러자 러시아는 이교도이슬람들로부터 기독교인그리스정교들을 보호한다는 명분 아래, 다시 흑해의 주도권을 잡기 위해 바로 전쟁에 개입했다. 영국과 프랑스도 그리스 독립을 지원하고 나섰는데, 이는 투르크에 대한 반감보다는 러시아의 남하를 견제하기 위한 목적이 더 컸다.

투르크가 연합군 측의 중재를 받아들이지 않고 이집트까지 끌어들여 전쟁을 계속하자, 영국·프랑스·러시아 함대는 이집트 함대를 격

★ 신성 동맹
1815년 9월 26일, 러시아 황제 알렉산드르 1세와 오스트리아 황제 프란츠 요제프 1세, 프로이센 왕 프리드리히 빌헬름 3세가 파리에서 체결한 국제 평화 유지를 위한 동맹이다.

러시아는 전쟁 초기에 바다를 장악한 뒤 흑해 연안에 요새를 만들었다.

파하고 투르크 측에 큰 타격을 입혔다. 마침내 1832년에 콘스탄티노 플 조약에 의해 투르크의 술탄^{이슬람의 최고 통치자} 마무드 2세는 그리스 독립을 인정하게 되었다.

그 당시 러시아의 황제는 니콜라이 1세였다. 그는 데카브리스트 난 이 일어났을 때, 왕위에 올라 난을 진압하면서 왕권을 강화하고 군사력 을 키우는 데 주력하였다. 그 뒤 폴란드 독립 운동이나 헝가리 독립 운 동에도 개입하여 위력을 떨쳤다. 1832년에 이집트의 이브리힘 파샤가 반란을 일으키고 투르크를 공격하자, 투르크의 마무드 2세는 러시아 에 지원을 요청했다. 니콜라이 1세는 투르크와 상호 방위 조약을 맺 고 있었기에 바로 지원군을 보냈다. 그 과정에서 러시아는 보스포루 스와 다르다넬스 해협의 독점 항해권을 획득하였다. 이로 인해 투르크에 대한 자신감을 얻은 러시아는 호시탐탐 침략의 기회만을 노리고 있었다.

그리스 정교도들을 보호한다는 명분으로 다시 시작된 전쟁

1853년 프랑스의 나폴레옹 3세는 가톨릭교도들의 지지를 얻기 위해 투르크와의 교섭을 통해 예루살렘의 기독교 성지 관리권을 인정받았다. 그러자 러시아의 니콜라이 1세는 1744년 투르크와 맺은 케추크 카이나르지 조약을 근거로, 투르크 영토 안에 사는 그리스 정교도들의 보호권이 러시아에 있음을 인정하라고 요구했다.

그러나 영국의 방해로 러시아의 요구는 거절당했다. 1853년 7월, 니콜라이 1세는 투르크의 지배를 받던 도나우 강 하구의 공국^{왕보다 낮}_{은 작위를 가진 군주가 다스리는 군주국}인 몰다비아와 왈라키아*를 공격해 점령해 버렸다.

러시아는 이 문제가 터지기 전에 이미 영국과 투르크 문제에 대해 조약을 맺었기 때문에 자신들의 침공에 대해 영국이 개입하지 않을 것이라고 생각했다. 그래서 이번에야말로 본격적으로 남하 정책을 추

★ 몰다비아와 왈라키아

투르크의 속국이었던 몰다비아는 루마니아와 몰도바 공화국, 우크라이나에 걸쳐 있는 지역을 말한다. 가톨릭 국가였던 왈라키아는 종교적인 이유로 투르크와 크고 작은 전쟁을 거듭하고 있었다. 지금은 루마니아 남부의 역사적인 지역 이름이 되었으며, 북쪽으로 트란실바니아 알프스 산맥이 솟아 있다. 특히 왈라키아는 영화와 소설의 소재가 되고 있는 '드라큘라'가 1456년부터 약 20년 동안 통치한 나라로 더욱 유명하다. 그가 폈던 극도의 공포 정치는 후에 드라큘라 괴담으로 전해져 지금까지 내려오고 있다.

진할 수 있다는 계산으로 전쟁을 시작하였다.

하지만 러시아의 생각과는 달리, 영국은 바로 투르크를 지원하겠다고 나서면서 함대를 보스포루스 해협오스만 튀르크 제국의 수도 이스탄불을 가르고 있는 해협 쪽으로 이동하기 시작했다. 영국과 프랑스의 지원을 받은 투르크는 같은 해 10월, 러시아에 선전 포고를 하고, 도나우 강을 건너 러시아 군을 공격하였다.

이를 계기로 유럽은 1856년까지 또다시 크림 전쟁대부분의 전투가 흑해에 있는 크림 반도 주변에서 일어나 붙여진 이름이라 부르는 전쟁의 불길에 휩싸이게 되었다.

러시아와 연합군의 본격적인 대결

1853년 11월 흑해에 주둔해 있던 러시아의 함대가 소아시아★ 북쪽에 있는 시노페 앞바다로 진격해 투르크 함대를 전멸시켰다. 그러자 1854년 1월 영국과 프랑스는 함대를 흑해로 진입시키면서, 러시아에게 몰다비아와 왈라키아에서 철수할 것을 요구했지만 거절당했다. 결국 그해 3월 28일, 영국과 프랑스는 러시아를 향해 정식으로 선전 포고를 하고 전쟁에 참여하게 되었다.

처음에는 승리의 여신이 러시아의 손을 들어주는 듯했다. 그렇지만 투르크와 영 · 프 연합군이 발칸 반도와 흑해 북부, 카프카스 지방유럽권 러시아 남서부에 있는 지역으로 카프카스 산맥에 위치 등 삼면에서 러시아를 공격

★ 소아시아
아시아의 서쪽 끝에 있는 흑해, 에게 해, 지중해에 둘러싸인 반도. 터키의 대부분을 차지하며, 예로부터 아시아와 유럽을 잇는 중요한 통로였다.

투르크 함대와 러시아의 전투

해 오자, 러시아는 불리한 상황에 몰리게 되었다.

　여기에 우방서로 우호적인 관계를 맺고 있는 나라이라고 믿었던 오스트리아마저 러시아를 압박해 왔다. 오스트리아는 러시아에게 몰다비아와 왈라키아를 자기네 나라로 넘기라고 요구하였다. 러시아는 오스트리아의 참전을 막기 위해 어쩔 수 없이 그 지역에서 철수한 뒤, 오스트리아 국경 지대로 군대를 분산시킬 수밖에 없는 상황이 되었다. 결국 오스트리아는 1854년 8월에 군대를 보내 몰다비아와 왈라키아를 점령해 버렸다.

　러시아로서는 오스트리아가 자신들을 향해 총부리를 겨눴다는 것만으로도 큰 충격이었다. 1849년에 오스트리아 제국 안에서 헝가리인들이 독립을 요구하는 반란이 일어났을 때, 러시아가 군대를 보내 위기로부터 구해 준 적이 있었다. 이 일로 인해 러시아는 당연히 오스트리아가 자기네 편을 들어줄 것이라고 믿었던 것이다. 결국 러시아는 오스트리아까지 합세한 연합군 측을 상대로 혼자서 힘겨운 싸움을 하게 되었다.

난공불락의 세바스토폴 요새 전투

전투는 주로 흑해 인근 바다에서 벌어졌다. 연합군이 군대를 몰고 들어온 카프카스 지방은 지형이 워낙 험하여 대규모 전투를 벌이기에 적합하지 않았고, 발칸 반도에서는 러시아와 투르크 군이 대립하고 있었기 때문이었다.

그러나 목제 범선이 주를 이루는 러시아 함대는 증기선으로 구성된 영국과 프랑스 연합 함대에 맞서 싸울 상대가 되지 않았다. 전쟁 초기에 바다를 장악한 뒤 흑해 연안에 세웠던 러시아의 요새들은 연합군 함대의 강력한 공격으로 큰 타격어떤 일에서 크게 기가 꺾이거나 손실을 봄을 입었다.

이 기세를 몰아 연합군은 크림 반도 남서 해안의 흑해 함대 사령부가 있는 세바스토폴을 집중 공략하기로 결정했다. 1854년 9월에 연합군은 크림 반도로 상륙해 알마 강 유역과 발라클라바 등을 장악하고, 세바스토폴을 포위하기에 이르렀다. 그러나 오랫동안 군항으로서 발전해 온 세바스토폴은 도시 자체가 요새였기 때문에 결코 쉽게 무너지지 않았다.

러시아는 연합국의 함대에 비해 자신들의 해군력이 뒤떨어진다는

★ 프랑스 외인부대

본래 프랑스에 고용된 외국인 지원병으로 이루어진 부대.

외인부대 장교들은 대부분 프랑스 육군 출신이며, 외국 태생의 부대원들은 좋은 근무 성적으로 1차례의 복무 기간(5년)을 마치면 프랑스 시민권을 얻을 수 있다.

실제 외인부대는 고도로 훈련된 직업 군인들의 조직으로서, 1831년에 창설된 이후 거의 끊임없이 전투에 참가해 왔다. 유럽에서 큰 전쟁이 일어날 때마다 전투에 동원되지 않은 부대에서 몰려든 지원병으로 그 규모가 크게 늘어나곤 했다.

것을 깨닫고, 자국의 함정을 모두 침몰시켜 항구를 봉쇄^{굳게 막아버리거나}
^{잠금}하여 연합군의 진입로를 차단하였다. 그리고 도시의 주민들과 함
께 외곽 방어선의 중심지인 말라코프 고지를 비롯한 주요 거점들에
진지를 구축하고, 장기전을 대비한 방어 작전에 들어갔다.

연합군의 선봉에 서서 큰 공을 세우고 있던 프랑스 외인부대★는 세
바스토폴 요새 공격에서도 앞장서서 싸웠다. 하지만 러시아 군의 철
통같은 수비로 인해 엄청난 사상자만 늘어날 뿐 성과를 거두지 못했
다. 여기에 콜레라까지 퍼져 희생자는 더욱 늘어났다. 1855년 1월에
는 사르데냐피에몬테 왕국★도 군대를 보내 연합군에 합류했지만, 양
진영의 전투는 교착 상태^{어떤 상태가 굳어 조금도 진전이 없음}에 빠지게 되었다.

그 사이 1855년 3월에 러시아 황제 니콜라이 1세가 죽고, 뒤이어
그 아들 알렉산드로 2세가 즉위하여 전쟁을 이어갔다.

1855년 5월 연합군 측이 먼저 공격에 나섰지만, 수백 명의 사상자
만 내고 실패하고 말았다. 6월에 다시 공격에 나섰으나 이번에는 6천
명이 넘는 희생자만 낸 채, 또 물러서야 했다. 러시아는 연합군의 공
격에 맞서 싸우면서도 수시로 진지와 성곽을 복구하여 더욱 철통같은
수비를 하였다. 이에 연합군의 공격은 매번 실패로 끝나고 만 것이다.

연합군은 세바스토폴의 주요 거점인 말라코프 고지를 함락시켜야
만 전세를 역전시킬 수 있을 거라 생각하고, 1855년 9월 8일 군사 보

★ 사르데냐피에몬테 왕국
지금의 이탈리아. 통일을 위해 영국과 프랑스의 지원을 얻어 내기 위한 목적으로 크
림 전쟁에 참전했다. 막상 이탈리아 통일 전쟁 때는 영국과 프랑스의 지원을 받지 못
했다.

〈세바스토폴 요새 전투〉

충을 마친 외인부대를 선봉으로 다시 요새를 공격하였다. 외인부대가 요새로 들어가는 발판을 마련하는 사이 9월 11일, 연합군의 주력 부대가 화포를 쏘며 총공격을 펼쳤다. 이로써 러시아의 요새가 무너지기 시작했다. 끝까지 완강하게 버티며 치열한 전투를 벌였던 러시아는 자신들이 구축한 방어 시설을 파괴하고, 모두 북쪽으로 후퇴하였다. 결국 349일간 벌어졌던 세바스토폴 전투는 영국과 프랑스 연합군의 승리로 끝이 났다.

이후 11월에는 스웨덴이 연합군 측에 가담하였고, 12월에는 오스트리아까지 러시아가 공격을 중단하지 않으면 참전하겠다는 의사를 밝혔다. 더 이상 전쟁을 계속하기 어렵다고 판단한 러시아의 알렉산드로 2세는 연합군의 제안을 받아들여, 1856년 3월 파리에서 강화 조약을 맺었다.

소득 없이 막대한 손실만 남긴 크림 전쟁

3년에 걸친 크림 전쟁에서 승리한 영국은 자신들이 원했던 대로 러시아의 남진을 저지하면서 다시 한 번 유럽의 강호로서 세력을 떨치게 되었다. 프랑스의 나폴레옹 3세도 식민 정책에 더욱 박차를 가하게 되었다.

전쟁에 패한 러시아는 더 이상 흑해에 함대를 보유할 수 없게 되었고, 베사라비아몰다비아 땅으로, 드네스트 강과 푸르트 강 사이에 위치한 농업 지대를 투르크에게 넘겨주었다. 또 투르크 제국 내 그리스 정교도들에 대한 보호권 주장도 거두었다. 이로써 러시아는 1870년 프로이센 · 프랑스 전쟁이 일어나 프랑스가 패배하기 전까지 약 14년 동안 국제 무대에 나서지 못하게 되었다.

러시아의 알렉산드로 2세는 유럽의 열강들과 맞서기 위해서는 후진성을 탈피해야 된다는 것을 깨닫고, 1861년 농노 해방령을 실시하는 등 개혁을 추진했다. 그 뒤 러시아는 1877년에 크림 전쟁에서의 패배를 설욕하고, 남하 정책을 계속 추진하기 위해 다시 러시아 · 투르크 전쟁을 일으켰다.

오스트리아는 뒤늦게 러시아와의 우호 관계를 깨고 전쟁에 참여하여, 후에 프로이센 · 오스트리아 전쟁 때 러시아의 지지를 얻지 못하게 된다. 그 결과 영국과 프랑스의 지원도 받지 못해 오스트리아는 결국 전쟁에서 패하게 되었다.

이로써 나폴레옹 전쟁 이후 유럽 외교의 기본 질서를 유지하던 빈 체제는 무너졌고, 이슬람 국가였던 오스만 튀르크 제국이 유럽의 국제법 영역 안으로 들어오게 되었다.

크림 전쟁은 제대로 준비가 갖춰지지 않은 상태에서 진행되었기 때문에 러시아와 연합군 모두에게 큰 손실만 남겼다. 그렇지만 이 전쟁을 계기로 새로운 무기와 전략을 앞세운 현대전이 등장하게 되었다.

백의의 천사 나이팅게일

치열한 전투와 전염병이 겹친 크림 전쟁으로 인해 양측은 모두 약 25만 명이 사망하는 엄청난 손실을 낳게 되었다. 이때 영국 《타임즈》의 윌리엄 하워드 러셀 기자세계 최초의 종군 기자는 전쟁 소식을 본국으로 보내, 고통스러운 참상을 그대로 세상에 알렸다.

이 소식을 접한 플로렌스 나이팅게일은 열악한 의료 환경으로 고통받는 군인들을 위해 간호사들을 인솔하고 전쟁터로 향했다. 당시 나이팅게일은 런던 숙녀 병원 간호 부장이었다. 그녀는 전쟁터에 도착하자마자 야전 병원전선 후방에 세워진 임시 병원. 크림 전쟁 당시 세계 최초로 세워짐을 세워, 국적을 가리지 않고 헌신적으로 병사들을 치료하여 수많은 생명을 구했다. 그때부터 사람들

크림 전쟁에서 국적을 가리지 않고
수많은 병사들의 생명을 구한 나이팅게일

은 그녀를 '백의의 천사'라고 불렀고, 일부에서는 크림 전쟁을 '천사 전쟁'이라고 부르기도 했다.

그 뒤 앙리 뒤낭이 전쟁 부상자 구호를 위한 국제기구의 창설을 주장하였고, 유럽의 각국이 적극 협조하여 1863년 국제 적십자가 창설되었다. 1864년에는 국적이나 정치, 종교, 사상에 구애받지 않는 구호 활동을 원칙으로 하는 제네바 협약^{적십자 조약}이 체결되었다.

국가의 통일과 노예 해방을 위해

미국의 남북 전쟁

대서양에서 태평양에 이르는 국가로 성장한 미국

7년 전쟁★ 이후 영국은 전쟁 때문에 생긴 재정적 손실을 메우기 위해 아메리카 식민지에 대한 기존 정책을 바꾸었다. 이에 따라 식민지를 통제하고 세금을 늘리는 등 탄압하기 시작했다. 그러자 식민지 대표들은 1776년, 영국으로부터의 독립을 선언하고 전쟁을 치렀다. 그 결과 파리 조약1783년을 통해 독립을 인정받고, 1789년에는 영국의 식민지였던 13개 주로 구성된 미국아메리카 합중국United States of America이라는 새로운 연방 공화국으로 탄생하게 되었다.

미국은 처음부터 연방파중앙 정부의 권한을 강화하려는 중앙 집권주의와 반연방파주의 독립적인 권한을 유지하려는 지방 분권주의의 대립으로 매우 불안정하게 시작했다. 그

★ 7년 전쟁
오스트리아 왕위 계승 전쟁으로 인해 슐레지엔을 빼앗긴 마리아 테레지아 여제가 프랑스·러시아와 손을 잡고 프로이센과 7년(1756~1763년) 동안 벌인 전쟁.
이때 해외 식민지를 두고 프랑스와 전쟁 중이던 영국은 프로이센의 편에 서서 전쟁에 참여했다. 그러나 큰 성과 없이 엄청난 재정만 낭비하고 말았다.

러나 나폴레옹 전쟁 때 중립적인 입장을 지키면서 무역을 통해 큰 이익을 챙겼다. 그 과정에서 영국의 방해로 미국의 선박들이 나포사람이나
배·비행기 등을 사로잡음되는 일이 벌어지자, 다시 영미 전쟁1812~1814년을 벌였다. 이 전쟁 후 미국은 경제적으로 자립할 수 있었을 뿐 아니라 발전하기 시작했다.

미국의 경제 발전에 박차를 가한 것은 서부로의 영토 확장이었는데, 맨 먼저 1803년 루이지애나를 사들인 이후 1819년 플로리다를 차지했다. 1845년에는 텍사스를 병합둘 이상의 기구나 단체, 나라 따위를 하나로 합침했으며, 1846년 멕시코와의 전쟁을 통해 캘리포니아와 뉴멕시코를 할양 받았다. 이로 인해 1840년대에 이미 대서양에서 태평양 연안까지 이르는 대륙 국가로 발전하였다.

미주리 협정에서 드레드 스콧 사건까지 계속된 분쟁

미국은 크게 남부 지방과 북부 지방으로 이분화되어 발전하면서 경제적·정치적 이해관계로 인해 대립할 수밖에 없는 상황에 이르렀다.

북부의 주들은 유럽에서 온 이주민들을 중심으로 풍부한 지하자원을 이용한 공업과 상업이 발전하였다. 이에 비해 넓은 평야가 대부분인 남부는 노예 노동을 기반으로 하는 면화와 사탕수수를 재배하는 대농장이 큰 비중을 차지하고 있었다. 독립할 당시부터 연방파북부와 반연방파남부로 서로 다른 입장을 취해 오던 이들은 새로 편성된 서부의 주들이 자유 주노예 제도를 인정하지 않은 주를 택하느냐, 노예 주노예 제도를 합법적으로 인정한 주를 택하느냐를 둘러싸고 매우 날카롭게 대립하였다. 양측 모두 한 치의 양보도 할 수가 없었던 것은 이 문제가 바로 정치

적인 세력 확장과 연결되어 있었기 때문이다.

미국 의회는 인구수에 비례하여 하원 의원의 수가 결정되는데, 남부 지역의 400만이 넘는 노예들이 비록 선거권은 없지만 인구수에 포함되는 것이 문제였던 것이다. 만약 선거법상 유리한 남부 측이 하원 의석을 더 많이 차지할 경우, 북부는 세력을 확장할 수 없기 때문에 양측 모두 노예제 폐지에 더욱 민감하게 반응하지 않을 수 없었다.

남부와 북부의 이런 숨겨진 갈등은 1817년에 미주리가 새로운 미연방주로 편입하는 과정에서 드러나기 시작했다. 당시 미국은 자유주와 노예 주가 각각 11개였는데, 미주리 주가 노예제를 채택할 경우 그동안 유지되어 온 남북의 세력 균형이 깨어질 상황에 처했기 때문이다. 그래서 양측은 서로 타협하여 미주리 협정을 결정하였다. 이로써 노예제 확대를 둘러싼 남북의 대립은 해결된 듯 보였다.

그러나 30여 년이 지난 뒤 캔자스-네브래스카 법이 통과되면서 준주주의 자격을 얻지 못한 미국의 행정 구역의 노예제 채택의 여부를 주민 주권론★에 맡겼다. 이로써 사실상 미주리 협정이 깨지게 되자, 남과 북은 다시 노예제 채택 문제로 맞서게 되었다. 노예제 확장으로 인한 지역 갈등을 줄이기 위해 제정된 이 법안의 통과로 양측 지지자들은 서로를 공격하였다. 캔자스에서는 유혈 사태가 벌어져 피의 캔자스라 불리는 참극까지 일어나게 되었다.

★ 주민 주권론
준주(準州)가 연방에 가입할 때 자유 주가 될 것인지 노예 주가 될 것인지를 준주의 주민 결정에 맡기자는 이론.
1850년 유타와 뉴멕시코 지역에서 최초로 적용되었다.

이후 1857년 내려진 드레드 스콧 판결로 인해 노예제 폐지를 지지하는 공화당이 세력을 굳히게 되자, 남북 간의 분쟁은 더욱 심각해졌다. 그 결과 남부의 몇몇 주들이 연방에서 탈퇴하겠다고 나섰다. 이 위협은 남북 전쟁을 일으킨 결정타가 되었다.

이 무렵 1852년에 스토우 부인이 소설 《톰 아저씨의 오두막Uncle

TIP 남북 전쟁 발발 이전의 주요 분쟁들

주요 사건	시기	내용
미주리 협정	1821년	미연방으로 새로 편입되는 미주리를 노예 주로 인정하는 대신, 메인 주를 매사추세츠 주에서 분리하여 자유 주로 편입시키기로 결정한 법안. 이후의 주 편입 때는 북위 36°30′ 이남은 노예 주, 그 이북은 자유 주 지역으로 할 것도 함께 결정하였다.
캔자스-네브래스카 법	1854년 5월 30일	캔자스와 네브래스카 2곳의 정부 조직을 주민 주권의 원칙에 따르도록 결정한 것으로, 남북 전쟁 직전 노예제 확장 문제에 관한 국가 정책에 중요한 변화를 가져온 법. 특히 준주에 노예제 허용 여부를 결정하는 데 의회의 법령보다 주민 주권 원칙이 우선함을 보여 주는 법령이다.
피의 캔자스	1854년 ~1859년	미국의 노예제 지지론자와 폐지론자가 주민 주권론이라는 원칙을 놓고 새로운 준주인 캔자스를 장악하기 위해 벌인 소규모의 내란. 캔자스-네브래스카 법이 통과된 후 북부의 자유 토지 지지자들은 무장된 이민 단체를 결성해 캔자스로 이주했고, 노예제 지지자들도 주 경계를 넘어 몰려왔다. 노예제 폐지론자인 한 거주민의 살인 사건을 계기로 터진 이 분쟁은, 1861년 캔자스가 자유 주로 연방에 가입하면서 끝이 났다.
드레드 스콧 판결	1857년 3월 6일	모든 준주에서 노예 제도를 합법화함으로써 지역 간의 분쟁과 내란의 길로 치닫게 한 연방 대법원의 판결. 노예였던 드레드 스콧은, 미주리 주에 오기 전에 자유 주와 자유 준주에 살았음을 내세워 자신이 자유 신분임을 밝혀 달라는 소송을 미주리 주 법원에 제기했다. 하지만 대부분 남부 출신이었던 연방 대법원 판사들이 흑인은 미국 시민으로서 권리를 행사할 자격이 없으므로, 연방 법원에 제소할 권리도 없다고 주장했다. 뿐만 아니라 미주리 협정은 준주 지역에서 노예 제도를 폐지할 권한이 없기 때문에 위헌이라고 선언하였다.

Tom's Cabin)을 출간하여 흑인 노예의 참상을 알리는 데 한몫을 거들면서, 북부 지역 사람들은 노예제 폐지에 더욱 열을 올리게 되었다.

링컨의 대통령 당선과 아메리카 남부 연합의 대결

남북 전쟁이 일어나는 데 불을 붙인 것은 바로 1860년에 치러진 제16대 대통령 선거였다.

이 선거에서 노예제를 반대하는 공화당 후보 에이브러햄 링컨이 대통령으로 당선되자, 앨라배마를 비롯한 남부의 7개 주는 대통령 취임에 반대하고 나섰다. 그들은 대통령 취임 전인 1861년 2월에 미연방에서 탈퇴를 선언하고 '아메리카 남부 연합' ★을 조직한 후 제퍼슨 데이비스를 대통령으로 선출하였다.

또 남부 연합은 1861년 4월 12일 사우스캐롤라이나 주 찰스턴 항에 있는 섬터 요새를 먼저 공격했다. 이때 갑작스런 공격을 받은 북부

★ 아메리카 남부 연합

1860년 대통령 선거에서 반노예주의자인 공화당의 링컨이 당선되자, 노예제의 존속을 강력히 주장하던 남부의 사우스캐롤라이나 · 조지아 · 플로리다 · 앨라배마 · 미시시피 · 루이지애나 · 텍사스 등 7주(州)는 합중국 탈퇴를 선언하였다. 1861년 2월 8일 앨라배마 주의 몽고메리에 7주 대표가 모여 임시 헌법을 제정함으로써 남부 연합이 발족되었다.

남북 전쟁이 시작되자, 버지니아 · 노스캐롤라이나 · 테네시 · 아칸소 등 4개 주가 추가로 가입하여 남부 연합은 모두 11주로 늘어났다. 수도는 리치먼드로 정하고, 대통령에는 미시시피 주의 제퍼슨 데이비스, 부통령에는 조지아 주의 알렉산더 스티븐스가 선출되었다. 같은 해 3월 11일 연방 의회는 합중국 헌법을 본뜬 정식 헌법을 채택했는데, 주권을 강조한 것이 특징이다.

그 뒤 남부 연합은 1865년 4월 9일 리 장군이 북군에 항복하고, 5월 10일 대통령 데이비스가 체포됨으로써 탄생 5년 만에 해체되었다.

군이 항복의 의사를 밝히려고 예포를 발사했는데, 이 포탄에 남부군 병사가 전사하는 바람에 본격적인 전쟁이 시작된 것이다.

링컨은 지원병을 모집하고, 남부군과의 전투를 준비했다. 이 무렵 로버트 리 대령이 북부군을 떠나 남부군에 합류하였고, 노예 주 가운데 아칸소를 비롯한 4개 주가 남부 연합에 가담함으로써 남부군은 더 큰 지지 세력을 얻게 되었다.

섬터 요새의 전투 이후 북부군은 남부 연합의 수도인 리치먼드^{미국} 버지니아 주에 있는 도시를 향해 진군하였다. 7월 21일, 불런 강^{버지니아 주 북동} 부 머내서스에 위치에서 남부군과 만나 최초 교전을 벌이게 되었다. 이때 북부군은 '철벽 장군'이라 불리는 토머스 잭슨과 보러가드 장군이 이끄는 남부군에게 패배하여 워싱턴으로 후퇴했다^{제1차 불런 전투}.

수적으로 우세했음에도 불런 전투에 패배한 북부군은 신병을 더 소집해서 훈련을 강화한 뒤 1862년 2월 다시 진격을 시작했다. 그랜트 장군이 이끄는 포토맥 군*은 미시시피 강변에 있는 헨리 요새와 도넬슨 요새를 공략하여 점령하고, 켄터키 주와 테네시 주까지 통제하게 되었다.

4월에는 매클렐런 장군이 다시 리치먼드를 점령하기 위해 진군하였지만, 남부군의 로버트 리 장군의 부대에 저지당했다. 매클렐런이 리치먼드 동쪽으로 퇴각하자 리 장군은 북부군을 공격했다가 막대한

★ 포토맥 군

1861년 창설된 후 조지 매클렐런 장군이 훈련시킨 북부군의 주력군.
전쟁 내내 남부군의 리 장군이 이끄는 노스버지니아 군단과 주로 싸웠고, 게티즈버그 전투에서 리 장군의 부대를 격파하면서 남북 전쟁에서 북부군이 승리하는 데 결정적인 역할을 했다. 전쟁이 끝난 후 1865년 6월에 해체되었다.

피해를 입고 격퇴당했다. 그러나 리 장군은 다시 잭슨 장군과 연합하여 존 포터 장군이 이끄는 북부군과 치열한 접전을 벌인 끝에 승리를 거두었다. 결국 매클렐런 장군이 이끄는 포토맥 군은 리치먼드 장악에 실패하고, 요크타운 반도에서 철수하고 말았다7일 전투와 반도 회전(일정 지역에 대규모의 병력이 집결하여 전투를 벌임), 1862년 6월 25일~7월 1일.

링컨 대통령은 1862년 7월에 존 포프 장군을 지휘관으로 하는 '버지니아 군'을 새로 창설하여 리치먼드 근처로 진격시켰다. 하지만 북부군은 리 장군이 보낸 잭슨의 매복 작전에 당해 패배를 하였고, 다시 워싱턴 방면으로 철수하게 되었다제2차 불런 전투, 8월 29일~30일.

2차 불런 전투에서 승리한 리 장군은 메릴랜드로 진격하다가, 앤티텀샤프스버그에서 재편된 매클렐런 장군의 부대와 마주쳐 치열한 전투

〈치열했던 남북 전쟁〉

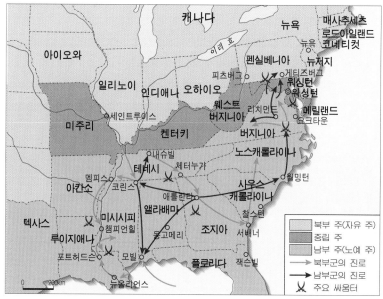

를 벌였다. 이 전투에서 승리한 메클렐런은 리 장군의 진격을 막아내는 데 성공하였다. 그런데 리의 작전 명령서를 손에 넣고서도 아무런 조치를 취하지 않아, 리 장군은 버지니아로 안전하게 퇴각하였다앤티텀 전투, 9월 17일.

앤티텀 전투에서 북부군이 승리하자, 링컨 대통령은 9월 22일에 '노예 해방 예비 선언'을 선포했다. 그 내용은 남부 연합이 1863년 1월 1일까지 연방에 복귀하지 않으면, 그날을 기해 남부의 모든 노예를 해방시킬 것이었다. 그해 11월 링컨은 북부의 포토맥 군 사령관인 매클렐런을 해임하고, 번사이드 장군을 새로운 사령관으로 임명하여 리치먼드로 보냈다.

그 사이 전열을 다시 가다듬은 남부군의 리 장군은 버지니아 주의

TIP 남북 전쟁에 철갑선이 등장했다고?

남북 전쟁 당시 바다에서는 역사상 최초로 철갑선끼리 맞붙어 싸운 전투가 있었다. 바로 1862년 3월 9일, 버지니아 주 제임스 강어귀에 있는 햄프턴로즈 항구에서 벌어진 해전을 말한다.

이때 남부군은 전통적인 증기 프리깃 함(艦)인 북부군의 '메리맥 호'를 노퍽 해군 기지로 인양한 뒤, 상부 갑판을 철제로 덮어 새로 '버지니아 호'라 이름 붙여 북부군의 목제 함선들을 차례로 격침시켰다.

그날 밤 존 워든 대위가 이끄는 북부군의 철갑선 '모니터 호'가 도착했다. '뗏목 위의 양키 치즈 상자'라고 부르기도 하는 이 배는 완전히 새로운 유형의 전함이다.

그날 양측의 지원병들이 근처의 다른 전함과 해안에서 지켜보는 가운데 정말 극적인 해전이 벌어졌다. 두 철갑선이 맞붙은 전투에서는 대체로 모니터 호가 승리를 거둔 것으로 판정되었다. 이 해전은 전세에 결정적인 것은 아니었지만, 양 진영의 사기에는 커다란 영향을 끼쳤다고 한다.

프레데릭스버그에 참호^{야전에서 몸을 숨기면서 적과 싸우기 위해 방어선을 따라 판 구덩}이를 구축하고 북부군과 맞서 싸웠다. 이때 참호 속에서 전투에 임했던 남부군은 5천여 명의 사상자를 낸 데 비해, 북부군의 사상자는 1만 2천 명에 달했다^{프레데릭스버그 전투, 12월 13일}.

프레데릭스버그 전투에서 패배한 뒤, 북부군의 사령관은 다시 조지 프 후커로 교체되었다. 후커 장군이 이끄는 북부군은 그해 겨울 내내 라파하노크 강 주변에서 남부군과 대치 상태로 있었다. 1863년 4월 후커 장군이 먼저 강을 건너 챈설러스빌 근처로 군대를 이동했다. 이 때 후커의 부대는 병력 면에서 두 배나 우세한 상황이었음에도, 남부 군의 동태를 알아차리지 못한 채 리 장군의 기습을 받아 강 북쪽으로 물러나야만 했다. 이 전투에서 남부군은 '철벽 장군' 잭슨이 남부군 경계병의 오인 사격으로 부상을 입고 사망하는 큰 손실을 입었다^{챈설}러스빌 전투, 1863년 5월 1일~5일.

최대의 격전, 게티즈버그 전투

남부군의 리 장군은 유럽 국가들로부터 남부 연합을 승인받기 위해 북부로 진격하기로 결정했다. 그 사이 북부 포토맥 군의 사령관은 다 시 조지 미드 장군으로 바뀌었다. 리 장군은 군대를 펜실베이니아 주 남부 게티즈버그로 진격시켰다. 양측 사령관은 모두 게티즈버그를 차 지해야 한다는 결의를 갖고 필사적으로 싸웠다.

전투가 시작된 7월 1일부터 치열한 격전이 벌어져 엄청난 사상자가 생겼다. 이틀째 되는 날에도 중요 고지를 차지하기 위한 공격이 계속 되었고, 3일째 되는 날엔 피켓이 이끄는 남부군 선봉대가 북부군이

에이브러햄 링컨은 미국 제16대 대통령 이자, 남북 전쟁의 업적으로 오늘날 미 국인에게 가장 존경받는 인물이다.

지키는 세미테리 능선을 맹렬히 공격했지만, 큰 타격을 입고 수백 명의 포로를 남겨둔 채 후퇴하고 말았다.

7월 4일 폭우가 쏟아지자, 리 장군은 그 틈을 이용해 버지니아로 퇴각하기 시작했다. 북부군의 미드 장군은 무리할 필요가 없다고 판단하고 리 장군을 추격하지 않았다. 이 전투에서 막대한 피해를 입은 리 장군은 더 이상 북부 침공을 시도하지 않았다. 한편 끝까지 추격하지 않은 미드의 결정은 훗날 많은 비판을 받게 되었다. 게티즈버그 전투는 남북 전쟁의 동부 전선에서 북부군이 승기를 잡는 새로운 전환점이 되었다게티즈버그 전투. 7월 1일~3일.

11월 19일 링컨 대통령은 격전지인 게티즈버그에 세워진 국립묘지 개관식에 참석하여, "국민의, 국민에 의한, 국민을 위한 정치……"라는 세계적으로 유명한 연설을 남기기도 했다.

마침내 항복한 남부 연합

서부 전선에서는 율리시즈 그랜트 장군이 1863년 7월, 미시시피 강의 도하점도하 작전 때 군대가 강을 건너는 지점인 빅스버그를 함락시킨 뒤 남부 방어의 중요한 거점을 차지하였다. 이 전투 결과 북부군에게는 미시시피 강으로 나가는 길이 열렸고, 남부 연합은 둘로 나뉘었다. 그래서 빅스버그 전투 역시 남북 전쟁의 전환점이 되는 중요 전투가 되었다빅스버그 회전. 1862~1863년 7월 4일.

빅스버그 전투에서 승리한 그랜트 장군은 체터누가남부의 전략 요충지에 포위당해 있는 북부군의 윌리엄 로즈크랜스 장군의 군대를 구하기 위해 테네시 강 유역으로 진격하였다. 후커 장군과 셔먼 장군이 보낸 증원 부대까지 합세한 북부군은 룩아웃 산과 미셔너리 산맥에서 치러진 전투에서 남부군을 물리치고 테네시 강을 장악하였다체터누가 전투. 11월 23일~25일.

서부 전선에서 계속 승리를 거둔 그랜트 장군은 그 공적을 인정받아 1864년 3월에 북부군 최고 사령관으로 임명되었다. 그 뒤 북부군은 서부 전선에서는 셔먼 장군이 이끄는 부대가 9월 3일에 애틀랜타를 점령하고, 11월에는 대서양 쪽으로 진격하여 12월 20일에 해안 도시 서배너를 함락시켰다.

또 그랜트 장군이 직접 참여한 동부 전선에서는 남부군의 주력 부대인 리 장군의 노스버지니아 군단을 섬멸시키기 위한 총공격을 펼쳤다. 북부군은 1864년 5월, 월더니스 전투부터 계속 남부군을 무찌르면서 진격하여 피터즈버그를 포위하기에 이르렀다. 포위한 지 9개월 만인 1865년 4월 그랜트 장군은 파이브포크스 전투최후의 결전에서 남부군의 주력군인 노스버지니아 군을 크게 무찌르고 승리하였다. 그 결과 남부군의 리 장군은 더 이상은 버틸 수 없다는 걸 인정하고, 4월

9일에 애퍼매턱스 코트하우스에서 항복을 했다.

엄청난 피해를 남긴 남북 전쟁

4년에 걸친 남북 전쟁에서 북부가 승리함으로써 미국의 연방은 그대로 유지되었고, 노예 제도가 폐지되어 해방된 노예에게 시민권이 주어졌다. 그러나 남북 전쟁은 당초 예상보다 길게 끌면서 양측 모두에 엄청난 피해를 안기고 말았다. 북부군은 약 36만 명이 전사했고, 남부군은 약 25만 명이 전사하는 인명 피해를 낳았다. 특히 패배한 남부는 경제적으로도 엄청난 손실을 입었다. 전쟁 중이던 1863년 1월 1일에 '노예 해방 선언'이 발표된 후 이미 많은 노예들이 북부로 도망을 가 큰 타격을 입었다. 여기에 4년여에 걸친 전쟁으로 인해 땅이 황폐화되어 대농장 중심의 남부 지역으로서는 타격을 입지 않을 수 없었다.

1865년 4월 14일, 링컨 대통령이 노예 해방 반대론자인 부드에 의해 암살당하였다. 이로써 그가 주장했던 관대한 남부 재건 안이 무용지물이 되었고, 남부에서는 10년 동안 군정이 실시되었다. 그 뒤 남부는 사회·경제적으로 엄청난 변화를 겪게 되었다. 대규모 농장은 소규

북부 자본과 기술의 유입으로 남부는 사회·경제적으로 엄청난 발전을 하게 되었다.

모로 바뀌게 되었고, 북부 사람들의 투자로 자본과 기술이 들어오면서 섬유·제철 등의 공업이 발전하기 시작했다. 그 결과 공업 생산량이 배로 증가하여, 미국 경제는 급속도로 발전하게 되었다.

그렇지만 1877년까지 차례로 연방에 복귀하게 된 남부의 백인들은 무조건 민주당을 지지하는 '솔리드사우스solid south'를 결성하여 정치적으로 공화당파와 여전히 대립하게 되었다.

프로이센 · 프랑스 전쟁

프로이센, 통일을 염원하기까지

오늘날 독일 지역의 역사는 481년 클로비스 1세가 프랑크 왕국의 문을 연 메로빙거 왕조에서 시작되었다. 이후 궁재 피핀이 정권을 장악하고 새로이 카롤링거 왕조를 열었다751년. 그의 아들 카롤루스샤를마뉴 대제는 왕국의 영토를 확장시켜 나가면서 새로 얻은 변방 지역에 '마르크Mark'★를 설치했다.

프랑크 왕국은 카롤루스 대제가 죽은 뒤 843년에 베르됭 조약에 의해 서 프랑크·중 프랑크·동 프랑크로 삼분三分되었다. 이들은 각각 프랑스·이탈리아·독일의 기원이 되었다.

962년 동 프랑크 왕국의 오토 1세가 로마 교황으로부터 황제의 칭호를 받아 신성 로마 제국Holy

★ 마르크(Mark)

프랑크 왕국과 신성 로마 제국에서 군사상 중요한 변경 지역에 설치하던 행정 구역으로, 변경백이라고 한다.
식민 통치가 이루어졌으며, 마르크의 통치자에게는 자유로운 군사 지휘권이 주어졌다. 뿐만 아니라 통치자는 행정·사법상의 최고 권력까지 누리고, 작위가 대를 이어 세습되기 때문에 후에 강력한 영방 군주로 성장하게 된다.

Roman Empire의 문을 열었다. 신성 로마 제국은 17세기에 이르러 30년 전쟁1618~1648년 후 체결된 베스트팔렌 조약으로 인해, 결국 300여 개의 독자적인 영방 국가각각의 제후들이 독립된 나라로서 주권을 행사하는 나라로 분열되었다.

그중 브란덴부르크 마르크에서 출발한 호엔촐레른 왕가는 1701년 선제후에서 프로이센 왕국으로 승격하였는데, 이때 첫 국왕으로 프리드리히 1세가 즉위하였다. 그 뒤 신성 로마 제국의 중심은 프로이센호엔촐레른 왕가과 오스트리아합스부르크 왕가로 이원화되었다. 이로써 프로이센은 신성 로마 제국의 중심이던 오스트리아에 맞서 대립하였다.

프리드리히 2세 때 절대 왕정군주가 어떠한 법률이나 기관에도 구속받지 않는 절대적 권한을 가지는 정치 체제을 수립하고, 오스트리아 왕위 계승 전쟁1740~1748년과 7년 전쟁1756~1763년에서 주도권을 장악한 프로이센은 드디어 유럽 최대의 군사력을 지닌 강대국으로 떠오르게 되었다.

프랑스 혁명 이후 1804년에 황제에 오른 나폴레옹 1세는 유럽을 전쟁의 소용돌이 속으로 몰아넣었다. 이 전쟁에서 승리한 뒤, 오스트리아와 프로이센을 제외한 모든 영방 국가들을 통합하여 라인 연방을 결성하였다. 그 결과 그동안 명목만 유지해 오던 신성 로마 제국은 1806년 프란츠 2세 시대를 끝으로 영원히 역사 속으로 사라지게 되었다. 한편 여러 차례의 대불 동맹에 참여한 프로이센은 나폴레옹 1세와의 전쟁에서 패한 뒤 틸지트 조약1807년에 의해 영토의 반을 잃고, 엄청난 배상금을 지불해야 했을 뿐 아니라 나폴레옹의 지배를 받았다.

1812년 나폴레옹이 러시아 원정에 실패하자, 프로이센을 비롯한 유럽의 여러 나라는 동맹을 맺고 나폴레옹 해방 전쟁을 선포하였다.

그 결과 나폴레옹은 퇴각하게 되었고, 유럽을 프랑스 혁명 이전으로 되돌려 놓으려는 빈 체제^{오스트리아의 재상 메테르니히 중심}가 성립되었다. 독일은 35영방과 4자유시로 구성된 독일 연방으로 다시 태어나게 되었고, 이때 프로이센은 작센 지방의 5분의 2를 얻고, 베스트팔렌 지방과 라인 강 왼쪽 유역의 광대한 영토를 추가로 보상받았다. 이로써 프로이센은 대국^{국력이 강하거나 국토가 넓은 나라}으로서의 지위를 회복하고 새로이 개혁을 시도하게 되었다.

독일 제국 통일의 주도권을 잡기 위해

빈 체제는 각국의 자유주의와 민족주의 운동을 억압하는 보수 반동^{진보적이거나 발전적인 움직임을 반대하여 강압적으로 가로막음} 체제였기 때문에 영국과 프랑스와는 달리, 프로이센에서는 자유주의가 후퇴하는 결과가 나타났다. 그 결과 1817년 독일 지역의 학생과 지식인들은 부르센샤프트를 결성하고, 빈 체제를 반대하면서 자유주의적 통일을 열망하는 운동을 전개하였다. 그렇지만 메테르니히의 탄압에 의해 무산되고 말았다.

1848년 프랑스에서 일어난 2월 혁명의 영향으로 베를린과 빈을 비롯한 독일 지역의 모든 영방에서도 자유주의 민족 국가를 쟁취하려는 3월 혁명이 일어났다. 3월 혁명의 결과 메테르니히가 실각^{일에 실패하여 있던}

지위에서 물러남하고, 오스트리아와 프로이센의 왕은 언론·집회의 자유와 새로운 의회 성립, 헌법 제정을 약속했다.

이에 영향을 받은 영방 국가들의 대표들은 1848년 5월 18일에 프랑크푸르트암마인독일 헤센 주에 있는 도시에서 독일 국민 의회를 열어 '독일 국민의 기본권'을 제정했다. 다음 해 3월에는 '독일국 헌법'신헌법을 의결하는 등의 성과를 거두었다. 그러나 통일 문제에 있어서 대독일주의오스트리아 제국을 포함시켜 그 지도 아래 독일 통일을 실현하려 한 사상와 소독일주의오스트리아를 제외하고 프로이센을 중심으로 통일을 실현하려고 한 사상가 서로 팽팽하게 맞서는 바람에 결국 더 이상의 진전 없이 무산되고 말았다. 그 결과 프로이센과 오스트리아의 관계는 더욱 악화되었다.

이런 분위기에서도 프로이센은 재정경제학자 리스트의 "영국 상품과의 경쟁이 어려운 독일의 현 상황에서는 국내의 관세 장벽을 철폐하고, 새로운 조세 제도를 도입하여 보호 무역주의를 채택하여야 한다."는 주장을 받아들였다. 이에 1818년, 독일 영방 내의 모든 관세세관을 통과하는 화물에 대하여 부과되는 조세. 수출세·수입세·통과세 세 종류가 있음를 폐지하겠다는 뜻을 발표하였다. 이러한 프로이센의 노력은 10년 뒤 프로이센과 헤센다름슈타트 공국과 처음 관세 동맹을 체결하면서 결실을 맺기 시작하였고, 독일 내 여러 영방들도 서로 동맹을 맺게 되었다.

처음에는 각각의 영방 국가들끼리 개별적으로 맺었던 관세 동맹은 1834년에 이르러 독일 관세 동맹으로 통합되었다. 이 동맹의 결과 독일은 영국 상품에 대한 방어와 함께 화폐 단일화, 독일 내 영방 국가들 사이의 관세 폐지, 상업 정책 통일 등을 추구하여 경제적 통합을 이루는 데 성공하였다. 1854년 프로이센은 관세 동맹의 확대를 주도하였고, 오스트리아를 제외한 소독일주의에 입각한 독일 통일의 주도권을 더욱 굳히게 되었다.

철혈 재상 비스마르크의 등장

1861년 프로이센에서는 빌헬름 1세가 새로운 국왕으로 즉위하였다. 직업 군인 출신이었던 그는 상비군 병력을 증강하고, 민병대를 폐지하려 했다. 그러나 의회에 다수파를 이루던 자유진보주의자들이 민병대 제도를 문제로 군국주의국가의 가장 중요한 목적을 군사력에 의한 대외적 발전에 두고 전쟁과 그 준비를 위한 정책이나 제도를 국민 생활 속에서 최상위에 두려는 정치 체제 보수세력과 충돌하자, 빌헬름 1세는 1862년에 전형적인 융커★ 출신인 비스마르크를 재상으로 임명하였다.

강력한 군주 정치를 내세운 비스마르크는 수상 자리에 오르자, '지금 당면한 현실적인 문제는 언론이나 다수결로 해결할 수 있는 것이 아니라, 오직 철과 피로써만 해결될 수 있다.'고 주장하였다. 그러면서 그는 의회의 기능을 정지시키고 언론을 통제하기 시작했다. 그리고 정부 단독으로 군제군을 건설·유지·관리·운용하는 데에 필요한 모든 제도를 개

★ 독일 의회의 극단적인 보수파, 융커

융커(Junker)는 '지방 호족'이라는 뜻. 프로이센과 동부 독일의 지주 계층으로, 독일 제국(1871~1918년)과 바이마르 공화국(1919~1933년) 시대에 상당한 권력을 행사했다. 정치적으로 융커는 극단적인 보수주의를 대변하며, 군주제를 옹호하고 농업 보호주의 정책을 지지했다. 융커는 프로이센 군대의 간부직을 차지하고 있었기 때문에 반자유주의적인 헌법(1850~1918년)이 존속하던 프로이센에서 특히 막강한 영향력을 행사했다.

바이마르 공화국 시대에도 융커는 공화국에 적대적인 태도를 보였는데, 결국 이 공화국의 붕괴가 히틀러 등장의 원인이 되었다.

'철혈 재상'이라 불리던 비스마르크

혁하여 강력한 군사력을 바탕으로 하는 무력 통일 정책철혈 정책을 추진
하였다.

한편 오스트리아 황제 프란츠 요제프 1세는 1863년 독일 연방의 개
혁과 통일을 위한다는 명분 아래, 독일 전체 영방 군주 회의를 소집하
였다. 여기서 그는 연방 회의의 대표로 이루어진 국민 대표 기관을 설
립하자는 새로운 연방 개혁 안을 내놓았다. 그러자 비스마르크는 이 개
혁안에 독일 내에서의 프로이센의 정치적 영향력을 약화시키기 위한
목적이 숨어 있다는 것을 눈치채고, 인구 비례에 의한 대표자 선출★을
구실로 오스트리아를 견제했다. 결국 프로이센이 불참하면서 군주 회
의는 아무런 성과도 얻지 못한 채 무산되고 말았다.

★ 인구 비례에 의한 대표자 선출
비스마르크는 인구 10만 명에 1명의 국민 대표자를 선출해야 한다고 주장했다. 독일
연방의 대표자 수는 모두 460명인데, 인구 비례에 의해 대표자를 선출하면 그중 오스
트리아는 128명, 프로이센은 148명을 차지하게 되므로 프로이센이 더 유리하게 된다.

7주 동안 벌어진 프로이센 · 오스트리아 전쟁

이렇게 팽팽하게 대립하던 프로이센과 오스트리아는 슐레스비히 · 홀스타인 문제로 인해 결국 전쟁으로 폭발하고 말았다. 슐레스비히와 홀스타인은 모두 공작다섯 등급으로 나눈 귀족의 작위 가운데 첫 번째 작위이 다스리던 땅으로, 덴마크와 독일을 잇는 접경 지역에 위치하고 있었다. 그렇기 때문에 프로이센과 오스트리아는 모두 덴마크와 비교적 원만한 관계를 유지하고 있었다.

그런데 1863년 덴마크의 새로운 국왕 크리스티안 9세가 독일 연방과 아무런 협의도 없이 슐레스비히와 홀스타인을 자기 나라 영토로 병합해 버렸다. 그러자 비스마르크는 오스트리아와 연합하여 두 지역을 장악하였다. 이후 두 나라는 이들 지역을 공동으로 관리하였다. 하지만 오스트리아가 두 지역의 분할을 요구하고 나서자, 1865년 8월 13일 가스타인 조약을 맺고 슐레스비히는 프로이센에, 홀스타인은 오스트리아에 편입시키기로 결정하였다. 비스마르크는 독일 연방의 주도권을 완전히 장악하기 위해서는 오스트리아와 전쟁을 피할 수 없다고 생각하고, 전쟁을 일으킬 수 있는 구실을 만들기 위해 이 같은 결정에 동의한 것이다.

한편 비스마르크는 독일 연방의 통일을 위한 대비책으로 다양한 외교 정책을 추진하였다. 그는 프로이센이 전쟁을 일으킬 경우 이탈리아는 군사 동맹국이어서 걱정이 없었고, 러시아와 영국은 중립적인 입장을 지킬 것이라고 내다보았다. 러시아는 예전 크림 전쟁 때 오스만 튀르크 연합군에 가담하여 자신들을 압박한 오스트리아에 대해 적대감을 가지고 있었다. 또 영국은 프로이센과 덴마크 전쟁 때에도 간섭하지 않았던 점을 보아, 이번에도 적극적으로 개입하지 않을 것이라고 판단했다.

문제는 프랑스였다. 프랑스의 나폴레옹 3세^{나폴레옹 1세의 조카}는 멕시코 원정^{1861~1867년. 미국 항의로 군대 철수}의 실패로 인한 국내 비판 여론을 밖으로 돌리기 위해 프로이센과 오스트리아 사이에 전쟁이 일어나기를 바라고 있었다. 전쟁을 통해 두 나라의 힘이 약화되면 라인란트^{프로이센 령 라인 주, 독일 중서부의 라인 강 연안 지방}에 대한 프랑스의 영향력을 키울수 있는 기회라고 보았기 때문이다.

이미 이런 속셈을 꿰뚫고 있던 비스마르크는 비아리츠에서 나폴레옹 3세를 만났다. 그는 프로이센이 오스트리아와 전쟁을 할 때, 프랑스가 중립을 지켜 준다면 서운치 않게 보상을 해 주겠다고 제안했다. 그 보상이 라인팔츠^{라인 강 서쪽 연안} 지역의 양도일 것이라고 생각한 프랑스는 그 제안을 받아들이는 한편, 프로이센이 전쟁에서 져 이익을 얻을 수 없을 경우를 대비해 오스트리아와도 비밀 조약을 맺어 두었다. 만약 오스트리아가 승리하면 베네치아를 양도하는 대신, 라인 강 주변 지역을 프랑스 보호령에 두기로 한 것이다.

그러나 비스마르크는 말로만 성립되고 서류로 작성되지 않았던 이 약속을 지키지 않았다. 그 때문에 프랑스의 독일에 대한 감정이 악화되었고, 이는 프로이센 · 프랑스 전쟁의 이유가 되었다.

독일 연방에서 영향력을 확대하려는 프로이센의 시도가 오스트리아에 의해 계속 저지당하자, 1866년 봄 비스마르크는 마침내 오스트리아와 전쟁을 결심하고 준비에 나섰다. 같은 해 6월 17일, 오스트리아가 먼저 선전 포고를 하고 다음 날 바로 프로이센이 대응하면서 마침내 전쟁은 시작되었다. 프로이센·오스트리아 전쟁은 8월 23일, 오스트리아가 항복하기까지 걸린 기간이 7주라고 해서 '7주 전쟁'이라고도 부른다.

에스파냐 국왕 선출 문제를 둘러싼 대립

오스트리아를 제압한 프로이센은 마인 강독일 라인 강의 가장 큰 지류 이북 지역을 장악하고 독일 연방의 주도권을 거머쥐었다. 이에 민감하게 반응하게 된 나라는 당연 프랑스였다.

프랑스는 비스마르크에게 당초 비아리츠에서 약속한 것을 지켜 줄 것을 요구했지만, 비스마르크는 이를 거부하였다. 그러자 프랑스는 독일 연방 중 하나이면서 네덜란드 왕의 통치를 받고 있던 룩셈부르크를 매수하려고 하였다. 그러나 비스마르크의 방해 공작으로 런던 회의에서 다른 열강들이 룩셈부르크를 영세 중립 국가로 만들기로 결정하였다. 이때 프랑스가 강력히 반발하자, 비스마르크는 룩셈부르크에 주둔해 있던 프로이센 군을 철수시켜 프랑스를 달랬다.

이 무렵 프랑스는 국제적으로도 고립 상태에 빠졌다. 영국은 프랑스 견제를 위해 프로이센이 더 강해지기를 바라고 있었을 뿐 아니라 식민지 문제를 두고 나폴레옹 3세의 움직임을 주시하고 있었다. 또 러시아는 비스마르크가 크림 전쟁의 결과로 체결된 흑해에서의 비무장화 조약을 풀어 주겠다고 약속했기 때문에 프랑스와의 동맹 제의를 거부했다.

이에 프랑스는 오스트리아에 동맹을 제의했으나 이 또한 무산되고 말았다. 오스트리아는 프로이센과의 전쟁 복구에 힘을 쓰는 한편, 자

신성 로마 제국 당시 동전

국 내에서 봉기한 헝가리 인^{마자}^르족들을 진정시키기 위해 오스트리아-헝가리 제국을 선포하는 등 혼란스러운 상황이었기 때문이다. 또 발칸 반도에 대한 미련을 버릴 수 없어 이탈리아를 끌어들여 동맹으로서 함께하는 조건을 요구하였기 때문이다. 그 당시 프랑스와 이탈리아는 로마 문제로 갈등을 안고 있었기 때문에 두 나라 모두와 동맹을 추진할 수 없는 오스트리아로서는 프랑스의 동맹 제의를 거부했던 것이다.

결국 프랑스의 나폴레옹 3세는 더 이상 유럽에서 프로이센의 입김이 세지는 것을 두고 볼 수 없다고 판단하고 전쟁의 구실을 찾기 시작했다. 그때 에스파냐에서 혁명이 일어났다. 1868년 부르봉 왕가^{프랑스}측의 이사벨라 여왕을 쫓아낸 혁명 지도자들은 프로이센 빌헬름 1세의 사촌인 레오폴트 대공에게 새로운 왕위를 제안하였다. 이 소식을 들은 비스마르크가 레오폴트 대공을 설득하여 왕위를 받아들이게 했다. 완전한 독일 통일을 위해서는 프랑스를 눌러야 한다고 생각하던 비스마르크도 프랑스를 자극하기 위해 에스파냐 왕위 계승 문제에 적극적으로 관여한 것이다.

1870년 6월 21일에 에스파냐가 그 사실을 발표하자 프랑스는 크게 반발하였고, 프로이센과의 전쟁도 불사하겠다면서 레오폴트의 사퇴를 요구하고 나섰다. 그러자 처음부터 왕위 수락을 반대했던 빌헬름 1세는 비스마르크의 반대에도 불구하고 에스파냐 왕위 수락을 접고 말았다.

이 무렵 프랑스의 프로이센 주재직무상 파견되어 한 곳에 머물러 있음 베네데티 대사가 레오폴트 대공의 에스파냐 왕위 포기에 대해 확답을 받기 위해 엠스 온천독일 헤센 나사우에 있는 온천에서 휴양 중인 빌헬름 1세를 방문했다. 이때 그들이 나눈 회담의 내용은 베를린에 머물고 있던 비스마르크에게 전보로 전달되었다. 비스마르크는 프랑스를 전쟁에 나서게 하기 위해 그 전보 내용을 프랑스 대사가 프로이센 국왕을 모욕했다고 바꾸어 7월 14일에 영국 신문에 발표해 버렸다. 또 베네데티가 벨기에 병합을 거론한 문서까지 몰래 《런던 타임즈》에 제공했다엠스 전보 사건.

그 결과 비스마르크의 예상대로 프로이센 국민들의 프랑스에 대한 반감이 급속도로 커졌고, 프랑스 국민들 역시 프로이센에 대해 격분하게 되었다. 전쟁을 원하는 비스마르크의 의도를 읽은 나폴레옹 3세는 1870년 7월 19일에 먼저 선전 포고를 하고 나섰다. 그러자 프로이센도 방어 전쟁이라는 것을 강조하면서 프랑스를 향해 전쟁을 선언했다. 이때부터 1871년 5월까지 두 나라 사이에 일어난 전쟁을 '프로이센 · 프랑스 전쟁보-불 전쟁' ★이라고 한다.

★ 프로이센 · 프랑스 전쟁을 보불 전쟁이라 부르는 이유
한자로 프로이센을 보로사(普魯斯)라고 부르고, 프랑스는 불란서(佛蘭西)라 부르기 때문에 보불 전쟁이라고 한다.
참고로 프러시아(Prussia)는 프로이센을 영어로 부르는 명칭이다.

프로이센·프랑스 전쟁의 과정

이미 전쟁 준비를 갖추고 있었던 프로이센은 북독일 연방뿐 아니라 남독일 국가들의 지지까지 얻어 더욱 강력한 군대를 이끌고 프랑스 군과 싸웠다.

몰트케 장군이 이끄는 프로이센 군이 서쪽으로 진군하자, 라인 지방에 있던 프랑스의 바젠 장군도 13만 군대를 이끌고 동쪽으로 진격해 대항했다. 8월 16일, 바젠의 군대는 마르스라투르 동쪽 비옹빌 근처에서 프로이센 군에 차단당한 채 대규모 기마 전투를 벌였다. 다음 날 바젠은 메츠_{오늘날 프랑스 북동부 로렌 지방 모젤 주의 주도} 서쪽에서 얼마 떨어지지 않은 그라블로트 근처에 있는 언덕까지 군대를 철수시킨 뒤, 공격해 오는 프로이센 군을 크게 쳐부수었다. 그라블로트 전투에서 프로이센 군은 2만이 넘는 군사들이 죽거나 부상당했다. 그것도 잠시, 바젠 장군이 반격을 서두르지 않자 프랑스 군대는 곧 수세_{적의 공격을 맞아 지키는 형세}나 그 세력에 몰려 메츠로 후퇴하였다. 몰트케는 일부 병력을 이용해 바젠 장군의 부대를 메츠에 가두어 두었다. 그런 상태로 54일 동안 갇혀서 버티던 바젠 장군의 부대는 결국 프로이센 군대에게 항복하고 말았다_{마르스라투르 전투와 그라블로트 전투}.

그 무렵 프랑스의 마옹 장군이 나폴레옹 3세와 함께 메츠에 갇힌 프랑스 군을 구해 내기 위해 작전을 세웠다. 그렇지만 이를 이미 파악하고 있던 몰트케는 작센의 알브레히트 황태자가 이끄는 부대를 보내 프랑스 군의 진로를 차단하였다. 마옹은 더 이상 진격하지 못한 채 스당 요새_{프랑스 동부에서 북쪽으로 흐르는 뫼즈 강 연안의 프랑스 국경에 있는 요새}로 후퇴하였다. 이때 몰트케는 프리드리히 빌헬름 황태자가 이끄는 프로이센

제3군을 움직여 스당을 완전히 포위했다. 1870년 9월 1일, 마옹 장군이 다치면서 프랑스 군의 지휘 체계가 흔들렸다. 그 틈을 놓치지 않고 프로이센 군대는 포병 부대를 앞세워 스당 요새에 포격을 퍼부은 뒤 총공격을 개시했다. 그 결과 9월 2일, 나폴레옹 3세는 8만이 넘는 병사들과 함께 프로이센의 포로가 되어 항복을 하였다^{스당 전투}.

〈독일 제국의 통일 전쟁〉

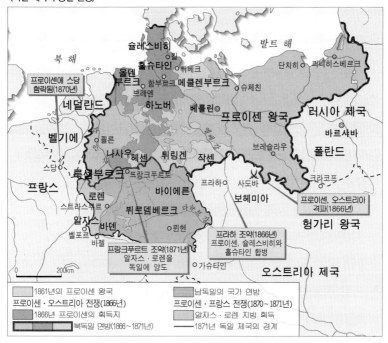

프로이센은 여기서 멈추지 않고 계속 진격해 9월 19일에는 마침내 파리를 포위하기에 이르렀다. 한편 프랑스 파리에서는 전쟁 포로로 붙잡힌 황제를 폐위시키고, 임시 정부가 수립되어 파리를 방어하는 데 주력을 다하였다. 그러나 1월 28일까지 강력하게 저항하던 프랑스는 굶주림을 견디지 못해 결국 항복하고 말았다.

1871년 5월 18일 프로이센은 티에르가 주도하는 프랑스 임시 정부와 프랑크푸르트 조약을 맺고 전쟁을 종결지었다. 이 조약으로 프로이센은 배상금 50억 프랑과 함께, 과거 베스트팔렌 조약30년 전쟁 후 맺은 조약으로 프랑스에 넘어갔던 알자스와 로렌 지방을 다시 넘겨 받게 되었다.

독일 제국 선포와 성장

파리가 함락되기 전 1871년 1월 18일에 프로이센 왕 빌헬름 1세는 베르사유 궁전에 있는 거울의 방에서, 독일 제국의 초대 황제로서 즉위식을 갖고 독일 제국을 선포하였다. 이때 신성 로마 제국 시대부터 나뉘어 있던 왕국과 대공국, 공국, 자유 도시들이 하나로 통일된 최초의 단일 국가가 등장하게 되었는데, 그 이름이 바로 도이치랜드독일이다.

독일 제국 건설의 1등 공신이었던 비스마르크는 그대로 통일된 독일 제국의 재상이 되어, 정치, 문화, 종교를 강력히 통제하면서 통일 국가의 기초를 다졌다. 그리고 산업을 보호, 육성하고 군비를 확충하여 독일을 세계 강국으로 성장시켰다.

한편 프랑스에서는 임시 정부가 알자스·로렌 지방을 넘기고 엄청난 배상금을 지불하는 조건으로 항복했다는 사실이 알려지자, 이에

★파리 코뮌
프로이센·프랑스 전쟁에서 프랑스가 패하고 나폴레옹 3세의 제2제정이 몰락하면서 파리에서 일어난 민중 봉기의 결과 세워진 정부. 혁명 정부는 72일 동안 존속하면서 민주적인 개혁을 시도하였지만 정부군에게 패배하여 붕괴되었다.
코뮌은 지방 자치 제도를 채택한 중세 서유럽의 행정구를 일컫는 말이다.

격분한 파리 시민들은 폭동을 일으켰다. 사회주의자와 노동자들이 대부분이었던 그들은 1871년 3월 티에르의 임시 정부를 몰아내고 '파리 코뮌'*이라는 자치 정부를 세워 세계 최초로 노동자 정권을 수립하였다. 그러나 독일의 지원을 받은 임시 정부가 이들을 진압하자, 프랑스에서는 대통령 중심제인 제3공화국^{1870~1940년}이 시작되었다.

조선을 둘러싼 청나라와 일본의 패권 다툼

청일 전쟁

청나라의 근대화를 향한 움직임

두 차례에 걸친 아편 전쟁을 치른 청나라는 자신들이 서구 열강들에 비해 여러 면에서 매우 뒤처져 있다는 것을 깨달았다. 그래서 추진하기 시작한 것이 서양의 근대 문물을 받아들여 나라의 경쟁력을 키우려는 양무운동★이다.

이 개혁은 1861년 함풍제가 죽은 뒤 신유정변1861년에 동치제의 생모인 서태후와 공친왕 등이 숙순 일파를 제거하기 위해 일으킨 정치 쿠데타을 통해 베이징의 실권을 장악한 공친왕함풍제의 아우과 태평천국의 난을 진압하는 데 공을 세운 중국번, 이홍장, 좌종당 등의 한인 관료들이 중심이 되어 추진되었다. 1861년 베이징에 총리아문중국 정부에서 서양과의 업무를 관장하던 기관을 설치하면서 시작되었다.

양무운동 초기에는 서양식으로 청나라 군대를

★ 양무운동
1861년부터 1894년까지 중국에서 진행된 근대화 운동. '양무'란 다른 나라와의 외교 교섭에 관한 사무를 뜻하는 말이지만, 넓게는 서양의 문물과 기술을 받아들인다는 뜻으로 쓰였다. 청나라 동치제 때 시작했다 하여, 이를 동치 중흥(同治中興)이라고도 한다.

〈청나라의 양무운동〉

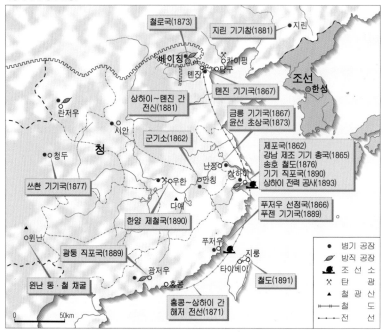

철로국(1873)

지린 기기창(1881) ·지린

뻬이징 ○카이펑
톈진 ○탕구

상하이~톈진 간
전신(1881)

톈진 기기국(1867)

란저우

시안

청

청두

군기소(1862)

금릉 기기국(1867)
윤선 초상국(1873)

조선
◎한성

난징○ ○상하이
우한✕ ○안칭

제포국(1862)
강남 제조 기기 총국(1865)
송호 철도(1876)
기기 직포국(1890)
상하이 전력 공사(1893)

쓰촨 기기국(1877)

다예▲

한양 제철국(1890)

○윈난

광둥 직포국(1889)

광저우

윈난 동·철 채굴

홍콩

푸저우 선정국(1866)
푸젠 기기국(1889)

푸저우

지룽
타이베이

철도(1891)

홍콩~상하이 간
해저 전선(1871)

0 50km

● 병기 공장
🌿 방직 공장
⛴ 조 선 소
✕ 탄 광
▲ 철 광 산
╟┼┼┤ 철   도
├──┤ 전   선

무장시키고, 군수 공장을 세워 서양식 무기와 군수품을 만드는 등 군
사력 증강에 중점을 두고 전개되었다. 그렇지만 1870년대 이후에는
광공업이나 교육 등 다른 부문까지 근대적 개혁을 확산하여 서양 상
인에게 빼앗긴 경제적 이권을 되찾으려고 노력했다.

　그러나 양무운동은 기존의 정치·사회 제도와 중화사상을 바탕으
로 한 전통은 그대로 두었기 때문에 많은 문제점을 드러냈다. 총리아
문 대신이었던 공친왕이 중앙 권력을 확실히 잡지 못한 상태에서 정
치적·사회적 개혁 없이 단순한 기술만 받아들였다. 이렇게 되자 근
대화된 군대는 권력자의 개인 병사가 되었고, 기업 역시 일부 관료들

이 독점하는 결과를 낳았다.

결국 청 · 프 전쟁1884년 프랑스가 베트남에 대한 종주권을 얻으려고 청나라와 벌인 전쟁의 패배로 군사 개혁을 통해 부유한 나라를 세우려던 꿈이 무너지자, 양무운동을 비판하면서 정치적 개혁을 요구하는 목소리가 커졌다. 결국 권력을 쥔 서태후 세력의 탄핵을 받아 공친왕이 사임하게 되자 양무운동은 쇠퇴하고 말았다.

일본의 근대화, 메이지 유신

한편 일본은 16세기 후반 도요토미 히데요시가 통치하면서부터 대륙 진출의 야망을 가졌다. 그렇지만 임진왜란 때 조선 침략에 실패하면서 더 이상 대륙 진출을 추진하지 않았다. 17세기 초, 도쿠가와 이에야스가 에도 막부도쿠가와 이에야스가 천하 통일을 이루고, 지금의 도쿄에 수립한 일본의 무신 정권를 열고 적극적으로 농업 장려 정책을 추진했다. 그 결과 농업이 안정되자 수공업과 상업이 발달하였고, 상인 계층은 문화와 경제를 담당하는 중간 계급으로 사회를 이끌어 가는 주역으로 떠오르게 되었다.

에도 막부는 기본적으로 서양에 대해 쇄국 정책다른 나라와의 통상과 교역을 금지함을 추진했지만, 네덜란드 상인에게만은 제한적으로 교역을 허용하였다. 또 중국의 성리학과 양명학, 중국에서 번역된 서양 관련 서적들을 들여와 학문을 발달시켰다. 그 덕에 19세기 중엽에는 제련광석을 용광로에 넣고 녹여서, 함유한 금속을 분리 · 추출하여 정제하는 일, 조선배를 설계하여 만듦, 무기 제작 등 새로운 기술에 대한 지식을 갖춘 사람들이 많이 생겨났다.

일본은 메이지 유신을 통해 서양 문물을 적극적으로 수용하며 동아시아의 제국으로 발전하는 기틀을 마련했다.

1854년 미국의 강한 개방 압력을 받은 일본은 하는 수 없이 쇄국 정책을 포기하고, 시모다일본 시즈오카 현 이즈 반도 남단에 있는 항구 도시와 하코다테일본 홋카이도에 있는 도시를 개항하였다. 1858년에는 일본 최초의 불평등 조약인 미·일 수호 통상 조약을 체결하였다. 이후 러시아·영국·프랑스와도 불평등 통상 조약을 맺었다.

그러나 아직 개방 준비가 되어 있지 않은 상태에서 일본에 외국 상품이 들어오자 물가가 폭등하고, 값싼 외국 공산품 때문에 일본 상품들이 살아남기 어렵게 되었다. 이에 각 번*들은 서둘러 서양 문물을

★ 번
제후가 다스리는 영지를 가리키는 말. 일본에서는 1만 석 이상의 소출을 내는 영토를 가지고 있는 봉건 영주인 다이묘가 지배한 영역을 뜻한다.
다이묘는 일본에서 10세기경부터 19세기 말까지 넓은 영지와 강력한 권력을 가진 유력자를 일컫던 말이다. 다이('크다'는 뜻)와 묘('소유자의 이름을 붙인 사유지'라는 뜻)가 합하여 이루어진 복합어이다.

받아들여 군비군사 시설이나 장비를 증강하였다. 그 결과 생활이 어려워진 농민들이 폭동을 일으켰고, 하급 무사들이 중심이 되어 존왕양이 운동일본 왕실의 권위를 높이고, 통상을 원하는 외부 세력을 물리치려는 운동이 벌어졌다.

사쓰마 번규슈 남부 지역의 가고시마 현 · 조슈 번야마구치 현이 동맹을 맺고 막부 타도 운동을 펼쳤다. 천황의 허락도 없이 이이 나오스케에도 막부의 고위 관료가 외국과 수호 통상 조약을 맺은 것을 비난하면서 시작하여 다른 번으로도 확대시켜 나갔다. 결국 에도 막부의 쇼군막부의 수장이었던 도쿠가와 요시노부는 1867년 10월, 메이지 천황에게 통치권을 반납하게 되었다. 역사에서는 이를 '대정봉환'이라고 한다.

메이지 천황은 1868년, 수도를 교토에서 도쿄로 옮기고 부국강병을 위한 근대화 정책인 메이지 유신을 추진하였다. 그는 먼저 봉건 체제를 중앙 집권적인 입헌 군주제군주가 헌법에서 정한 제한된 권력을 가지고 다스리는 정치 체제로 바꾸고, 신분 제도를 없애 계급 구분이 없는 평등한 사회를 만들었다. 또 서양 문물을 적극적으로 수용하여 근대적 군대를 조직하고 신식 교육을 실시하였다. 토지 · 조세 제도를 개혁하고 근대적 공업도 육성하였다. 일본은 메이지 유신을 통해 동아시아의 제국으로 발전하는 기틀을 마련하였다.

청나라와 일본이 모두 욕심 낸 조선

조선에서는 1863년에 고종이 12세의 어린 나이로 즉위하자, 그의 아버지 이하응이 흥선 대원군에 올라 섭정군주를 대신하여 나라를 다스림을 하였다. 흥선 대원군은 세도 정치왕실의 근친이나 신하가 나랏일을 마음대로 하는 정치를 하던 안동 김씨를 몰아내고, 중앙 집권 체제를 강화하기 위한 개혁을 추진하였다.

그 무렵 서구 열강들은 아시아 시장 확보를 위해 조선을 향해서도 문을 두드렸다. 그러나 전통 체제 안에서 개혁을 원했던 흥선 대원군은 쇄국 정책을 강행했다. 그로 인해 통상 수교무역을 통해 외교 관계를 맺음를 맺으려고 다가온 프랑스와 미국에 군사적으로 대응하여 병인양요와 신미양요를 치르게 되었다. 일시적으로는 외세의 침략을 막아 낸 듯 보였다.

그렇지만 성인이 된 고종이 직접 정치를 하면서, 명성 황후 세력이 정권을 장악하게 되자 상황은 변하기 시작했다. 이미 근대화에 성공한 일본은 조선의 개항을 요구하며, 1875년에 군함 운요호를 이끌고 강화 해협에 불법으로 침입하였다. 조선 수군이 운요호와 맞서 싸웠지만 크게 패하고 말았다.

(위) 운요호
(아래) 운요호 사건을
그린 그림

운요호 사건으로 조선의 군사력이 약하다는 사실을 알게 된 일본은 무력을 앞세워 더욱 강력하게 개항을 요구했다. 결국 조선은 1876년에 일본과 강화도 조약조일 수호 조약을 맺게 되었다. 이 조약은 조선 역사상 최초로 외국과 맺은 근대적 조약으로, 부산·인천·원산 3개 항구를 개항하고, 치외 법권·해안 측량권 등을 허용한 불평등 조약이었다. 또 일본 상품에 대한 무관세를 내용으로 한 조일 통상 장정을 맺게 되었다. 뒤이어 조선은 청나라의 알선으로 미국과도 불평등한 수호 통상 조약을 맺게 되었다. 영국 · 독일 · 러시아 · 이탈리아 · 프랑스 등 서구 여러 나라와도 수교^나라와 나라 사이에 교제를 맺음를 맺지 않을 수 없는 상황이 되어 버렸다.

이제 조선은 청의 양무운동과 일본의 메이지 유신의 영향을 받아 개화^{새로운 사상 · 문물 · 제도 따위를 가지게 됨}를 추진하기 시작했다. 사절단^{나라}를 대표하여 일정한 사명을 띠고 외국에 파견되는 사람들의 무리을 보내 청나라에서는 근대적 무기 제조법과 군사 훈련법을 배우고, 일본에서는 정부 기관과 산업 시설을 두루 살펴보게 하였다.

그러나 조선의 개화 정책은 곧 위정척사 운동★에 부딪쳐 주춤하게 되었다. 그 사이 임오군란^{1882년 신식 군대인 별기군과 구식 군대의 차별 대우를 이유}로 구식 군대 소속 군인들이 일으킨 폭동이 일어나 정권은 다시 흥선 대원군에게 넘어갔다.

흥선 대원군이 다시 정권을 잡자, 청나라와 일본에서는 자국의 이익을 위해 조선으로 군대를 파견했다. 일본은 임오군란 때 공사관이 불타고 몇몇 일본인이 살해당하자, 공사관을 보호한다는 구실로 조선에 군대를 주둔시켰다. 청나라 역시 사태를 수습한다는 명목 아래 흥선 대원군을 잡아 톈진으로 압송하고, 군대를 조선에 주둔시켰다. 이

★ 위정척사 운동
조선 후기에 주자학을 지키고 가톨릭을 물리치기 위하여 내세운 주장. 19세기 후반 서구 열강들의 정치적 · 경제적 압력이 거세지자, 통상과 개화를 반대하는 반외세 운동을 펼쳤다.

로써 조선에는 청나라와 일본 군대가 모두 주둔하고 있는 상황이 벌어졌다.

조선 조정에서도 친청 세력과 친일 세력이 대립하게 되었다. 결국 명성 황후를 중심으로 한 친청 세력이 더 우세해지자, 1884년에 김옥균과 박영효를 중심으로 한 개화당¹⁹세기 중엽 이후 일본 메이지 유신을 참고로 하여 급진적인 개혁을 시도한 모임이 갑신정변★을 일으켰다.

갑신정변으로 조선은 일본과 한성 조약 일본인 피해자에 대한 보상금과 공사관 재건비의 지급 등을 규정한 조약을 맺게 되었다. 그리고 1885년 청나라와 일본은 톈진 조약을 맺고 조선에서 군대를 철수하기로 했다. 그러나 이 조약에는 조선에 변란이나 중요한 사건이 일어나 청나라나 일본 어느 한쪽이 군대를 보내게 되면, 그 사실을 상대방에게 미리 알리기로 한 조항이 들어 있었다. 그런데 이 내용은 나중에 청일 전쟁의 불씨가 되었다.

청일 전쟁의 시작

메이지 유신 이후 일본에서는 값싼 노동력을 발판으로 국내 산업이 급속도로 발전하였다. 그렇지만 일본 국내 시장이 워낙 좁은 데다 수입까지 급증하여 심한 무역 불균형이 발생하였다. 그 결과 1890년에

★ 우리나라 최초의 정치 개혁 운동, 갑신정변
1884년, 국민 주권 국가를 건설하고 청나라와의 종속 관계를 청산하기 위해 개화당이 일으킨 혁명. 우리나라 최초의 정치 개혁 운동으로 평가받는다. 우정국 개국 축하연을 이용해 개화당이 군사권과 재정권을 장악하고, 14개의 정책을 발표했다. 그러나 청나라 군대의 개입으로 정권을 잡은 지 3일 만에 무너지게 되었다. 그래서 정권을 잡았다가 짧은 기간 내에 밀려나게 됨을 이르는 '삼일천하' 라는 말이 생기게 되었다.

경제 공황이 시작되자, 일본은 해외 시장을 확보하기 위해 조선 침략에 더욱 적극적으로 나섰다.

마침 조선에서는 동학 농민 운동이 일어나 동학군이 전주를 점령하자, 정권을 쥐고 있던 명성 황후는 청나라에 지원군을 요청하였다. 청나라 군대가 조선에 들어오자 일본도 톈진 조약을 근거로 군대를 보냈다. 이에 조선 조정은 두 나라에 동시 철수를 요구했지만, 일본은 조선에 대한 청나라의 종주권^{한 나라가 국내법의 범위 안에서 다른 나라의 내정이나 외교를 지배하는 특수한 권력. 병자호란의 결과로 생긴 것임}을 부정하고 개혁을 요구하며 철수하지 않았다.

조선은 일본군이 먼저 물러나면 개혁을 추진하겠다며 그들의 요구를 거절했다. 그러자 일본은 1894년 7월 23일, 무력을 앞세워 경복궁을 점령한 뒤 흥선 대원군을 불러들였다. 그리고 김홍집을 중심으로 한 내각을 구성했다. 새 내각은 7월 27일에는 군국기무처^{정치 군사에 관한 일체의 사무를 맡아보던 관청}를 설치하고 내정 개혁을 추진하였다. 이때 조선은 청나라와 맺은 모든 조약을 파기했을 뿐 아니라 일본에게 청나라 군대를 몰아낼 수 있는 권한을 허가하였다. 그러자 일본은 이틀 뒤 아무런 선전 포고도 없이 바로 청나라와의 전쟁에 들어갔다.

조선에서의 전투

1894년 7월 25일, 순양함^{빠른 속도로 넓은 해역을 돌아다닐 수 있도록 만들어진 군함. 전함이나 항공모함보다 작음}으로 구성된 일본 해군은 아산만 부근 풍도 앞바다에서 청나라 군함을 기습 공격했다. 신무기나 군사 훈련 등으로 철저하게 준비되어 있던 일본군에 비해, 여러 면에서 부족한 청나라 해군은 큰 피해를 입은 채 물러나고 말았다^{풍도 해전}.

풍도 해전에서의 승전 소식을 전해들은 오오시마 요시마사는 한양 부근에 있던 4천여 명의 병력을 이끌고 아산만 근처까지 이동하였다. 그는 7월 28일, 천안 성환에 주둔하고 있던 청나라의 주력 부대를 공격하였다^{성환 전투}. 이에 맞선 청나라 군대는 소사평에서 싸울 때 잠시 이기는 듯했지만, 월봉산에서 크게 패해 결국 평양으로 후퇴하였다.

8월 1일 청나라가 공식적으로 일본에 선전 포고를 하자, 일본 천황도 청나라에 대해 선전 포고를 함으로써 공식적으로 청일 전쟁이 시작되었다. 청나라 군은 8월 4일 평양으로 모두 철수한 뒤, 본국에서 보내온 병력과 합류하여 전투 준비에 들어갔다. 일본도 여러 부대를 평양으로 집결시킨 뒤, 9월 15일 평양성을 총공격하였다^{평양 전투}. 이 전투에서까지 패한 청나라는 의주로 후퇴하고 말았다. 그 결과 조선에 대한 일본의 내정 간섭은 더욱 심해졌다.

청나라로 진입한 일본군

1894년 9월 17일, 일본 함대는 압록강 하구에서 청나라 해군을 상대로 또 승리를 거두었다^{황해 해전}. 이때 일본 함대는 동아시아 최강이라는 청의 베이양 함대^{1871년 이홍장이 건립한 현대화된 해군 함대}를 크게 격파하여, 황해 일대의 재해권^{무력으로 바다를 지배하여 군사, 통상, 항해 따위에 관하여 해상에서 가지는 권력}까지 손에 넣었다. 황해 해전에서 패한 청나라 군은 압록강 근처로 상륙했고, 베이양 함대는 뤼순 항^{중국 랴오닝 성에 있는 군항 도시. 만주 남부로 들어가는 중요 항구}으로 물러났다.

병력을 보충하여 압록강을 건넌 일본군은 10월 25일, 단둥^{중국 랴오닝}

성 남동쪽에 있는 도시. 당나라 시절에는 안동이라 불림 부근에 주둔해 있던 청나라 군대를 공격했다. 단둥까지 점령한 일본군이 11월 6일에 진저우 성중국 랴오닝 성 서부에 있는 도시, 11월 7일에는 다롄랴오닝 성에 있는 도시로, 랴오둥 반도 끝에 자리 잡은 부동항까지 점령하였다. 일본군이 랴오둥 지역에 이르자, 다급해진 청나라 조정에서는 화의할 방법을 찾기 시작했다.

이홍장은 이토 히로부미에게 화의를 요청했지만, 강화 조건을 유리하게 만들려는 일본은 계속 군대를 진군시켜 뤼순을 점령하였다. 뤼순 시내에 들어온 일본군은 1만 8천여 명의 시민을 학살하고, 시가지를 불태우는 만행을 저질렀다뤼순 대학살.

뤼순 항을 일본군에게 내어 준 청나라의 베이양 함대는 제2 기지였던 웨이하이중국 산둥 반도 북쪽 해안에 있는 항구 도시로 피신했다. 그러나 계속 추격해 오던 일본군과의 교전을 피할 수 없었다. 일본군은 1895년 1월 20일부터 포위를 시작하여 2월 12일 육군과 합세한 뒤 웨이하이까지 함락시켰다웨이하이 전투.

3월이 되자 일본군은 베이징 근처까지 밀고 들어가 수도를 위협했다. 또 일부 군대는 타이완 쪽으로 진격해 펑후 제도중국 푸젠 성과 타이완 섬 사이의 타이완 해협에 있는 제도에 이어 타이완중국 대륙의 남동쪽, 푸젠 성과 타이완 해협 사이에 위치한 섬까지 점령하였다.

시모노세키 조약과 전쟁의 영향

베이징까지 위험한 지경에 이르자, 청나라 조정은 급히 이홍장을 전권 대사로 임명하고 강화 대표단을 시모노세키일본 혼슈 야마구치 현에 있는 도시로 파견하였다. 결국 청나라는 일본과 시모노세키 조약을 체결

일본과 청나라의
시모노세키 조약 체결 장면

하였다. 1895년 4월 17일에 체결된 이 조약으로 일본은 조선에서의
청나라 종주권 파기, 랴오둥 반도 · 타이완 · 펑후 섬 할양, 쑤저우 등
4개 도시 개항, 배상금 2억 냥³억 엔 지불 등을 인정받았다.

그러나 강화 조약을 맺은 지 얼마 되지 않은 4월 23일, 러시아 · 독
일 · 프랑스 3국이 랴오둥 반도를 청나라에 반환하라고 일본에 요구
하면서 군대를 산둥 반도 부근으로 집결시켰다. 일본은 영국 · 미국
등에 협력을 구했지만 거절당했다. 결국 혼자서는 3국과 싸울 힘이
없다고 판단한 일본은 어쩔 수 없이 랴오둥 반도의 반환을 결정하였
다. 그 대신 반환 보상금으로 3천만 냥을 얻게 되었다.

3국의 간섭으로 일본의 조선에 대한 야욕은 잠시 중단되었지만, 일
본은 막대한 전쟁 배상금을 확보하게 되었다. 이것으로 일본은 군사
력을 확장할 수 있는 자금으로 삼아, 동아시아의 신흥 제국으로 발전
하는 발판을 마련하게 되었다.

한편 청나라는 3국의 간섭으로 랴오둥 반도를 되찾았지만, 서구 열
강들의 정치적 · 경제적 이권 싸움의 각축장서로 이기려고 다투는 곳이 되고

말았다.

　한편 조선에서는 3국 간섭으로 일본의 세력이 약화되자, 개혁을 추진하던 친일 세력인 박영효가 실각하고 명성 황후를 중심으로 친러 세력이 자리 잡게 되었다. 이에 일본은 조선에서 러시아 세력을 몰아내기 위해서는 명성 황후를 제거해야 한다고 결정하고, 1895년 8월 20일에 명성 황후를 시해하였다^{을미사변}. 1896년 2월 고종은 일본의 압력을 피해 러시아 공사관으로 거처를 옮겼고^{아관파천}, 이를 계기로 조선에서는 친러 세력이 정권을 장악하게 되었다. 그 결과 조선을 독점하려던 일본은 1904년에 러일 전쟁까지 치르게 되었다.

제국주의의 팽창이 빚어낸 큰 전쟁

제1차 세계 대전

아프리카에서의 충돌 위기를 모면한 유럽의 강호들

15세기 말, 신항로 개척 이후 무역 활동에 열을 올리던 유럽 국가들은 아프리카 대륙을 차지하기 위해 경쟁했다. 그동안 아프리카 진출의 장애 요소였던 말라리아 퇴치법이 개발되고, 리빙스턴이나 스탠리 같은 탐험가들이 대륙의 내부까지 진출하였다. 그들이 아프리카의 사정을 본국에 알리자, 본격적으로 아프리카 대륙을 차지하기 위한 정책들을 추진한 것이다.

그 가운데 가장 활발한 계획을 진행시킨 나라가 바로 영국과 프랑스였다.

프랑스는 1830년 알제리부터 점령하고, 사하라 사막과 적도 부근까지 세력을 확장하였다. 튀니지와 마다가스카르 섬까지 차지한 뒤에는 넓은 식민지를 확보하기 위해 아프리카 횡단 정책을 실시하였다.

영국은 1875년에 이집트의 수에즈 운하를 사들인 뒤, 이집트를 보호국^{보호 조약에 따라 외교, 군사 등에 관하여 다른 나라로부터 안전 보장을 받고 있는 나라}으로 만들었다. 또 남아프리카를 장악한 뒤에는 카이로에서

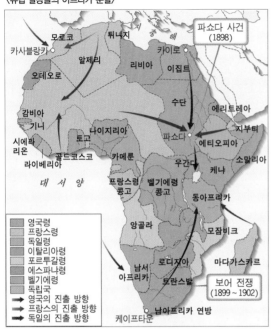

〈유럽 열강들의 아프리카 분할〉

모로코
카사블랑카
알제리
오데오로
리비아
이집트
튀니지
지 중 해
카이로
파쇼다 사건
(1898)
감비아
기니
수단
에리트레아
나이지리아
토고
파쇼다
지부티
시에라
리온
카메룬
에티오피아
소말리아
골드코스코
라이베리아
우간다
케냐
대 서 양
프랑스령
콩고
벨기에령
콩고
동아프리카
앙골라
모잠비크
남서
아프리카
로디지아
마다가스카르
트란스발
보어 전쟁
(1899~1902)
남아프리카 연방
케이프타운

- 영국령
- 프랑스령
- 독일령
- 이탈리아령
- 포르투갈령
- 에스파나령
- 벨기에령
- 독립국
→ 영국의 진출 방향
→ 프랑스의 진출 방향
→ 독일의 진출 방향

케이프타운을 연결하는 아프리카 종단 계획을 추진하였다.

그러다 보니 동서로 진출하던 프랑스와 남북으로 확장하던 영국은 1898년에 수단의 파쇼다지금의 코도크에서 충돌하게 되었다. 그러나 파쇼다를 먼저 차지한 프랑스가 독일 세력의 진출을 막기 위해, 영국과 손을 잡았다. 프랑스와 영국은 나일 강과 콩고 강 유역을 양국의 경계로 삼는 협상을 체결하여 전쟁은 일어나지 않았다.

그 무렵 독일은 빌헬름 2세가 즉위하여 적극적인 팽창 정책을 추진하면서 북아프리카의 요충지 모로코를 노리고 있었다. 그러다 보니 아프리카 횡단 계획을 추진하던 프랑스와 대립할 수밖에 없었다. 그래서 독일은 영국과의 협상으로 모로코가 프랑스의 세력으로 들어가는 것을 반대하고 나섰다. 결국 독일과 프랑스는 군대를 앞세워 대치 상태에 들어갔다. 이때 영국이 강력하게 프랑스를 지지하고 나서는 바람에, 독일은 1905년과 1911년 두 차례나 추진했던 모로코 진출에 실패하고 유럽에서 더욱 고립되고 말았다.

TIP 삼국 동맹 vs. 삼국 협상

제1차 세계 대전이 일어나기 전, 이미 유럽의 여러 국가는 서로 편을 갈라 대립하고 있었다. 독일은 프랑스를 고립시키기 위해 오스트리아 · 러시아와 삼제 동맹(1873년)을 체결했다.

그러나 오스트리아로 인해 독일과 러시아의 관계가 악화되면서, 러시아 대신 이탈리아를 끌어들여 다시 삼국 동맹(1882년)을 체결하게 되었다. 이에 독일의 세력 확장을 우려하던 영국과 프랑스는 러시아와 삼국 협상을 체결하며 삼국 동맹에 맞섰다.

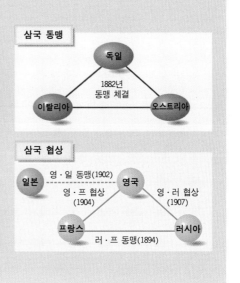

세계 대전의 예고편, 발칸 전쟁

독일은 모로코 진출에 실패하자 이번에는 오스만 제국을 노렸다. 철도 부설권다리, 철도 따위를 설치할 권리을 차지하여 '베를린→비잔티움이스탄불→바그다드'를 연결하고, 이란으로 진출하려고 한 것이다3B 정책. 그러나 이 정책은 영국의 '카이로→케이프타운→캘커타'를 연결하려는 정책과 정면으로 부딪쳤다3C 정책. 또 독일은 식민지 건설에 있어 경쟁국이었던 프랑스와 러시아와도 충돌하지 않을 수 없게 되었다.

그 당시 이와 같은 유럽 국가들의 갈등이 드러난 곳이 있었으니, 바로 발칸 반도였다. 발칸 지역은 여러 민족들이 모여 있는 곳으로, 그중 게르만 계와 슬라브 계 민족이 다수를 차지하고 있었다. 이들은 오랫동안 오스만 튀르크의 지배 아래 있었는데, 19세기에 들어서 오스만 제국의 힘이 약해졌다. 그러자 여러 곳에서 독립을 하려고 민족 운동이 일어났다. 그러나 발칸 반도는 여러 민족이 섞여 있는데다 종교 문제까지 얽혀 있어 언제 터질지 모르는 '유럽의 화약고' 였다.

1908년 투르크의 힘이 약해진 틈을 타, 먼저 불가리아가 독립을 선언했다. 이때 독일에게 밀려 동남쪽으로 세력을 확장하던 오스트리아가 보스니아와 헤르체코비나의 병합을 추진하였다. 그 지역에 살던 세르비아 계가 이를 거부하는데도 오스트리아는 이를 무시하고 계속 합병을 진행시켰다. 그러자 세르비아는 오스트리아와 전쟁을 결정하고, 남슬라브 인들에게 그 전쟁에 함께해 줄 것을 요청했다. 이로써 오스트리아와 세르비아가 발칸 반도에서 맞붙게 되었다.

그 당시 러시아는 오스트리아를 견제하기 위해 범슬라브주의를 내세우며, 1912년 세르비아·불가리아·몬테네그로·그리스와 발칸 동맹을 맺었다. 이로써 러시아는 투르크와 정면 승부에 나섰다^{1차 발칸 전쟁}.

이 전쟁에서 러시아와 동맹국들이 승리를 하였지만, 영토 배분 과정에서 분쟁이 생겼다. 세르비아는 불가리아가 차지한 영토를 넘겨달라고 요구했지만 거절당했다. 그래서 세르비아는 그리스와 동맹을 맺고 불가리아와 전쟁에 들어갔다. 이때 몬테네그로·루마니아가 세르비아 측에 합세하자, 결국 불가리아는 고립된 상태에서 전쟁에서 패하고 말았다. 불가리아는 전쟁에 참가한 각국에 인접하고 있는 자국의 영토를 모두 분할해 주고 말았다^{2차 발칸 전쟁}.

그 무렵 독일과 오스트리아는 러시아의 남하를 막기 위해 범게르만

주의를 내세우며 영국과 손을 잡고 투르크를 지원하고 있었다. 그 결과 범슬라브주의와 범게르만주의가 팽팽하게 대립하게 되었는데, 이는 앞으로 벌어질 더 큰 전쟁의 불씨를 키운 셈이 되었다.

사라예보 사건으로 터진 제1차 세계 대전

1914년 6월 28일, 오스트리아의 페르디난트 황태자 부부가 보스니아의 수도 사라예보를 방문했다. 보스니아는 1908년 이후로 오스트리아─헝가리 제국★의 영토가 된 곳이지만, 그 지역 대부분을 차지하고 있는 세르비아 인들은 오스트리아로부터 벗어나 세르비아에 속하길 원하고 있었다.

황태자 부부가 방문한 날은 세르비아에서 민족 행사가 있는 기념일이었다. 그런 날에 지배국인 오스트리아 황태자가 보스니아를 방문한 것이 세르비아 인들을 자극하는 계기가 되었다. 결국 황태자 부부는 세르비아 계 민족주의자 대학생이 쏜 총에 맞아 숨지고 말았다.

황태자가 암살당했다는 소식을 들은 오스트리아는 1914년 7월 28일, 세르비아에 전쟁을 선포했다. 결국 유럽 전체를 전쟁터로 만든 제1차 세계 대전이 터진 것이다. 선전 포고 소식을 접한 유럽의 여러 나라는 자국과의 이해관계를 계산하느라 서로 눈치를 보면서도 전쟁이 확산되는 것을 막아 보려고 노력했다. 그러나 전쟁의 불길은 끝내 잡을 수

★ 오스트리아─헝가리 제국

19세기 후반에 성립된 국가 체제. 오스트리아는 1867년, 헝가리의 귀족과 조약을 맺어 헝가리 왕국의 건설을 허락하였다. 오스트리아 황제 프란츠 요제프 1세가 그 국왕을 겸함으로써 오스트리아─헝가리의 2중 제국이 성립되었다. 두 나라는 군사 · 외교 · 재정을 공동으로 하지만, 각각의 의회와 정부를 가지고 독립된 정치를 행했다.

없었다.

　오스트리아는 7월 29일, 세르비아의 수도 베오그라드를 공격했다. 러시아가 바로 군대를 동원해 세르비아를 지원하고 나섰다. 이에 독일은 오스트리아를 지원하면서 8월 1일, 러시아에 대해 선전 포고를 했다. 8월 3일에는 프랑스가 군대를 동원해 독일을 공격하면서 러시아를 지지하고 나섰다. 그동안 전쟁을 막아 보려고 애쓰던 영국은 더 이상 수습할 수 없다고 판단하고, 독일이 주도권을 쥐는 것을 막기 위해 8월 4일 전쟁에 뛰어들었다.

　이 전쟁이 일어나기 전, 1905년에 당시 독일군 참모 총장 슐리펜 백작은 만약 전쟁이 일어나 러시아와 프랑스가 손을 잡으면 상황이 힘들어질 것이라는 것을 이미 예상했다. 그는 러시아 군이 독일 동부 지역까지 도착하는 데는 시간이 걸릴 것이라 여겼다. 그래서 동부에

〈제1차 세계 대전의 발발〉

서는 최소한의 방어전으로 러시아 군의 속도를 늦추게 하는 대신, 프랑스와 대치하고 있는 서부 전선에서 신속하게 전투를 마감해야 한다는 작전을 세워 두었다. 그의 계획대로 전쟁은 러시아를 상대로 하는 동부 전선과 프랑스를 상대로 하는 서부 전선, 두 지역에서 집중적으로 진행되었다.

참호전으로 맞서는 영·프 연합군과 독일군

슐리펜에 이어 독일 참모 본부를 지휘하던 몰트케는 슐리펜의 작전대로, 8월 1일 룩셈부르크의 국경을 넘어 빠른 속도로 진격하여 사흘 만에 벨기에까지 공격하였다. 7개 군 병력이나 투입한 독일의 계획대로라면 6주 안에 프랑스를 점령해야 했다. 그러나 벨기에가 워낙 강력하게 방어를 하는 바람에 벨기에를 통과하기까지 무려 12일이나 걸리고 말았다.

프랑스 군 총사령관 조프르 장군은 5개 군을 독일과의 전투에 투입했다. 독일군을 충분히 막아 낼 수 있을 거라고 생각한 그는 적에 정면으로 맞섰지만, 막강하게 밀려오는 독일군의 진격을 막지 못한 채후퇴하기에 이르렀다. 독일군이 파리 근처 마른 강까지 진격해 오자, 더 이상 물러설 수 없었던 조프르 장군은 영국군과 함께 반격하기 시작했다.

마른 강까지 오는 동안 계속되는 전투에 지친 독일군은 프랑스와 영국 연합군의 공격을 받아, 1군과 2군 사이의 연락이 끊어졌다. 게다가 예상보다 러시아의 진군 속도가 빨라 1개 군만 투입했던 동부 전선 상황이 불안해지자, 독일의 몰트케는 타넨베르크로 일부 병력을

제1차 세계 대전에 참전한 영국 군인

이동시켰다. 그러나 힘든 상황을 견지지 못한 독일군은 9월 11일, 엔 강프랑스 북동부 샹파뉴아르덴 지방 아르덴 주에 있는 강으로 물러나고 말았다. 짧은 기간에 프랑스를 점령하겠다는 독일의 계획은 무산되었다. 이때부터 독일군은 참호전쟁터에서 몸을 숨기면서 적과 싸우기 위해 방어선을 따라 판 구덩이를 파고 영국 · 프랑스 연합군과 5년 동안 대치하였다. 이로써 양측 모두 전력 손실이 너무 커 정면 승부는 어려워졌다. 이제 전쟁은 장기전으로 들어섰다.

동부 전선 타넨베르크 전투

독일의 예상과는 달리 러시아 군은 선전 포고를 한 지 2주 만에 동프로이센의 국경 지역에 집결했다. 제1군과 2군, 총 9개 군단과 7개 기병 사단으로 구성된 러시아 군은 타넨베르크독일 동북부 국경 지역으로 지금의 폴란드 스텡바르크에서 독일군과 전투를 벌이게 되었다. 당시 독일은 처음 슐리펜 작전대로 제8군과 예비군 병력만을 배치하고 있었다. 전력

제1차 세계 대전에 참전한 러시아 군인

상 우위에 있던 러시아 군 참모 본부는 1군과 2군의 합동 작전으로 독일 8군을 쉽게 격파할 수 있었다. 그 뒤 러시아 군은 빠른 속도로 서프로이센과 슐레지엔 지역으로 진격할 수 있을 것이라 확신하고 있었다.

처음에는 러시아 군이 승세를 잡아 독일 국경을 넘었다. 그러나 지휘 본부의 소극적인 태도로 러시아 군의 전력이 점점 약화되었다. 1, 2군은 합동 작전을 펴지 못한 채 따로 움직였고, 병력의 일부를 발트 해 연안으로 배치하는 바람에 공격력도 약해진 것이다.

그 사이 독일군은 당초 예상보다 러시아 군이 강세를 보이는 데 놀라 퇴역한 힌덴부르크 장군을 사령관으로 불러들이고, 서부 전선에 투입됐던 병력을 일부 이동시켰다. 힌덴부르크는 이미 전투를 지휘하고 있던 호프만 중령이 세운 계획을 그대로 수행하여 러시아 군을 격파하였다. 호프만은 당시 러시아의 1군과 2군의 간격이 벌어져 서로 지원이 불가능하다는 것을 파악하였다. 이에 병력이 이동할 때에는 충돌을 최대한 피하다가 기회를 봐서 러시아 2군을 총공략한다는 작전을 세웠다. 이에 따라 독일군은 9월 중순까지 러시아 군을 동프로이센에서 쫓아내는 데 성공했다.

동프로이센에서 러시아 군의 위협이 사라지자, 독일은 러시아에 밀려 퇴각하던 오스트리아 군을 지원하기 위해 병력을 폴란드 서부로 보냈다. 그곳에서 만난 독일과 러시아 군은 다시 치열한 전투를 벌였고, 양측 모두 엄청난 피해를 입었다. 그때 오스트리아는 세르비아에게도 밀리고 있었다. 처음에 세르비아의 수도 베오그라드 침공에 성공했던 오스트리아 군은 강력하게 대항하는 세르비아 군의 반격을 막아 내지 못해 결국 후퇴하고 말았다.

오스만 튀르크의 참전

전쟁이 시작된 뒤 오스만 제국은 독일이 러시아 군대를 막아 줄 거라고 판단하고, 독일의 동맹국에 합류했다. 독일 전함이 다르다넬스 해협흑해와 에게 해를 연결하는 통로로, 보스포루스 해협과 함께 아시아와 유럽에 경계를 이루는 해협에 도착하자, 독일과 투르크 연합군은 영국 선박들을 억류하면서 러시아 항구들에 대한 포격을 시작하였다. 이를 본 러시아는 11월 1일 투르크에 대해 전쟁을 선포하였고, 연합국들도 오스만 제국에 선전 포고를 하고 나섰다.

러시아는 아르메니아동부 유럽 카프카스 지역에 있는 내륙 국가와 아제르바이잔카프카스 동부, 카스피 해 서부 연안에 있는 국가에서 투르크 군과 전투를 벌였다. 이때 러시아는 사라카미스 전투에서 크게 패해 잠시 진격을 멈췄다. 그러나 다시 반격하여 투르크 령 아르메니아에 대한 총공격에 성공하여 인근 지역까지 점령하였다.

영국은 페르시아 만으로 들어가는 투르크의 항구 바스라를 점령하고, 바그다드로 향했다. 그렇지만 투르크 군의 포위 공격에 밀려 후퇴하고 말았다. 이집트 전선에서도 대규모 공세로 투르크 군의 전초 기지를 점령했지만 역시 철수하고 말았다.

서부 전선에서의 치열한 싸움

전쟁이 계속되는 동안 프랑스 · 영국 · 벨기에 · 이탈리아 연합군은 독일 동맹군에 대해 총공격을 개시한다는 계획에 합의했다. 그러나 독일의 방해로 영국만이 그 작전을 제대로 수행했다. 이를 본 독일은 서부 전선 전체에 병력을 쏟아 부을 것이 아니라, 몇몇 중요한 지점에 집중 공략하기로 결정했다. 그래서 베르됭^{프랑스 북동부 로렌에 있는 도시} 주변에 있는 참호에 집중적으로 포격을 가했다. 독일군은 약 6개월에 걸쳐 프랑스 군의 참호를 공격한 끝에 초토화시켰다. 전력을 보강한 프랑스 군은 그해 10월 다시 반격을 시작하여 12월에는 베르됭을 탈환하였다. 이것이 제1차 세계 대전에서 가장 길고 격렬하며, 피비린내 나는 전투로 유명한 베르됭 전투이다.

독일군의 진격이 계속되자, 영 · 프 연합군은 솜 강 부근에서 반격

 이탈리아는 왜 연합군으로 참전했을까?

이탈리아는 독일의 동맹국이었지만, 처음에는 전쟁에 참전하지는 않았다. 이에 오스트리아는 영토 일부를 줄 테니 참전하라고 이탈리아를 설득했다. 이에 비해 연합국에서 전쟁이 끝나면 북부 이탈리아 지방과 독일 · 오스트리아의 해외 식민지까지 주겠다고 제안했다. 결국 이탈리아는 이 제안에 넘어가 연합군으로 전쟁에 참전하게 된 것이다.

하기 시작했다. 연합군은 신무기인 탱크를 동원했지만, 독일군은 참호 속에 들어가 기관총만 쏘아 댔다. 여기에 엄청난 폭우가 쏟아지자 연합군은 더 이상 전진하지 못했다. 결국 솜 강 전투에서는 양측 모두 60만이 넘는 군인이 사상하는 엄청난 피해를 입고 말았다. 연합군 측은 비록 이 전투에서 승리하지는 못했지만, 독일군 주력 부대를 서부 전선에 묶어 놓는 데는 성공하였다.

미국의 참전

전쟁 당시 독일은 영국에 비해 해군력이 뒤떨어졌기 때문에 해전에서 크게 싸우는 일은 많지 않았다. 1914년 8월, 영국은 독일의 헬골란트 섬 부근에서 독일 함선들을 파괴시킨 뒤 북해를 봉쇄하였다. 이로써 독일은 해상 보급로를 차단당했다. 독일군 함대가 12월에 영국의 해안에 포격을 가하여 큰 피해를 입혔다. 다음 해 1월 독일은 다시 공격하기 위해 함대를 움직였지만, 무선 통신 암호를 해독한 영국 해군에 의해 도거뱅크에서 저지당하고 말았다. 이에 독일 황제는 더 이상 영국을 상대로 해상에서 싸우는 것은 무리라 여기고, 독일 해군을 모두 불러들였다.

1916년 5월 31일, 마침내 영국과 독일의 해군은 덴마크 유틀란트 반도 앞바다에서 한판 승부를 벌이게 되었다. 독일 함대가 포격을 퍼붓자, 타격을 입은 영국군 정찰 함대는 주력 함대 쪽으로 후퇴했다. 독일 함대가 계속해서 영국군을 추격하였고, 두 나라의 주력 함대가 맞붙어 치열한 전투를 벌였다_{유틀란트 해전}. 독일은 상대적으로 피해가 작았고, 영국은 북해의 재해권을 장악하였기 때문에 양국은 서로 승리

독일의 무제한 잠수함 작전으로 인해
미국이 전쟁에 뛰어들게 되었다.

하였다고 주장하였다. 어찌 되었든 유틀란트 해전은 제1차 세계 대전 기간 중 양측이 전면전을 벌인 유일한 해전이다.

유틀란트 해전에서 제해권을 확보하지 못한 독일은 1917년 2월, 무제한 잠수함 작전에 들어갔다. 북해에서 지중해에 이르기까지 그 해역을 지나는 모든 선박에 대해 경고 없이 무차별로 공격한 것이다. 그해 3월, 독일의 공격으로 미국의 상선대가를 받고 사람이나 짐을 나르는 데 쓰는 배이 침몰당해, 많은 미국인들이 희생되었다. 그러자 4월 6일, 그동안 경제적인 원조만 하면서 중립을 지키던 미국이 독일에 선전 포고를 하고 전쟁에 뛰어들었다. 이로써 전쟁은 독일에게 불리하게 전개되기 시작했다.

제1차 세계 대전의 종결과 영향

미국이 참전하자 연합군은 영국을 중심으로 다시 반격을 펼쳤고, 독일은 서부 전선에서 밀리기 시작했다. 그 무렵 러시아는 1917년 3월에 혁명이 일어나 황제가 물러나고, 레닌 중심의 혁명 정부볼셰비키 정부가 들어서면서 전쟁에서 빠졌다.

쉽지는 않았지만 그래도 연합군 측은 계속 승세를 몰아가고 있었다. 1918년 9월, 마케도니아 전투에서 패한 불가리아가 항복하면서, 동맹군은 무너지기 시작했다. 불가리아가 항복한 지 한 달 뒤 투르크도 항복했고, 11월 3일에는 오스트리아마저 항복하고 말았다.

같은 날 독일에서는 군항인 킬에서 수병들이 출항을 거부하고 반란을 일으켰다. 그 여파가 커지면서 베를린에서도 혁명이 일어났다. 그 결과 빌헬름 2세가 물러나고, 더 이상 전쟁을 치르기 어려워진 독일은 11월 11일에 연합군에게 항복을 하였다.

이로써 1914년부터 1918년까지 4년여 동안 벌어진 제1차 세계 대전이 막을 내렸다. 이 전쟁에서 처음 등장한 잠수함, 항공기, 탱크, 대공포, 독가스, 기관총 등 각종 신무기들로 인해 전사자만 9백만 명이 넘었다.

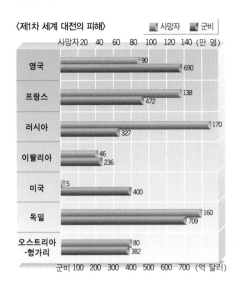

〈제1차 세계 대전의 피해〉

전쟁 후 연합군 측은 파리 강화 회의를 열어 참전국들의 이해관계를 정리하였다. 이때 미국의 윌슨 대통령은 전후 세계 질서의 기본 원칙에 관한 14개 조항을 주장했다. 그 결과 1920년 1월에 평화 유지를 위한 국제 연맹★이 창설되었다.

★ 국제 연맹
국제 평화 유지와 협력을 목적으로 창설된 국가 간의 연합체. 스위스 제네바에 본부를 두고, 국제 분쟁의 평화적 처리에 크게 공헌하였다. 1945년 국제 연합의 창설로 1946년에 해체되었다.

전쟁에 패한 독일은 베르사유 조약으로 인해 모든 해외 식민지를 잃었고, 알자스·로렌 지방을 다시 프랑스에게 양도해야만 했다. 또 패전국으로서는 도저히 감당할 수 없는 엄청난 배상금까지 물어야 했다.

오스트리아-헝가리 제국은 생제르맹 조약으로 인해 헝가리와 체코슬로바키아가 독립하면서 해체되었고, 영토가 예전의 10분의 1로 줄었다.

오스만 제국은 세브르 조약으로 인해 영토의 반 이상을 내놓아야 했다. 결국 1922년 오스만 제국이 해체되고, 1923년에 지금의 터키 공화국이 들어섰다.

그러나 패전국 독일에 대한 가혹한 책임을 물린 것과 승전국에 속하면서도 보상을 챙기지 못한 이탈리아 문제는 더 큰 전쟁의 불씨를 남기는 결과를 낳았다.

인류 역사상 가장 참혹했던 전쟁

제2차 세계 대전

황금기를 누리던 미국, 대공황의 수렁 속으로

제1차 세계 대전이 끝난 뒤, 전쟁이 남긴 상처가 서서히 복구되고 있었다. 1920년대 중반에 이르러서는 대부분의 유럽 국가들은 경제를 회복하고 제자리를 찾아가고 있었다. 특히 제1차 세계 대전에서 전쟁 물자 보급으로 큰 경제적 이득을 봤던 미국은 각국에 전후 복구 자금까지 대출해 주면서 세계 최고의 채권국국제 관계에서 다른 나라에 돈을 빌려 준 나라이 되었다. 그 덕에 미국 경제는 황금기를 누릴 수 있었다.

그러나 제1차 세계 대전의 패전국인 독일은 국

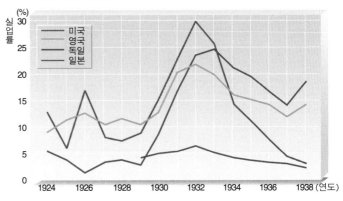

〈주요 국가들의 실업률〉

가 재정이 바닥나고 말았다. 마르크화-유로화 통일 전까지 사용하던 독일의 화폐 단위의 가치가 떨어지고, 물가가 급등하면서 배상금조차 지불할 수 없는 지경에 이르게 되었다. 이에 미국은 1924년에 독일에 8억 마르크의 차관을 내주었고, 1929년에는 영Young 안제1차 세계 대전 배상금 지불에 관한 제2차 협상을 통과시켜 배상금을 4분의 1 정도 줄여 주었다.

그러나 미국에서 시작된 경제 공황의 여파로, 경제를 회복하기 위해 안간힘을 쓰던 독일은 다시 한 번 큰 충격을 받았다. 독일뿐만 아니라 미국에 돈을 빌려 쓴 유럽의 많은 나라들도 경제적 혼란에 빠지게 되었다.

경제 공황은 1929년 10월 24일, 미국의 월 스트리트미국의 주요 금융 기관들이 위치한 뉴욕 시 맨해튼의 거리. 미국의 금융 시장을 이르는 말에서 '검은 목요일' ★ 이라 부르는 사건이 터지면서 시작되었다. 주가가 대폭락하여 미국 증권 시장이 붕괴된 것이다.

제1차 세계 대전에서 승리한 뒤, 세계 최고 채권국으로서 호황을 누리던 미국은 남아도는 자금으로 산업 시설을 늘려 왔다. 그러나 대량 생산된 상품들은 미국 내에서 모두 소비되지 못했고, 유럽의 다른 나라들은 제1차 세계 대전의 여파로 물건을 구매할 능력이 부족한 상황이었다. 소비가 줄어들어, 재고만 쌓이게 된 기업들은 자금난에 허

★ 대공황의 시작, 검은 목요일(Black Thursday)
1929년 10월 24일(목)부터 1932년 6월까지 미국의 주가는 매일 최악의 기록을 갱신하며 폭락을 거듭했다. US 스틸 주가는 262달러에서 22달러로, 제너럴 모터스는 73달러에서 8달러로 내려앉았다. 평균 100달러를 넘던 은행들의 주가는 50센트까지 떨어지며 경제를 더욱 어렵게 했다.

덕이기 시작했다.

그 결과 미국 경제에 불안을 느낀 투자자들이 주식을 한꺼번에 팔아 치웠고, 주가는 사상 최대로 떨어지고 말았다. 주가가 폭락하자 은행과 기업들이 문을 닫았고, 엄청나게 많은 실업자들이 생겼다. 또 농산물 가격까지 폭락하고 말았다. 이는 경제 상황이 더욱 나빠지는 악순환의 시작이었다.

수정 자본주의와 뉴딜 정책

세계 금융 시장을 지배하고 있던 미국의 경제 공황은 곧 소련을 제외한 전 세계로 확산되어 세계 경제 대공황을 불러왔다. 오스트리아 · 독일 · 영국 등에서 은행이 파산하자, 영국은 금 본위제금화를 법정 화폐로 통용하거나, 지폐를 일정한 비율로 자유롭게 금과 교환할 수 있는 제도에서 이탈하였다. 다른 나라들도 여기에 뒤따르면서 무역 시장과 국제환 결제까지 혼란에 빠져 불경기에 허덕이게 되었다. 이렇게 세계 경제가 파탄에 이르자, 각국은 경제 공황에서 벗어나려고 여러 가지 해결책을 마련하였다.

1933년, 미국의 제32대 대통령으로 당선된 루스벨트는 경제 회복을 위해 뉴딜 정책을 추진하였다. 기존의 자유방임주의 경제 정책에서 벗어나, 정부가 경제 활동에 적극적으로 개입하는 수정자본주의 이론을 받아들인 것이다. 이에 따라 실업자들에게 일자리를 주기 위해 테네시 강 유역 개발 공사를 추진하고, 농산물 가격을 안정시키기 위해 정부가 잉여 농산물을 모두 사들였다. 또 사회 보장법을 만들어 고용을 늘리고, 과잉 생산을 조절하였다.

더불어 라틴 아메리카 시장을 개척하여 '달러 블록'을 형성하였다. 그 결과 서서히 소비가 증가하면서 경제가 살아나기 시작했다. 영국 과 프랑스도 자국과 식민지를 하나로 연결하는 '파운드 블록'과 '프 랑 블록'을 형성하여 공황을 극복하였다.

TIP 공황을 해결하기 위한 새로운 경제 정책

경제 정책	자유방임주의(18~9세기)	수정 자본주의(20세기)
시초	애덤 스미스의 《국부론》	존 케인스의 《고용 이자 및 화폐의 일 반 이론》
내용	개인이나 사회의 경제 활동에서 정부 의 간섭을 최소화하는 정책	공황과 실업 문제를 해결하기 위한 방 법으로 국가의 적극적인 재정·금융 정책을 제시

전체주의의 등장

미국과 영국, 프랑스는 각각 블록 경제★를 이루어 보호 무역^{자기 나라} _{의 산업을 보호·육성하기 위하여 국가가 대외 무역을 간섭하고 수입에 여러 가지 제한을 두는 일} 정책을 추진하였다. 그러자 자본주의 발달이 늦고 식민지가 적은 독 일 · 이탈리아 · 일본은 공황 상태에서 벗어나기 위해 다른 방법을 찾 게 되었다. 그래서 등장한 것이 바로 전체주의^{개인의 자유와 권리보다는 국가} _{와 민족을 우선시한다는 정치 체제}였다. 세 나라에서는 계속되는 경제 불황으로

★ 블록 경제
여러 개의 지역(블록)을 하나로 통합해 자국에 유리한 무역 정책을 실시하는 것. 대공 황의 여파로 달러 블록, 파운드 블록 등이 형성되었다. 각 열강을 중심으로 경제권을 형성하여, 외국의 상품에는 비싼 관세를 부과하거나 수입을 통제하는 등의 정책을 써 서 자국 상품의 경쟁력을 강화했다.

사회가 혼란스러워지자, 극단적인 민족주의를 내세운 강력한 독재 정권이 등장하게 되었다. 이들은 자국 중심의 경제권을 확대하기 위해 대외 팽창을 추진하였다.

〈파운드 블록과 프랑 블록 지역〉

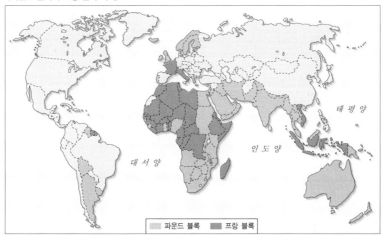

이탈리아는 제1차 세계 대전의 승전국이었으면서도 제대로 이익을 챙기지 못했다. 그 결과 식량 부족과 물가 폭등, 대규모 실업으로 이탈리아의 상황이 어려워지자, 무솔리니가 파시스트당일당 독재를 확립한 이탈리아의 정당. 민주주의를 부정하고 전체주의와 애국주의를 주장함을 조직하여 독재 정권을 수립하였다. 무솔리니는 전체주의를 내세우면서 알바니아를 보호국으로 만들었고, 에티오피아를 침략하는 등 팽창 정책을 추진하였다.

경제적으로 미국에 크게 의존하고 있던 독일은 이미 식민지를 모두 잃었기 때문에 블록을 형성할 수도 없었다. 따라서 대공황으로 인한 경제적 위기가 어느 나라보다도 심각한 상황이었다. 이런 혼란을 틈타 등장한 히틀러는 나치당을 결성해 독일 민족의 우수성과 대독일 건설을 주장하였다. 국민들의 지지를 얻은 히틀러는 바이마르 공화국★을 무너뜨리고 일당 독재 체제를 이루었다. 히틀러는 제1차 세계 대전이 끝나고 맺었던 베르사유 조약을 무시하고, 빼앗긴 식민지를 되찾기 위해 다시 군대를 키웠다. 그리고 독일 남서부의 라인란트 유역 비무장 지대를 점령했다. 이로 인해 국제 사회는 다시 긴장 상태에 들어서게 되었는데, 이것이 또 하나의 엄청난 세계 대전의 출발점이 되었다.

TIP 히틀러의 꿈이 화가였다고?

오스트리아의 작은 마을에서 태어난 히틀러는 13세가 되던 해에 화가가 되기로 결심한다. 1905년에 실업 학교를 자퇴하고 미술 대학에 진학했지만, 재능을 인정받지 못했다. 나중에 영국의 예술가 채프만 형제가 히틀러가 그렸던 그림을 구입하여, 덧칠한 뒤 되팔아 화제가 되기도 했다.
히틀러는 군대에 가지 않기 위해 다른 도시로 도망갔다가, 1914년에 체포되기도 했다. 그러나 신체검사에서 부적격 판정을 받아 병역이 면제되었는데, 제1차 세계 대전이 터지자 자원입대하여 1급 훈장까지 받았다.

군사 대국을 꿈꾸던 일본 역시 대공황의 영향으로 불황에 시달리고 있었다. 그 사이 군부와 재벌로 이루어진 군국주의자 ^{국가의 가장 중요한 목}

★ 바이마르 공화국
1919년에 성립된 독일 공화국을 이르는 말. 민주 공화파(사회 민주당 · 중앙당 · 민주당)가 바이마르 헌법을 제정하고, 정권을 잡았다. 1929년 말에 시작된 대공황으로 경제적 타격을 받은 뒤, 1933년 나치 정권의 수립으로 사라졌다.

적을 군사력에 위한 대외적 발전에 두고, 전쟁과 그 준비를 위한 정책을 중요시하는 정치 체제들

이 자유주의 내각을 몰아내고 정권을 장악하였다. 이들은 국내의 혼란스러운 상황을 전쟁으로 해결하려고, '대동아 공영권'★을 주장하면서 대륙 침략을 준비하였다.

에스파냐의 내전과 추축국 형성

국제 사회가 독일과 이탈리아 · 일본의 움직임으로 긴장하고 있던 1936년, 에스파냐에서는 프랑코 장군이 내란을 일으켰다. 당시 에스파냐에서는 국가주의국가의 공동체적 이념을 강조하고 그 발전을 중요시하는 이념자와 공화파가 대립하고 있었다. 내란이 일어나자 양측은 각각의 영토를 장악한 채, 반대 세력을 제거하는 치열한 싸움을 계속했다. 자신들의 힘만으로는 승리하기 어렵다고 판단한 양측은 모두 외국에 도움을 요청했다.

TIP 에스파냐 내란

세력	국가주의자	공화파
구성	로마 가톨릭교회, 군부, 토지 소유자, 기업가 등	도시 근로자, 농업 노동자, 교육 받은 중산층 등
지향하는 정치 체제	극단적인 민족주의	사회주의
주도자	프랑코 장군	라르고 카바예로 총리→네그린 총리

★ 대동아 공영권
서구 열강으로부터 아시아를 보호하고, 아시아 전체의 이익을 위해서는 일본을 중심으로 뭉쳐야 한다는 사상. 태평양 전쟁 당시, 일본이 아시아 대륙에 대한 침략을 합리화하기 위하여 내건 정치 표어다.

독일과 이탈리아는 1936년 10월 로마와 베를린을 연결하는 '추축' ★을 맺고, 소련에 대응한다는 명목으로 에스파냐의 내란에 개입했다. 이때 독일과 이탈리아는 국가주의자들을 도왔고, 영국·프랑스·미국 등에서 온 의용군국가나 사회의 위급을 구하기 위하여 민간인으로 조직된 군대과 소련은 공화파를 지원하고 나섰다. 11월에는 소련 공산당의 국제 조직인 코민테른에 맞서, 독일과 일본이 반反코민테른 협정을 맺었다. 이듬해 세 나라는 서로 합쳐 적을 막아 내자는 3국 방공 협정을 체결하고 추축국을 형성하였다.

 에스파냐 내란 관련 예술 작품

피카소의 〈게르니카〉는 에스파냐 내란 때, 독일 공군의 폭격을 받고 폐허가 된 마을을 비극적으로 묘사한 작품이다. 헤밍웨이의 《누구를 위하여 종은 울리나》 역시 에스파냐 내전에 참전했던 미국의 젊은 대학교수 로버트 조단이 게릴라 부대를 이끌고 임무를 수행하는 내용을 다룬 소설이다.

범게르만주의를 내세운 히틀러의 대외 침략

1938년 3월, 독일의 히틀러는 범게르만주의독일을 중심으로 게르만 민족이 단결하여 세계를 지배하려는 사상를 명분으로 내세워 오스트리아를 침략한 뒤 나치 정권을 세우고 병합하였다. 같은 해 9월에는 당시 약 300만 명의 게르만 혈통 주민이 살고 있던 체코슬로바키아체코와 슬로바키아가 분리

★ 추축
정치나 권력의 중심이라는 뜻. 1936년 무솔리니가 "유럽의 국제 관계는 로마와 베를린을 연결하는 선을 추축으로 하여 변화할 것이다."라고 한 연설에서 유래했다.

되기 전의 연방국 이름의 수데텐 지방을 점령하였다. 이에 영국과 프랑스는 독일을 회유하기 위해 뮌헨에서 회담을 갖고, 더 이상의 영토를 확장하지 않는다는 조건으로 독일의 수데텐 지방 점령을 승인하였다.

히틀러는 이듬해 뮌헨 협정을 어기고, 체코슬로바키아를 공격해 보헤미아와 모라비아 지방을 병합해 버렸다. 또 베르사유 조약에 의해 자유 도시가 된 폴란드의 단찌히^{발트 해에 접해 있는 항구 도시. 현재 폴란드의 그단}스크를 요구하고 나섰다.

더 이상 독일의 행동을 지켜보고 있을 수 없게 된 영국은 군사력을 강화하고, 폴란드와 상호 원조 조약을 체결하였다. 또 프랑스와 함께 소련에 군사 동맹을 제안하였다. 그러나 소련은 영국과 프랑스의 제안에는 응답하지 않고 있다가, 1939년 8월에 독일과 독 · 소 불가침 조약*을 맺었다.

소련과 불가침 조약을 맺은 히틀러는 안심하고 전쟁 준비에 더 열을

〈연합군과 주축국의 전력 비교〉

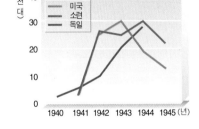

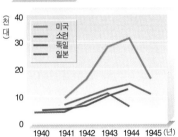

★ 독 · 소 불가침 조약
독일과 소련이 서로 침략하지 않고, 동유럽 전체를 나누어 갖는 것을 내용으로 하는 조약. 1941년 6월에 독일이 소련을 공격하면서 이 조약은 무효화되었다.

내었고, 결국 1939년 아무런 선전 포고도 없이 폴란드를 침공하였다.

영국은 독일에 군대를 거두라는 최후통첩을 보냈지만 아무런 응답이 없자, 프랑스와 함께 독일에 전쟁을 선포하였다. 이로써 인류 역사상 가장 끔찍한 전쟁이었던 제2차 세계 대전이 본격적으로 시작되었다.

폴란드를 넘어 프랑스와 영국까지 공격하는 독일

1939년 9월, 독일은 미리 준비하고 있던 기갑 사단전차와 장갑차를 주력으로 삼아 기동력과 화력을 높인 지상 작전 부대을 앞세워 폴란드를 침공하였다. 그당시 폴란드의 병력은 100만이 넘었지만, 탱크나 장갑차 등 전투 장비는 독일에 비해 훨씬 뒤떨어져 있었다. 결국 독일의 우수한 장비와 강력한 화력총이나 포 등의 무기가 가지고 있는 힘 앞에 폴란드 군대는 순식간에 무너지고 말았다.

한편 독일과 독·소 불가침 조약을 맺어 폴란드 분할에 합의한 바 있는 소련도 폴란드 동부 지역을 공격하기 시작하였다. 이 틈을 타 독일은 폴란드의 수도 바르샤바까지 진군했고, 끝까지 저항하던 폴란드는 결국 독일과 소련의 손에 분할 점령되고 말았다. 그런데 영국은 독일이 폴란드를 침공할 경우 폴란드를 지원하겠다고 큰소리쳤지만, 실제 전쟁에 참전하지 않았다.

독일과 소련이 주변 국가를 점령하기 위해 계속 진군하자, 그제야 영국과 프랑스 등 연합군도 적극적으로 대응하기 시작했다. 1940년 4월 독일이 덴마크와 노르웨이를 침략하자, 영국과 프랑스는 독일을 공격하였다. 연합군과의 첫 번째 전투에서 승리한 독일은 덴마크와 노르

TIP 400만 명의 목숨을 앗아간 비극의 현장

아우슈비츠 수용소는 폴란드 남부 크라쿠프에서 서쪽으로 50km 떨어진 지점에 위치해 있다. 1940년 6월 최초로 폴란드 정치범들이 이곳에 수용되었고, 1941년 히틀러의 명령에 따라 대량 학살 시설로 확대되었다. 이곳에 끌려온 사람들은 가스, 총살, 고문, 질병, 굶주림 등으로 죽어 갔는데, 희생자 수는 무려 400만 명에 이른다고 한다. 그 가운

아우슈비츠 수용소

데 3분의 2가 유대 인이다. 수용소에서는 희생자의 장신구는 물론 금니까지 뽑아 금괴로 만들었으며, 머리카락을 모아 양탄자를 짰다. 또 각종 생체 실험이 벌어지기도 했다. 나치의 잔학 행위에 희생된 사람들을 잊지 않기 위해 아우슈비츠 수용소는 유네스코 세계 문화유산으로 지정되었다.

웨이뿐만 아니라 베네룩스 3국벨기에·네덜란드·룩셈부르크을 일주일 만에 점령한 뒤 프랑스로 진격해 들어갔다.

자신들이 유럽 최강의 부대라고 생각했던 프랑스 군은 마지노선★을 믿고 독일을 적극적으로 공격하지 않았다. 그렇지만 독일은 마지노선이 독일과 프랑스 국경 지역에만 한정되어 있다는 점을 이용해, 이미 점령한 벨기에를 가로질러 공격해 들어갔다. 마지노선을 우회한 독일군은 파리를 향해 신속하게 진군했다.

★ 마지노선 ────────────
1930년대에 프랑스가 북동쪽 국경선에 건설한 정교한 방어용 장벽. 1929~1931년에 프랑스 육군 장관을 지낸 앙드레 마지노의 이름에서 따온 말이다. 두꺼운 콘크리트 벽에 대포가 설치된 마지노선은 그 당시 가장 근대적인 방어 시설이었다.

마지노선이 무너지자 연합군은 독일군에게 프랑스를 내줄 수밖에 없었다.

　굳게 믿었던 마지노선을 무너뜨리고 독일군이 파죽지세대를 쪼개는 기세라는 뜻으로, 적을 거침없이 물리치고 쳐들어가는 기세로 공격해 들어오자, 프랑스와 영국군은 됭게르크도버 해협에 위치한 북프랑스의 도시 해안으로 몰리게 되었다. 독일군이 해안을 봉쇄하기 전에 병력을 철수시켜야 하는 상황에 처한 연합군은 영국 공군의 엄호아군이 공격이나 철수를 쉽게 할 수 있도록 지원 부대가 적의 저항을 막는 일를 받으며 겨우 프랑스를 탈출했다.

　1940년 6월, 독일군은 마침내 파리를 점령했다. 히틀러는 제1차 세계 대전 당시 베르됭 전투의 영웅이자 부총리였던 페탱을 내세워 비시프랑스 중부 오베르뉴 지방에 있는 도시에 괴뢰 정부다른 나라가 조종하는 대로 움직이는 한 나라의 행정부를 세웠다. 그러자 드골* 장군은 영국으로 건너가 자유 프랑스 위원회를 이끌면서, 프랑스에 남아 있는 레지스탕스제2차 세계 대

★ 샤를 드골
제2차 세계 대전 당시, 프랑스의 국방 차관이자 기갑 사단장이었다. 그는 자유 프랑스 위원회를 조직하여 독일에 대한 항전을 계속하였다. 그로 인해 페탱이 이끄는 비시 정부로부터 반군으로 매도되어 사형을 선고받기도 했다. 1944년에는 파리로 귀환하여 임시 정부의 지도자가 되었고, 1959년에는 프랑스 대통령으로 취임하였다.

전 당시 나치에 점령당한 프랑스에서 독일과 맞서 싸우기 위해 일어난 지하 운동를 지원하며 독일에 대한 항쟁을 계속하였다.

프랑스를 점령한 독일의 남은 목표는 영국이었다. 그러나 막강한 영국 해군을 무너뜨리고 영국 해협도버 해협의 동쪽 끝에서 북해와 이어지는 좁고 긴 바다을 건너는 것은 쉬운 일이 아니었다. 그래서 독일은 공습공군이 비행기를 이용하여 총격이나 폭격으로 적을 습격하는 일 작전을 세우고, 1940년 8월, 영국을 공격하기 시작했다. 그러나 영국은 미리 개발해 놓은 레이더전자파를 이용해 대상물까지의 거리나 형상을 측정하는 장치를 이용해 독일 전투기들의 공격을 막아 냈다.

독일과 소련의 전쟁

독일이 프랑스 · 영국과의 전쟁에 몰두하고 있는 사이, 소련은 안심하고 핀란드 일부와 발트 3국발트 해 동쪽에 있는 에스토니아 · 라트비아 · 리투아니아을 병합하면서 영토를 확장했다. 그러나 독일은 강력한 저항에 막혀 영국을 점령하지 못하고 있는 상황이었다. 그러자 히틀러는 유럽을 손에 넣은 뒤, 소련을 기습하려던 검은 속내를 드러내기 시작했다. 처음에 계획했던 공격 시점인 1943년보다 2년이나 앞당겨 소련을 향해 총구를 겨눈 것이다.

독일은 먼저 발칸 반도에 있는 헝가리 · 루마니아 · 슬로바키아를 공격하여 독일군에 합류시켰다. 또 불가리아를 추축국에 가담시켜 군사력을 강화한 뒤, 그리스와 유고슬라비아까지 점령해 버렸다.

마침내 1941년 6월, 히틀러는 150여 개 사단, 300만 명으로 구성된 병력을 동원해 소련 공격에 대대적으로 나섰다. 그 당시 소련은 독일

보다 2~3배나 많은 탱크와 항공기를 가지고 있었지만, 대부분 독일의 앞선 기술력을 따라가지 못하는 구식 장비였다. 결국 소련은 세계최강의 군대를 앞세운 독일군에 힘도 써 보지 못하고, 모스크바 인근까지 내어 주었다.

더 이상 물러설 수는 없다고 결정한 소련은 영국과 미국의 원조를받으며 독일군이 점령하고 지나간 지역을 봉쇄하기 시작했다. 또 독일의 공격이 예상되는 지역에 있는 다리와 철도를 파괴하고, 식량을불태우는 등 독일군의 진격을 완강하게 저지했다. 그러는 동안 겨울

이 다가왔고, 겨울 군복을 지급 받지 못한 독일군은 혹독한 추위와 배고픔으로 고생하게 되었다.

결국 독일은 모스크바 공격을 포기하고, 석유를 확보하기 위해 방향을 바꿔 스탈린그라드★를 목표로 다시 진격하기 시작했다. 그러나 독일은 이곳에서도 소련의 반격을 받아 고립될 위기에 처했고, 결국 소련 점령을 포기한 채 철수하기 시작했다.

미국의 참전으로 거세진 연합군의 반격

추축국 가운데 하나인 일본은 중·일 전쟁을 일으켜 대륙을 공격하였다. 그러나 중국의 강력한 저항에 부딪쳐 전쟁은 장기전으로 접어들었다. 또 일본은 프랑스가 차지하고 있던 인도차이나를 공격한 뒤 독일·이탈리아와 삼국 동맹을 맺었다. 그래서 미국은 ABCD 포위진 미국·영국·중국·네덜란드 4국의 첫 글자를 따서 이름 붙인 포위진을 형성하고, 일본에 대한 석유 수출을 중단했다. 경제적 압박을 당하게 된 일본은 1941년 12월 8일, 미국 태평양 함대 사령부가 있는 하와이 진주만을 기습하였다.

미국은 영·프 연합군이 됭케르크에서 철수한 이후, 엄청난 물량을 영국에 지원하면서 참전에 대한 준비를 해 왔다. 이런 미국이 일본에 선전 포고를 했다. 그러자 일본의 동맹국인 독일과 이탈리아도 미국에 대해 전쟁을 선포하였다. 이제 전쟁은 유럽을 넘어 태평양까지 확

★ 스탈린그라드
러시아 연방 남서부, 볼가 강 하류에 있는 도시로 현재 이름은 볼고그라드이다. 이곳으로 카프카스 지방의 유전과 소련을 연결하는 석유 공급로가 지나간다.

산돼, 전 세계가 전쟁의 소용돌이에 휘말리게 된 것이다.

소련이 스탈린그라드에서 독일군을 물리친 것을 계기로 연합군의 반격이 거세졌다. 1942년 초 독일군이 소련을 공격하는 사이, 영국은 다시 군대를 재정비하여 독일의 주요 도시들을 공격했다. 미국은 둘리틀 중령이 이끄는 폭격기 편대2~4대의 비행기로 이루어진 부대 구성 단위를 이용하여 일본의 주요 도시들을 공격하였다. 또 태평양의 미드웨이 섬과 여러 섬에서 벌어진 일본과의 해전에서 크게 승리하면서 태평양 전쟁1941~1945년까지 일본과 연합국 사이에 벌어진 전쟁. 제2차 세계 대전의 일부의 주도권을 잡았다.

한편 북아프리카 전선에서는 영국이 독일의 롬멜 장군이 이끄는 기계화 사단에 밀려 키레나이카지금의 리비아를 잃고, 이집트까지 내줄 상

〈태평양 전쟁의 전개〉

314

황에 처했다. 그러나 미국과 연합한 몽고메리 장군이 이집트의 엘 알
라메인에서 독일과 이탈리아 군을 격파해, 1943년 5월에 항복을 받아
냈다.

그즈음 이탈리아에서는 무솔리니가 체포되고, 새로운 정부가 들어
섰다. 미국과 영국 연합군은 새 정부와 비밀 협상을 맺고 독일군이 주
둔하고 있던 시칠리아 섬을 점령하였다. 결국 1943년 9월, 연합국에
항복한 이탈리아는 독일에 선전 포고를 하였다. 이에 독일은 무솔리
니를 구하고 로마를 점령하였지만, 1944년에 다시 연합군에게 로마
를 내어 주고 말았다.

노르망디 상륙 작전과 연합국의 승리

1943년부터 히틀러는 서부 전선의 병력을 강화하였다. 프랑스 해
안을 중심으로 방어 기지를 구축^{어떤 시설물을 쌓아 올려 만듦}하고 연합국의
반격에 대비한 것이다.

1944년 6월 6일, 미국의 아이젠하워 장군이 이끄는 15만의 연합군
은 노르망디^{프랑스 서북부 해안에 있는 지방} 상륙 작전을 감행하였다. 영국과
캐나다 군은 동부 해안으로, 미국군은 서부 해안으로 상륙하여 독일군
을 공격하였다. 이때 공군은 프랑스 동쪽 센 강과 남쪽 르와르 강에 있
는 다리들을 폭파하여 독일군의 병력 지원을 차단하였다. 연합군은 힘
든 전투를 벌인 끝에 캉 항과 셰르부르 항을 점령하였고, 그 기세를 몰
아 독일군을 더욱 강하게 공격하였다. 결국 연합군의 공격에 독일군은
무너지고 말았고, 29만이 넘는 병력이 포로로 잡혔다.

연합군이 여러 전투에서 승리하는 동안, 독일 군부의 고위 간부들이

히틀러 암살 계획을 세웠다. 그러나 사전에 발각되어 수많은 사람들이 처형당했다. 이로써 독일의 전력은 더욱 약해졌고, 1944년 8월 25일에는 연합군이 파리를 탈환하였다. 그해 9월에 드골 장군은 프랑스 임시 정부를 수립하였다.

독일은 다시 총동원령사람, 물자 따위의 모든 역량을 집중시키라는 명령을 내려 병력을 보충하고 서부 전선을 강화하였다. 그러나 연합군은 공격을 늦추지 않고 전면 공격을 해, 마침내 프랑스를 가로질러 독일 국경까지 진격하는 성과를 거두었다.

한편 동부 전선에서는 소련이 발칸 반도 위쪽으로 이동해 헝가리와 유고슬라비아를 통해 독일군을 압박하기 시작했다. 소련은 독일의 전력이 크게 약화된 틈을 타, 1945년 1월에 독일군을 공격하기 시작했다. 소련군이 바르샤바를 점령하자, 히틀러가 서부 전선에 있던 부대를 서둘러 동부 전선으로 보냈다. 그렇지만 독일군이 소련의 진격을 막지 못했고, 소련군은 부다페스트까지 점령해 들어갔다.

이때 영국과 미국 공군은 폭격을 강화하여 독일의 동부 전선의 교통 중심지들을 파괴하면서 소련군의 진격을 도왔다. 1945년 4월 22일, 마침내 소련군이 베를린에 입성하였다. 이에 4월 30일 히틀러가 자살하고, 그 뒤 독일은 5월 7일에 연합군에 무조건 항복을 하였다. 이로써 유럽에서의 공식적인 전쟁은 막을 내렸다.

독일이 항복한 후에도 미국은 일본과의 전쟁을 남겨 두고 있었다. 미국은 사이판·필리핀·이오지마·오키나와 등을 차례로 점령한 뒤, 일본 본토를 폭격하기 시작했다. 1945년 3월 9일, 미국은 일본 도쿄에 야간 공습을 감행했다. 이로써 미국은 육군을 상륙시키지 않아

일본이 포츠담 회담 결과에 불응하자,
미국은 히로시마와 나가사키에 원자 폭
탄을 떨어뜨렸다.

도 일본에 엄청난 타격을 입힐 수 있다고 판단하였다. 그 뒤 미국은
일본의 다른 대도시들에 대해서도 야간 공습을 감행하였다.

　1945년 7월, 독일 포츠담에 모인 연합국 대표들은 일본에게 무조건
항복을 요구하였다. 그러나 일본은 여전히 전쟁에 대한 뜻을 굽히지

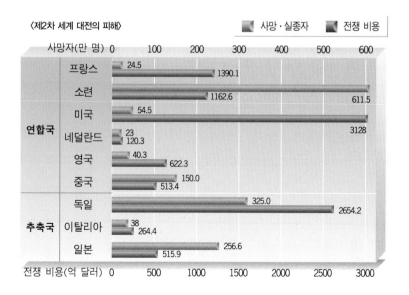

〈제2차 세계 대전의 피해〉　　　　■ 사망 · 실종자　　■ 전쟁 비용

	사망자(만 명)	사망 · 실종자	전쟁 비용
연합국	프랑스	24.5	1390.1
	소련	1162.6	611.5
	미국	54.5	3128
	네덜란드	23	120.3
	영국	40.3	622.3
	중국	150.0	513.4
추축국	독일	325.0	2654.2
	이탈리아	38	264.4
	일본	256.6	515.9

전쟁 비용(억 달러)

않고 이를 거절하였다. 결국 미국은 1945년 8월 6일과 9일에 히로시마와 나가사키에 원자 폭탄을 떨어뜨렸다. 게다가 소련이 8월 8일에 선전 포고를 하고 만주와 한반도로 진격해 오자, 1945년 8월 15일 일본은 무조건 항복하였다. 전 세계를 피로 물들게 했던 제2차 세계 대전이 완전히 막을 내리게 되었다.

전 세계 60여 개가 넘는 나라들이 1억이 넘는 병력을 동원하여 싸웠던 제2차 세계 대전은 약 2천 7백만 명의 군인이 전사하고, 2천 5백만 명이 넘는 민간인이 희생되는 엄청난 인명 피해를 남겼다. 민간인 희생자 중에는 히틀러의 민족 차별 정책으로 희생된 유대 인이 약 5백만 명이나 되었다. 또 전쟁 비용이나 대대적인 공습으로 인한 재산 파괴 등 경제적인 피해도 그 어떤 전쟁과 비교할 수 없을 만큼 컸다.

냉전 시대에 들어선 국제 사회

제2차 세계 대전이 끝난 뒤, 51개 나라의 대표들은 미국 샌프란시스코에 모였다. 그들은 국제 연합 헌장을 선언하고, 세계 평화 유지를 위한 국제기구인 국제 연합^{UN}을 탄생시켰다.

그러나 전쟁에 승리한 나라들은 미국과 소련의 대립으로 전후 처리 문제에 대한 합의점을 찾지 못했다. 패전국인 독일은 동서로 분단되어 미국 · 영국 · 프랑스 · 소련의 관리를 받게 되었고, 일본은 무장 해제_{항복한 군인이나 나라의 무기를 빼앗는 일}된 뒤 한동안 미국의 점령 하에 놓였다. 오스트리아는 미 · 영 · 프 · 소의 관리를 받다가 1955년 중립을 유지하는 조건으로 주권을 회복하였다.

제2차 세계 대전 이후 아시아 · 아프리카 · 라틴 아메리카의 많은 나라들은 빼앗긴 나라를 되찾거나 신생 독립국이 되었다. 이들은 1950년대 이후 제3세력으로 성장하여, 미국과 소련 중심 세력에 중립적인 입장을 취해 냉전을 완화시키는 역할을 하게 된다.

이후 국제 사회는 미국 중심의 자유 민주주의 진영과 소련 중심의 공산주의 세력이 대립하는 냉전 체제에 들어섰다.

TIP 국가와 민족도 나눠 버린 보이지 않는 전쟁, 냉전

1945년 5월 독일이 항복하자, 미국과 소련의 불안정한 동맹 관계는 해체되기 시작하였다. 소련은 동유럽에 대한 지배를 계속하면서 공산주의를 전파했고, 미국과 영국은 자유 민주주의 체제를 강화하기 위해 노력했다. 그 결과 독일은 1949년 동독과 서독으로 나뉘게 되었다. 우리나라도 냉전(Cold War)에 의해 분단된 것이다. 태평양 전쟁이 끝난 뒤, 미국과 소련은 38선을 경계로 각각 남한과 북한을 점령하였다. 결국 북한은 소련에 의해 사회주의 체제가 들어섰고, 남한은 미국에 의해 자본주의 체제가 수립되어 지금에 이르고 있다.

《곁에 두는 세계사》 / 수요역사 연구회 저 / 석필 발행

《교양인이 꼭 알아야 할 세계사 이야기 – 1, 2》 / 박경민 저 / 가람기획 발행

《그림으로 읽는 세계사 이야기 – 1, 2, 3》 / 김희보 저 / 가람기획 발행

《단숨에 읽는 세계사》 / 역사연구모임 저 / 베이직북스 발행

《도해세계전사(圖解世界戰史)》 / 노병천 저 / 연경문화사 발행

《로마인 이야기 – 1, 2, 3, 4, 5, 6》 / 시오노 나나미 저 / 김석희 옮김 / 한길사 발행

《살아 있는 세계사 교과서 – 1, 2》 / 전국역사교사 모임 저 / 휴머니스트 발행

《서양 고대 전쟁사 박물관》 / 존 워리 저 / 임웅 옮김 / 르네상스 발행

《서양사 총론 – 1, 2 》 / 차하순 저 / 탐구당 발행

《세계사 시간 여행》 / 김억간 저 / 가람기획 발행

《세계의 역사》 / 니콜라 바버, 앤드류 랭글리, 브라이언 윌리암 공저 / 양경미 옮김
          / 청솔 발행

《옥스퍼드 세계의 역사》 / 닐 그랜트 저 / 김석희 옮김 / 주니어랜덤 발행

《아틀라스 세계사》 / 지오프리 파커 저 / 김성환 옮김 / 사계절 발행

《이야기 세계사 – 1, 2, 3》 / 김경묵, 우종익 공저 / 청아출판사 발행

《이야기 중국사 – 1, 2, 3》 / 김희영 저 / 청아출판사 발행

《전쟁으로 보는 중국사》 / 크리스 피어스 저 / 황보종우 옮김 / 수막새 발행

《주니어 라이브러리 – 11》 / 교원 발행

《청소년을 위한 세계사 – 서양 편》 / 이강무 저 / 두리미디어 발행

《하룻밤에 읽는 세계사》 / 미야자키 마사카츠 저 / 이영주 옮김 / 중앙M&B 발행

《하룻밤에 읽는 중국사》 / 미야자키 마사카츠 저 / 오근영 옮김 / 중앙M&B 발행

http://www. britannica. co. kr(한국 브리태니커 백과사전)

http://www. encyber. com(두산 엔싸이버 백과사전)

http://enc. daum. net(다음 백과사전)

http://100. naver. com(네이버 백과사전)

http://www. seahistory. or. kr(한국 해양사 연구소)

http://cafe. daum. net/joucheol(다음 카페 '주철민의 역사 공부방')

연대로 보는 간략한 전쟁사

페르시아 전쟁 Greco-Persian War

- 기원전 691년 – 아케메네스의 아들 테이스페스, 안잔(지금의 페르세폴리스) 정복.
  아케메네스 왕조 세움
- 기원전 559년 – 키루스 2세 즉위
- 기원전 550년 – 키루스 2세, 메디아 정복. 에크바타나(지금의 하마단)로 천도. 나
  라 이름을 '페르시아'로 정함
- 기원전 546년 – 키루스 2세, 리디아의 수도 사르디스 함락
- 기원전 538년 – 키루스 2세, 신바빌로니아 수도 바빌론 점령
- 기원전 525년 – 오리엔트 통일 · 페르시아 제국(아케메네스 왕조) 기틀 마련
- 기원전 521년 – 다리우스 1세 즉위
- 기원전 499년 – 이오니아 지방의 밀레투스를 중심으로 반란 일으킴
- 기원전 494년 – 다리우스 1세, 이오니아의 소도시들 모두 점령
- 기원전 492년 – 페르시아 총사령관 마르도니우스 헬레스폰투스(지금의 다르다넬
  스)에 모여 그리스로 진군. 폭풍으로 실패(1차 전쟁)
- 기원전 490년 – 2차 원정 시작. 마라톤 전투에서 패배(2차 전쟁)
- 기원전 480년 – 다리우스 1세 사망, 아들 크세르크세스 즉위. 그리스 원정에 직
  접 나섬. 테르모필라이 전투와 살라미스 해전에서 패(3차 전쟁)
- 기원전 448년 – 아르타크세르크세스 1세, 그리스 동맹국들과 칼리아스 화약 체
  결하고 페르시아 전쟁 마감

펠로폰네소스 전쟁 Peloponnesian War

- 기원전 6세기경 – 펠로폰네소스 반도 폴리스들 스파르타 중심으로 군사 동맹 체결(펠로폰네소스 동맹)
- 기원전 478년 – 페르시아 군의 재침입에 대비하기 위해 아테네 중심으로 델로스 동맹 결성
- 기원전 454년 – 아테네의 페리클레스, 델로스 동맹 본부와 금고 아테네로 옮김
- 기원전 433년 – 케르키라와 코린토스 전쟁 발발
- 기원전 431년 – 스파르타의 왕 아르키다모스, 아테네 공격. 펠로폰네소스 전쟁 시작
- 기원전 430년 – 아테네에 페스트 퍼져 페리클레스 사망
- 기원전 425년 – 스파르타, 아테네에 화의 제안. 아테네의 새 지도자 클레온 제안 거절
- 기원전 423년 – 아테네와 스파르타 휴전. 그러나 스파르타의 장군 브라시다스는 공격을 멈추지 않고 계속 싸움. 아테네의 클레온이 직접 나서 대응
- 기원전 422년 – 브라시다스와 클레온 모두 전사
- 기원전 421년 – 니키아스 평화 조약 맺고 휴전
- 기원전 418년 – 아테네, 동맹군 보강하고 만티네이아에서 스파르타와 전투. 크게 패함
- 기원전 415년 – 아테네의 알키비아데스, 시칠리아 공격. 니키아스 평화 조약 깨짐
- 기원전 413년 – 스파르타 군, 시라쿠사에서 아테네 함대 크게 격파
- 기원전 406년 – 스파르타의 리산드로스 장군, 페르시아의 지원받아 노티움에서 아테네 해군 격파
- 기원전 405년 – 리산드로스 장군, 아테네의 코논 사령관과 아이고스포타미 전투에서 맞서 싸워 크게 승리

- 기원전 404년 – 아테네 시민들, 스파르타의 리산드로스에게 항복. 27년 동안 벌인 펠로폰네소스 전쟁은 스파르타의 승리로 마감
- 기원전 395년 – 스파르타의 강압에 불만을 품은 테베, 아테네 앞세워 전쟁 일으킴. 스파르타 패배(코린토스 전쟁)
- 기원전 371년 – 스파르타, 테베와의 레욱트라 전투에서도 패함. 그리스 지배권, 테베가 장악
- 기원전 357년 – 아테네, 동맹 도시들과 전쟁(동맹시 전쟁)
- 기원전 338년 – 마케도니아의 필리포스 2세 침입. 그리스의 폴리스들 몰락

알렉산드로스 대왕의 정복 전쟁

- 기원전 382년 – 마케도니아, 필리포스 2세 즉위
- 기원전 338년 – 케로네아 전투에서 아테네와 테베의 연합군 격파. 그리스 통합
- 기원전 337년 – 필리포스 2세, 그리스 폴리스들과 코린토스에서 군사 동맹 체결
- 기원전 336년 – 필리포스 2세 암살당하고 아들 알렉산드로스 3세(알렉산드로스 대왕), 마케도니아 왕으로 즉위. 즉위 후 테베와 아테네가 손을 잡고 반란 일으키자 테베 응징. 그것을 본 아테네 항복
- 기원전 334년 – 알렉산드로스, 마케도니아와 코린토스 동맹군 이끌고 동방 원정 시작
- 기원전 333년 – 이수스 전투에서 페르시아의 다리우스 3세의 군대 크게 격파 → 페르시아 함대의 근거지인 티루스, 가자 정복 → 이집트로 진격. 알렉산드리아 건설
- 기원전 331년 – 다시 페르시아 공격. 가우가멜라 전투에서 또 승리. 페르세폴리스 정복
- 기원전 330년 – 페르시아 제국(아케메네스 왕조) 무너뜨린 후 계속 동쪽으로 진군하여 인더스 강 유역까지 장악

- 기원전 324년 – 전염병과 장마로 군대의 진격을 멈추고 페르세폴리스로 돌아옴
- 기원전 323년 – 바빌론을 제국의 수도로 정하고 통치 중 다시 원정 준비하다 열병에 걸려 사망. 알렉산드로스 제국, 3개로 분열. 세 왕국 모두 기원전 1세기에 로마에 멸망

진秦의 통일 전쟁

- 기원전 1120년 – 희발(무왕), 은나라 무너뜨리고 주나라 개국
- 기원전 770년 – 견융의 침입으로 뤄양(낙양)으로 천도(동주). 이때부터 춘추 시대 시작.
- 기원전 651년 – 제나라 환공, 춘추 시대 최초의 패자가 됨
- 기원전 453년 – 진(晋), 한(韓)·위(魏)·조(趙)로 나뉨. 기원전 403년, 주 왕실 한·위·조를 제후국으로 승인. 이때부터 전국 시대 시작
- 기원전 359년 – 진(秦)의 효공왕, 법가 사상가 상앙 등용. 나라 정비
- 기원전 350년 – 진, 함양으로 천도
- 기원전 333년 – 연나라 문왕, 소진의 합종설 채택. 6국(초·연·제·한·위·조) 동맹 체결
- 기원전 311년 – 장의, 연횡설 주장
- 기원전 284년 – 진의 소양왕, 제나라 공격
- 기원전 256년 – 진의 소양왕, 동주 멸망시킴
- 기원전 246년 – 정(진시황), 13세 어린 나이에 진 왕으로 즉위. 여불위가 권력 장악
- 기원전 238년 – 진의 정, 직접 나라 다스리기 시작
- 기원전 230년 – 진의 정, 한나라 정복
- 기원전 228년 – 진의 정, 조나라 정복
- 기원전 225년 – 진의 정, 위의 수도 정복. 이어 초, 연, 제를 공격
- 기원전 221년 – 진의 정. 최초로 중국 통일

- 기원전 220년 – 진의 정, 황제라는 존칭 사용하면서 스스로 '시황제'라 시호 정함
- 기원전 213년 – 분서갱유(~212년)
- 기원전 210년 – 진의 시황제 사망. 아들 호해 즉위
- 기원전 209년 – 진승·오광의 난 발생
- 기원전 206년 – 진나라 멸망

초楚·한漢 전쟁

- 기원전 210년 – 진의 시황제, 사망. 환관 조고의 음모로 호해, 진 2세로 즉위
- 기원전 209년 – 진승과 오광의 난 일어남(중국 최초의 농민 반란)
  - 유방과 항량, 반란 진압 명분으로 군사 일으킴
- 기원전 208년 – 유방과 항량, 세력 연합
  - 항량이 진(秦)과의 싸움에서 전사하자 조카 항우가 군사 이끎
- 기원전 206년 – 유방, 셴양을 함락시키고 진을 멸망시킴 → 항우가 들어오자 셴양을 그에게 양도하고 물러남 → 항우, 셴양을 불바다로 만들고 고향으로 금의환향
  - 항우, 스스로 서초의 패왕이 된 후 유방을 한(漢)왕에 봉함
- 기원전 204년 – 유방, 항우의 고향 팽성 공격
- 기원전 203년 – 유방과 항우 잠시 강화. 서로 인질 교환
- 기원전 202년 – 유방의 군대, 해하에서 항우의 군대 격파.
  - 항우 자살. 유방, 한 제국의 황제로 즉위(고조)

포에니 전쟁 Punic Wars

- 기원전 753년 – 로물루스, 도시 국가 로마 건설
- 기원전 509년 – 로마, 에트루리아 왕 몰아내고 공화정 성립

- 기원전 451년 − 로마 최초의 성문법인 〈12표법〉 제정
- 기원전 288년 − 시칠리아의 시라쿠사에서 마메르티니(용병) 반란 발생
- 기원전 272년(?) − 로마, 이탈리아 반도 통일(기원전 275년이라는 주장도 있음)
- 기원전 265년 − 시라쿠사 용병 대장의 요청으로 카르타고 개입. 시라쿠사 왕의 군대 물리침
- 기원전 264년 − 마메르티니들, 자신을 도와준 카르타고 몰아내기 위해 로마에 도움 요청. 로마군 전쟁에 개입(1차 포에니 전쟁)
- 기원전 256년 − 로마 장군 레굴루스, 카르타고 공격
- 기원전 241년 − 로마, 아이가테스 해전에서 카르타고 군대 격파. 카르타고는 로마 최초의 속주가 됨
- 기원전 238년 − 로마, 카르타고로부터 코르시카 섬과 사르데냐 빼앗음
- 기원전 218년 − 카르타고의 한니발, 로마의 동맹 도시 사군툼 차지 → 로마, 카르타고에 선전 포고(2차 포에니 전쟁)
   − 한니발, 코끼리 부대 이끌고 알프스 산 넘어 로마 공격
- 기원전 216년 − 한니발, 칸나에 전투에서 크게 승리
- 기원전 215년 − 카르타고, 마케도니아·시라쿠사와 군사 동맹 결성
- 기원전 206년 − 로마의 스키피오 장군, 카르타고 군의 근거지인 이베리아 반도로 건너가 평정
- 기원전 204년 − 대(大) 스키피오, 카르타고의 본토인 북아프리카 원정에 나섬
- 기원전 202년 − 대(大) 스키피오, 자마 전투에서 한니발이 이끄는 카르타고 군 격퇴하고 승리
- 기원전 201년 − 로마, 카르타고 함락. 2차 전쟁도 로마가 승리하고 마감
- 기원전 149년 − 로마, 누미디아 왕국의 공격에 카르타고가 로마 허가 없이 군대를 움직인 것을 구실로 카르타고에 선전 포고(3차 포에니 전쟁)
- 기원전 146년 − 로마 장군 스키피오, 카르타고를 완전히 폐허로 만듦. 카르타고 멸망

유구르타 전쟁Jugurtha War · 동맹시 전쟁Social War

- 기원전 146년 이후 – 로마, 서부 지중해 장악. 마케도니아, 시리아 정복
- 기원전 133년 – 그라쿠스 형제의 개혁 운동 시작. 실패로 끝남
- 기원전 111년 – 로마, 누미디아의 유구르타 왕과 전쟁 시작
- 기원전 107년 – 마리우스, 집정관으로 선출된 뒤 유구르타와 계속 전쟁
- 기원전 104년 – 로마, 유구르타 전쟁에서 승리
- 기원전 101년 – 로마, 게르만 족과 베르켈라이 전투에서 승리
- 기원전 91년 – 호민관 드루수스, 로마 시민권 확대 관련 법안 제출. 로마 시민
  들 반대로 무산 → 동맹 도시들 반란
- 기원전 90년 – 집정관인 율리우스 카이사르, 항복하는 모든 사람들에게 로마
  시민권 부여하는 법안 통과시킴
- 기원전 88년 – 로마, 동맹시 전쟁 마감하고 진정한 반도 통일 이룸

갈리아 전쟁Gallic Wars과 악티움 해전Battle of Actium

- 기원전 91년 – 폰투스 왕국의 미트리다테스 6세, 로마의 속주 페르가몬 침입
- 기원전 88년 – 미트리다테스 왕의 군대, 8만여 명의 이탈리아 인 죽임
  – 술라, 로마 집정관에 선출. 바로 폰투스와 전쟁 시작(미트리다테
  스 전쟁)
- 기원전 86년 – 술라, 아테네 공격하여 승리
- 기원전 85년 – 폰투스 군대 격파. 미트리다테스 왕과 다르다노스 조약 체결하
  고 돌아와 전쟁에 나가 있는 동안 자신을 축출한 킨나와 마리우
  스 세력 몰아내고 딕타토르가 됨
- 기원전 74년 – 비티니아의 왕 니코메데스 4세가 죽으면서 왕국을 로마에 기증
  → 미트리다테스 다시 로마와 전쟁 시작

- 기원전 73년 – 로마의 루쿨루스, 키지쿠스 전투에서 크게 승리 → 미트리다테스 6세, 아르메니아로 피신
- 기원전 66년 – 로마 원로원, 루쿨루스 소환하고 폼페이우스를 전쟁에 내보냄
- 기원전 64년 – 폼페이우스, 미트리다테스 왕과 아르메니아의 티그라네스 2세 무찌르고 전쟁 마감 → 폼페이우스 권력의 중심에 오름
- 기원전 60년 – 카이사르, 폼페이우스, 쿠라수스, 제1차 삼두 정치 시작
- 기원전 58년 – 카이사르, 갈리아 총독이 되어 파견
  - 갈리아의 하이두 부족, 헬베티 족의 압박으로 카이사르에게 도움 요청. 카이사르, 갈리아 부족 내전에 개입. 갈리아 전쟁 시작
- 기원전 53년 – 크라수스, 파르티야와 전투 중 사망
- 기원전 52년 – 카이사르, 알레시아 전투에서 베르킨게토릭스의 군대 무찌르고 대승.
  - 로마 원로원, 폼페이우스를 단독 집정관에 임명
- 기원전 51년 – 카이사르, 모든 갈리아 부족을 로마에 복속시킴. 갈리아 정복 전쟁 마감
- 기원전 50년 – 로마 원로원, 카이사르에게 소환 명령
- 기원전 49년 – 카이사르, 군대를 이끌고 루비콘 강을 건너 로마로 진격. 폼페이우스의 군대와 맞서 싸움
- 기원전 48년 – 카이사르, 파르살라스에서 폼페이우스의 군대 격파하고 승리. 폼페이우스, 이집트로 도망갔다 살해당함
- 기원전 47년 – 카이사르, 폰투스 왕국의 파르나케스 2세의 군대 격파
- 기원전 44년 – 카이사르, 종신 딕타토르와 임페라토르가 되었으나 공화파에게 암살당함
  - 안토니우스, 집정관에 오름
- 기원전 43년 – 카이사르의 양자 옥타비아누스, 레피두스 · 안토니우스와 제2차 삼두 정치 시작

- 기원전 42년 – 옥타비아누스와 안토니우스 군대, 마케도니아의 필리피 근처 전투에서 카이사르 암살 주동자인 브루투스 세력을 완전히 제거
- 기원전 37년 – 안토니우스, 이집트의 여왕 클레오파트라와 결혼
- 기원전 36년 – 옥타비아누스, 폼페이우스의 마지막 세력 제거
  - 레피두스, 옥타비아누스에게 대항하려다 실각. 삼두 정치 무너지고 옥타비아누스와 안토니우스 패권 다툼 → 안토니우스, 옥타비아누스와 화해하려고 그의 누이 옥타비아와 결혼하였으나 다시 클레오파트라에게 가는 바람에 관계 악화
- 기원전 32년 – 안토니우스와 클레오파트라 연합군, 옥타비아누스를 치기 위해 악티움에 진지 세움
- 기원전 31년 – 옥타비아누스, 군대 이끌고 악티움으로 가 안토니우스 함대와의 해전에서 승리
- 기원전 30년 – 옥타비아누스, 이집트 점령
- 기원전 27년 – 옥타비아누스, 로마 원로원으로부터 '아우구스투스'와 '프린켑스'라는 칭호 받음. 로마, 황제 시대 시작

중국의 삼국 전쟁

- 기원전 202년 – 고조(유방), 한 제국 개국
- 기원전 141년 – 무제 즉위. 최고의 전성기
- 5년 – 한나라 재상 왕망, 평제 독살하고 유영을 옹립
- 8년 – 왕망, 유영 몰아내고 '신' 건국. 한나라(전한) 멸망
- 14년 – 녹림의 난 발생
- 18년 – 적미의 난 발생
- 23년 – 한 왕실의 후손 유수, 곤양에서 왕망의 군대 격파. 왕망, 부하에게 피살당해 신나라 멸망

- 25년 – 유수, 광무제로 즉위(이때부터 후한 시대)
- 89년 – 4대 화제 즉위. 이후 어린 황제들이 즉위하면서 외척과 환관의 세력 다
    툼 심화
- 166년 – 11대 황제인 환제, 당고의 금 실시
- 184년 – 장각, 황건적의 난 일으킴. 황건적 토벌을 위해 조조 · 유비 등장
- 189년 – 하진, 십상시에게 암살당함(십상시의 난)
    – 동탁, 소제의 아우 협(후한의 마지막 황제 헌제)을 황제로 옹립하고 정권
    장악
- 190년 – 동탁을 치기 위한 연합군, 한구 관에 집결. 원소, 관동군의 맹주가 됨.
    군웅할거 시대 시작
    – 동탁, 수도 뤄양(낙양)을 불태운 뒤 헌제를 모시고 장안으로 천도
- 192년 – 동탁, 왕윤과 여포에 의해 살해당함
- 196년 – 헌제, 폐허가 된 뤄양으로 돌아옴 → 조조, 헌제를 모시고 쉬창으로 천
    도. 가장 힘 있는 맹주로 등장
- 200년 – 조조, 관도에서 원소의 군대와 맞서 싸움
- 202년 – 원소가 병으로 죽자 원소군은 조조에게 패함
- 208년 – 유비, 삼고초려로 제갈공명을 군사로 얻음
    – 유비, 손권과 연합하여 적벽에서 조조의 군대 크게 격파(적벽 대전)
- 214년 – 유비, 익주를 손에 넣고 한의 왕이 됨
- 216년 – 조조, 위왕에 오름
- 220년 – 조조의 아들 조비, 헌제로부터 황위 물려받음. 후한 멸망(위)
- 221년 – 유비, 청두에 수도를 정하고 황위에 오름(촉한)
- 222년 – 손권, 말릉(건업, 지금의 난징)에 수도 정하고 황위에 오름(오)
- 263년 – 촉한, 위나라에 멸망
- 265년 – 위나라 원제, 사마염에게 양위. 사마염, 뤄양에 도읍 정하고 진(晉)나라
    세움

- 280년 – 오나라, 진(서진)에게 멸망. 진, 천하 재통일

십자군 전쟁

- 395년 – 로마 황제 테오도시우스 1세 사망. 로마 제국 동·서로 분열
- 476년 – 서로마 제국, 게르만 용병 대장 오토아케르에 의해 멸망
- 481년 – 클로비스, 프랑크 족 통일, 프랑크 왕국 메로빙거 왕조 성립
- 527년 – 유스티아누스, 동로마 제국(비잔티움) 황제로 즉위. 동로마 제국 전성기
- 751년 – 프랑크 왕국의 카를 마르텔의 아들 소(小) 피핀, 카롤링거 왕조 개막
- 800년 – 프랑크 왕국의 카롤루스 왕, 로마 교황 레오 3세로부터 서로마 제국 황제의 관 받고 대제가 됨
- 814년 – 카롤루스 대제 사망. 그 후 동·중·서 프랑크로 분열
- 962년 – 동프랑크의 오토 1세, 교황 요하네스 12세로부터 신성 로마 제국 황제의 관 받음. 신성 로마 제국 성립
- 1037년 – 셀주크 튀르크 족의 투그릴 베크, 셀주크 왕조 개국
- 1054년 – 동·서 로마 교회, 그리스 정교회와 로마 가톨릭교회로 분열
- 1055년 – 셀주크 튀르크, 이슬람 재통일
- 1058년 – 투그릴 베크, 칼리프의 보호자 술탄이 됨
- 1071년 – 셀주크 튀르크, 예루살렘 정복. 그리스도교 순례자 박해 시작 → 동로마 황제 알렉시우스 1세, 성지 탈환을 노렸으나 실패. 서로마 교황 우르바누스 2세에게 원조 요청
- 1095년 – 교황 우르바누스 2세, 클레르몽 종교 회의에서 성지 탈환 주장
- 1096년 – 십자군 결성. 제1차 십자군 원정 시작
    - 십자군, 니케아 점령 후 안티오크를 향해 계속 진군
- 1099년 – 십자군, 예수살렘 점령. 예루살렘–라틴 왕국 건설
- 1144년 – 이슬람 군, 예루살렘 동북쪽 에데사 점령

- 1147년 – 제2차 십자군 원정 시작
- 1187년 – 이집트 아이유브 왕조의 술탄 살라딘, 예루살렘 함락
- 1189년 – 제3차 십자군 원정 시작. 신성 로마 제국 · 프랑스 · 잉글랜드 왕 참전 (왕들의 전쟁)
- 1192년 – 잉글랜드의 리처드 1세, 살라딘과 평화 협정 체결
- 1198년 – 인노켄티우스 3세, 다시 십자군 결성 주장
- 1202년 – 제4차 십자군 원정 시작. 십자군, 베네치아로 집결하였다가 같은 그리스도교인들이 사는 달마티아 차지. 교황, 십자군 파면
- 1204년 – 파면당한 십자군, 동로마 제국의 수도 콘스탄티노플 함락. 라틴 제국 건설
  – 동로마 제국의 테오도루스 1세, 니케아로 후퇴하여 니케아 제국 건국
- 1212년 – 소년 십자군 출정
- 1228년 – 제5차 십자군 원정. 헝가리 왕의 지휘. 이집트 공격
- 1248년 – 제6차 십자군 원정. 신성 로마 제국의 프리드리히 2세 단독 출정
- 1261년 – 동로마 제국, 콘스탄티노플 되찾음
- 1270년 – 제7차 십자군 원정. 프랑스 루이 9세 주도
- 1291년 – 살라딘에 의해 마지막 남은 그리스도 교인의 도시 아콘이 함락당하면서 십자군 전쟁 마감

칭기즈 칸의 정복 전쟁

- 1189년 – 테무친, 보르지긴 부족의 칸에 오른 뒤 몽골 부족의 맹주로 추대되면서 칭기즈 칸이 됨
- 1201년 – 칭기즈 칸, 자다란 부족의 자무카 격파
- 1203년 – 칭기즈 칸, 타타르 · 케레이트 족 정복
- 1204년 – 칭기즈 칸, 나이만 부족 정복 후 모든 몽골 부족 통일

- 1206년 – 칭기즈 칸, 몽골 제국의 대 칸에 오름

- 1207년 – 서하 점령

- 1211년 – 금나라 공격을 위한 원정 시작

- 1215년 – 금나라 수도 옌징(연경) 점령. 야율초재 만나 재상으로 등용

- 1218년 – 칭기즈 칸, 호레즘과 교역 시도했으나 실패. 호레즘 공격 원정길에 나섬

- 1220년 – 칭기즈 칸, 호레즘 정복. 이후 계속 정복 전쟁

- 1225년 – 칭기즈 칸, 몽골로 개선. 영토를 아들들에게 나누어 줌

- 1226년 – 칭기즈 칸, 서하 원정에 나섬

- 1227년 – 칭기즈 칸, 서하 원정길에 사망

- 1229년 – 셋째 아들 오고타이, 쿠릴타이(부족 회의)에서 2대 대 칸으로 선출됨
  – 둘째 아들 차가타이, 차가타이 한국 건설

- 1231년 – 오고타이, 고려 공격

- 1234년 – 오고타이, 금나라 멸망시킴

- 1236년 – 오고타이, 바투를 사령관으로 임명하고 유럽 원정 시작

- 1243년 – 손자 바투, 킵차크 한국 건설

- 1251년 – 바투, 칭기즈 칸의 넷째 아들 툴루이의 아들 몽케를 4대 칸으로 옹립

- 1258년 – 몽케의 셋째 동생 훌라구, 바그다드에 일 한국 건설

- 1260년 – 몽케의 첫째 동생 쿠빌라이가 5대 대 칸에 오름

- 1271년 – 쿠빌라이, 원나라 건국

백 년 전쟁 Hundred Years' War

- 1066년 – 노르망디 공 윌리엄, 잉글랜드(영국) 정복. 윌리엄 1세로 즉위하면서
  노르만 왕조 세움

- 1152년 – 헨리 2세, 아키텐 여 공작 엘레오노르(프랑스 왕 루이 7세와 이혼)와 결
  혼. 프랑스 영내에 더 많은 영토 소유

- 1154년 – 헨리 2세, 잉글랜드 왕으로 즉위. 플랜태저넷 왕조 개창
- 1328년 – 카페 왕조의 샤를 4세, 후계자 없이 사망. 발루아 백작 필리프 6세로
  즉위(프랑스). → 잉글랜드의 에드워드 3세, 왕위 계승의 우선권 주장
- 1329년 – 잉글랜드의 에드워드 3세, 필리프 6세의 충성 서약 개정 요구 거절.
  플랑드르 지방으로의 양모 수출 금지시킴
- 1337년 – 프랑스의 필리프 6세, 영국 왕의 영토인 아키텐 공작령 몰수
  – 에드워드 3세, 프랑스에 공식적인 선전 포고 → 백 년 전쟁 시작
- 1340년 – 영국과 플랑드르 연합 함대, 제일란트의 슬로이스 항에서 프랑스 군
  격파. 영국 해협의 재해권 장악
- 1345년 – 영국의 흑태자 에드워드, 노르망디 상륙(제1기 백 년 전쟁)
- 1346년 – 영국과 프랑스 크레시 전투. 영국군 승리
- 1347년 – 영국군, 칼레 시 차지
- 1350년 – 프랑스의 필리프 6세 사망, 아들 장 2세 즉위
- 1355년 – 영국의 흑태자, 다시 남프랑스 공격
- 1356년 – 영국의 흑태자와 프랑스의 장 2세의 군대, 푸아티에에서 전투. 영국
  군 승리하면서 장 2세 생포
- 1358년 – 프랑스에서 자크리의 난 발생
- 1359년 – 흑태자, 다시 프랑스 공격. 프랑스, 영국 왕에게 평화 회담 요청
- 1360년 – 브레티니 조약 체결. 프랑스의 장 2세, 엄청난 몸값 지불하고 풀려남
  (제1기 백 년 전쟁 마감)
- 1364년 – 프랑스, 샤를 5세 즉위. 군사력 강화하고 아키텐 귀족들을 선동, 영국
  에 반항하도록 하여 두 나라 관계 악화(제2기 백 년 전쟁 시작)
- 1369년 – 영국군, 프랑스 공격 → 샤를 5세, 국지전 벌이며 영국이 점령했던 도
  시 하나씩 되찾고 해전에서도 승리
- 1375년 – 영국과 프랑스, 부르지 협정 맺고 휴전(제2기 백 년 전쟁 마감)
- 1377년 – 영국의 에드워드 3세 사망, 흑태자의 아들 리처드 2세가 10세의 어린

나이에 즉위

- 1380년 – 프랑스의 샤를 5세, 사망. 그의 아들 샤를 6세가 13세에 즉위
- 1381년 – 영국, 와트 타일러의 난 발생
- 1399년 – 존 오브 곤트의 아들, 리처드 2세 몰아내고 헨리 4세로 즉위. 랭커스터 왕조 개창
- 1400년 – 웨일즈에서 반란 일어남
- 1407년 – 프랑스의 부르고뉴 파와 아르마나크 파 귀족들, 오를레앙 공 암살 사건을 계기로 내분
- 1413년 – 헨리 4세, 사망. 아들 헨리 5세 즉위
- 1415년 – 헨리 5세, 노르망디로 상륙하여 프랑스 공격. 아쟁쿠르 전투에서 승리
- 1420년 – 투르와 조약 체결. 헨리 5세, 샤를 6세의 딸 카트린과 결혼하여 프랑스 왕위 계승권 인정받음(제2기 백 년 전쟁 마감)
- 1422년 – 영국의 헨리 5세 사망. 생후 9개월 된 헨리 6세 즉위 → 같은 해 10월, 프랑스의 샤를 6세도 사망. 헨리 6세, 프랑스 왕 겸함
  - 프랑스 아르마나크 파, 헨리 6세를 받아들이지 않고 샤를 6세의 아들 샤를 7세를 프랑스 왕으로 선포(제3기 백 년 전쟁 시작)
- 1428년 – 영국군, 오를레앙 포위
- 1429년 – 잔 다르크 등장, 프랑스 군 승리
  - 샤를 7세, 프랑스 랭스 대성당에서 대관식 치름
- 1430년 – 잔 다르크, 부르고뉴 파에 붙잡혀 영국군에 넘겨진 뒤 1431년에 화형
- 1431년 – 헨리 6세도 프랑스 파리에서 대관식 치름
- 1435년 – 샤를 7세, 부르고뉴 파와 아라스 조약 체결하고 화해
- 1436년 – 샤를 7세, 파리에 입성. 빼앗긴 지역을 회복하기 시작
- 1444년 – 영국과 프랑스, 툴에서 조약을 맺고 휴전(제3기 백 년 전쟁 마감)
- 1450년 – 샤를 7세, 노르망디 탈환
- 1453년 – 샤를 7세, 영국군의 본거지인 보르도 탈환(백 년 전쟁 사실상 마감)

- 1455년 – 영국, 왕위를 둘러싸고 랭커스터 가문과 요크 가문 전쟁(장미 전쟁)
- 1475년 – 영국과 프랑스, 공식적으로 백 년 전쟁 마감

30년 전쟁Thirty Years' War

- 1309년 – 교황 아비뇽으로 유수
- 1376년 – 영국의 위클리프, 가톨릭 교리 비판. 종교 개혁 주장
- 1377년 – 교회의 분열. 교황 그레고리우스 11세, 아비뇽 유수 끝내고 로마로 돌
          아옴 → 1378년 아비뇽에서도 교황 선출. 2명의 교황 존재(대분열 시대)
- 1402년 – 보헤미아의 후스, 프라하에서 종교 개혁 제창
- 1513년 – 교황 레오 10세, 산 피에트로 성당 건축을 위해 면죄부 판매 시작
- 1517년 – 신성 로마 제국의 마르틴 루터, 교황 레오 10세의 면죄부 판매 비판.
          〈95개조 반박문〉 발표. 종교 개혁의 시작
          – 교황 레오 10세, 면죄부 판매 공인
- 1518년 – 츠빙글리, 취리히에서 종교 개혁 주장
- 1531년 – 신성 로마 제국 내 신교(프로테스탄트) 제후들, 슈말칼덴 동맹 결성
- 1534년 – 영국의 헨리 8세, 왕비와의 이혼 문제로 영국 교회를 교황청으로부터
          분리. 수장령 공포.
          – 로욜라 · 사비에르 예수회 창설 → 1540년 정식 인가(에스파냐)
- 1541년 – 칼뱅, 제네바에서 종교 개혁 일으킴
- 1542년 – 교황 바오로 3세, 종교 재판 제도 확립. 마녀사냥 시작
- 1545년 – 가톨릭교회, 제1차 트리엔트 공의회 열어 신교 확산 대책 논의
- 1546년 – 가톨릭과 루터 파, 슈말칼덴 전쟁
- 1555년 – 아우크스부르크 화의에서 루터 파 신교 공인
- 1581년 – 네덜란드, 북부 7주로 구성된 연방 공화국 선포
- 1617년 – 페르디난트 2세, 보헤미아의 왕으로 즉위. 신교도 탄압(제1기 전쟁 시작)

- 1618년 – 보헤미아의 신교파 귀족들, 탄압에 저항. '프라하 투척 사건' 일으킴
- 1619년 – 페르디난트2세, 신성 로마 제국의 황제로 즉위. 신교파 귀족들, 팔츠 선제후를 보헤미아의 왕으로 세움 → 페르디난트 2세, 황제군 결성하고 보헤미아 공격
- 1620년 – 황제군, 빌라호라 전투에서 보헤미아 반란군 격파(제1기 전쟁 마감)
- 1625년 – 신교파인 덴마크 왕 크리스티안 4세, 신성 로마 제국 침공(제2기 전쟁 시작)
- 1627년 – 황제군, 슐레지엔에서 덴마크 군 몰아냄
- 1629년 – 크리스티안 1세, 신성 로마 제국과 뤼베크에서 강화 조약 맺고 전쟁에서 물러남(제2기 전쟁 마감)
- 1630년 – 스웨덴 왕 구스타프 2세, 신성 로마 제국 공격(제3기 전쟁 시작)
  - 마그데부르크에서 황제에 대한 반란 일어남. 틸리의 강한 진압에 제후국들 신교파에 합류
- 1631년 – 구스타프 2세, 브라이텐펠트 전투에서 황제군의 틸리 죽이고 승리
- 1632년 – 구스타프 2세, 뤼첸 전투에서 전사했지만 스웨덴 군 승리
- 1634년 – 에스파냐 왕 필리페 4세가 이끄는 황제군, 뇌르틀링겐에서 스웨덴 연합군 격파
- 1635년 – 신교파 작센 제후 베르하르트, 프라하에서 페르디난트 2세와 휴전 조약 체결(제3기 전쟁 마감)
  - 프랑스 재상 리슐리에, 신교파에 합류. 에스파냐에 선전 포고하고 전쟁에 개입(제4기 전쟁 시작)
- 1637년 – 페르디난트 2세 사망. 아들 페르디난트 3세가 신성 로마 제국 황제로 즉위
- 1641년 – 신성 로마 제국의 페르디난트 3세, 종전 협정 제의(제4기 전쟁 마감)
- 1643년 – 에스파냐, 프랑스와 로크루아 전투. 프랑스 콩데 공, 에스파냐 군 전멸시킴

- 1644년 – 베스트팔렌에서 강화 회의 시작
- 1648년 – 스웨덴, 프라하 점령
  - 프랑스 군, 황제군과의 전투에서 크게 승리
  - 10월 : 신성 로마 제국, 신교파와 베스트팔렌 조약 체결. 신성 로마 제국 분열. 제국 내 영방 국가들 자치권 획득. 네덜란드, 독립 정식 승인

오스트리아 왕위 계승 전쟁 · 7년 전쟁

- 1266년 – 독일 기사단, 프로이센 지역 지배
- 1525년 – 호엔촐레른 가문 출신 기사단장 알브레히트, 프로이센 공국 개국
- 1357년 – 프로이센, 슐레지엔 소유권 주장 시작
- 1618년 – 브란덴부르크 선제후 요한 지기스문트, 프로이센 공국 상속. 브란덴부르크와 프로이센 연합국이 됨
- 1660년 – 프리드리히 빌헬름, 폴란드의 지배에서 벗어나 독립
- 1701년 – 프리드리히 1세, 쾨니히스베르크를 수도로 정하고 프로이센 왕국 세움. 에스파냐 왕위 계승 전쟁에 참여해 신성 로마 제국의 황제로부터 왕국 인정받음
- 1713년 – 프리드리히 빌헬름 1세 즉위. 군사력 강화하여 절대 왕정 수립
- 1740년 – 프로이센의 프리드리히 2세(프리드리히 대왕) 즉위
  - 신성 로마 제국 황제 카를 6세 사망. 장녀 마리아 테레지아 여제 즉위 → 프리드리히 2세, 살리카 법을 내세워 여자가 상속할 수 없다고 문제 삼음
  - 프리드리히 2세, 슐레지엔 점령(오스트리아 왕위 계승 전쟁 시작)
- 1741년 – 프로이센 군, 몰비츠에서 오스트리아 군대 격파. 프랑스, 에스파냐, 바이에른 선제후, 작센 선제후가 프로이센 편으로 오스트리아 왕위 계승 전쟁에 참여 → 프랑스와 해외 식민지 전쟁 중이던 영국은 오스

트리아와 연합하여 프랑스와 전쟁(그래서 제2차 백 년 전쟁이라고 부르기
도 함)

– 오스트리아, 프로이센과 클라인 슈네렌도르프 휴전 협정 체결. 그러
나 전투는 계속됨

• 1742년 – 오스트리아의 마리아 테레지아 여제, 프리드리히 2세와 브레슬라우
에서 휴전 회의 → 베를린 조약 체결. 프로이센의 슐레지엔 점령 허용
(오스트리아 왕위 계승 전쟁 마감)

• 1743년 – 오스트리아 군대, 데팅겐 전투에서 프랑스 군 격퇴. 프랑스 군 전쟁에
서 물러남

• 1745년 – 신성 로마 제국 황제 카를 7세 사망. 그의 아들 막시밀리언 3세 요제
프, 황제 계승권 포기. 마리아 테레지아 여제의 남편 프란츠 1세 지원

– 프리드리히 2세, 드레스덴 조약 체결. 프란츠 1세를 황제로 승인하는
조건으로 슐레지엔 소유권 완전히 넘겨받음. 이때부터 프리드리히 2
세를 '프리드리히 대왕'이라 부름

• 1748년 – 오스트리아 왕위 계승 전쟁에 개입하여 계속 전투를 벌이던 영국과
프랑스, 엑스라샤펠 조약 체결하고 전쟁 마무리. 마리아 테레지아 여
제 상속권 인정받음(오스트리아 왕위 계승 전쟁 마감)

• 1756년 – 프리드리히 2세, 마리아 테레지아 여제가 슐레지엔을 되찾기 위해 여
러 나라와 동맹을 맺고 프로이센을 고립시키자 영국의 조지 2세와 연
합하여 작센 공격. 수도 드레스덴 점령(7년 전쟁 시작)

• 1759년 – 프로이센, 크네스르도르프에서 벌어진 오스트리아 · 러시아 연합군과
의 전투에서 큰 손실

• 1761년 – 프로이센의 지지자인 영국의 피트 총리 사임. 프리드리히 대왕 어려
운 상황에 처함

• 1762년 – 러시아의 엘리자베타 여제 사망. 표트르 3세 즉위. 프로이센과의 전
쟁 중단 선포한 뒤 프로이센에 병력 지원

- 1763년 – 오스트리아, 프리드리히 대왕과 후베르투스부르트 조약 맺고 전쟁 마
  감(7년 전쟁 마감)
  - 영국과 프랑스, 파리 조약 체결하고 해외 식민지 전쟁 마감. 프랑스,
    북아메리카에서의 권리 상실(제2차 백 년 전쟁 마감)

미국 독립 전쟁American Revolution War

- 1607년 – 영국, 버지니아에 식민지 건설
- 1608년 – 프랑스 샹플랭, 퀘벡에 요새 세우고 식민지 개척
- 1682년 – 프랑스의 라살, 뉴올리언스 세우고 '루이지애나'라는 이름을 붙여 루
  이 14세에게 바침
- 1689년 – 영국과 프랑스, 윌리엄 왕 전쟁(~1697년)
- 1702년 – 앤 여왕 전쟁(~1714년)
- 1744년 – 조지 왕 전쟁(~1748년)
- 1755년 – 프렌치-인디언 전쟁(1763년). 당시 유럽에서는 7년 전쟁 중. 영국은
  프랑스와의 전쟁을 프로이센에게 맡기고 해외 전쟁에 전념한 결과 승
  리. 북미 지배권 장악
- 1764년 – 영국 의회, 아메리카 식민지에 대한 설탕세법 제정 · 발표
  - 인지세법 발표
- 1767년 – 타운센트 법 발표
- 1770년 – 식민지 주민들이 거세게 반발하자 차에 대한 관세만 남기고 모두 폐지
- 1773년 – 영국 수상 노스, 동인도 회사에 북아메리카에서의 차 판매 독점권 부
  여 → 보스턴 차 사건 발생
- 1774년 – 영국 의회, 식민지에 대해 '참을 수 없는 법' 통과 → 식민지 대표 56
  명, 제1차 대륙 회의 열고 본국 의회의 입법권 부정과 본국과의 통상
  단절 결의

- 1775년 – 4월 : 식민지 민병대, 렉싱턴에서 영국 군대와 전투(미국 독립 전쟁 시작)

    6월 : 제2차 대륙 회의 개최. 버지니아 대표인 조지 워싱턴을 독립군 총사령관으로 임명

- 1776년 – 3월 : 독립군, 보스턴 포위. 영국군 몰아냄

    7월 : 식민지 대표들, 토마스 제퍼슨이 작성한 〈독립 선언서〉를 승인하고 독립 선포

    12월 : 워싱턴 부대, 트렌턴에 주둔 중인 영국 수비대 공격에서 승리. 바로 프린스턴으로 이동해서 영국군 격파(트렌턴·프린스턴 전투)

- 1777년 – 7월 : 영국군의 존 버고인 장군, 타이콘더로가 요새 함락 후 에드워드 요새까지 장악

    9월 : 독립군과 영국군, 새러토가 전투. 영국군, 독립군과 새러토가 협정 맺고 항복(독립 전쟁의 전환점)

- 1778년 – 2년 전부터 군수 물자를 지원하던 프랑스, 정식으로 영국에 선전 포고하고 독립 전쟁에 개입. 러시아·프로이센·덴마크 등 무장 중립 동맹을 맺고 독립군 지원 → 다시 국제전이 됨

- 1781년 – 워싱턴 장군, 프랑스 군대와 연합하여 요크타운 요새 공격

    – 프랑스 해군, 영국 함대 공격 → 영국군 항복

- 1783년 – 파리에서 강화 조약 체결. 영국, 미국의 완전 독립 승인

- 1787년 – 13개 주, 아메리카 합중국 헌법 제정

- 1789년 – '아메리카 합중국(United States of America)' 탄생

프랑스 대혁명과 나폴레옹 전쟁Napoleonic wars

- 1643년 – 루이 14세 즉위
- 1682년 – 루이 14세, 파리를 떠나 궁전을 베르사유로 옮김. 베르사유 궁전 증축
- 1689년 – 루이 14세, 신성 로마 제국 중심의 아우크스부르크 동맹군과 팔츠 계

승 전쟁

- 1701년 − 루이 14세, 오스트리아 중심 동맹군과 에스파냐 왕위 계승 전쟁
- 1715년 − 루이 14세의 증손자, 루이 15세로 즉위
- 1741년 − 루이 15세, 오스트리아 왕위 계승 전쟁에 참가
- 1756년 − 루이 15세, 7년 전쟁에 참가
- 1770년 − 루이 15세의 손자, 오스트리아 왕녀 마리 앙투아네트와 결혼
- 1774년 − 루이 15세의 손자, 루이 16세로 즉위
- 1789년 − 5월 : 루이 16세, 재정 문제 해결을 위해 삼부회 소집(175년 만에)

  − 6월 : '테니스 코트의 서약' 사건 발생

  − 7월 : 파리 시민들, 바스티유 감옥 습격(프랑스 대혁명 발생)

  − 8월 : 프랑스 의회, '인권 선언' 발표
- 1791년 − 6월 : 루이 16세, 국외로 망명하려다 바렌에서 체포됨

  − 9월 : 프랑스 국민 의회, 새 헌법 제정. 입헌 군주제 채택
- 1792년 − 지롱드 당, 왕정 폐지. 공화정 선언(제1 공화정)
- 1793년 − 1월 : 로베스피에르, 루이 16세 처형. 공포 정치 시작 → 10월에 왕비 마리 앙투아네트 처형.

  − 3월 : 영국 총리, 피트의 제창으로 유럽의 국가들 제1차 대불 동맹 결성
- 1794년 − 테르미도르 반동. 로베스피에르 처형당하고 5인 총재 정부 들어섬
- 1795년 − 왕당파, 방데미에르 13일의 폭동 일으킴. 나폴레옹, 폭동 진압
- 1796년 − 나폴레옹, 이탈리아 지역 사령관으로 임명되어 이탈리아 평정 → 오스트리아 빈 공격하여 승리
- 1798년 − 나폴레옹, 이집트 원정 시작
- 1799년 − 7월 : 영국, 러시아, 오스트리아, 오스만 튀르크, 제2차 대불 동맹 결성

  11월 : 나폴레옹, '브뤼메르 18일의 쿠데타' 일으키고 정권 장악
- 1804년 − 나폴레옹, 〈나폴레옹 법전〉 제정하여 공포 → 나폴레옹 1세 황제로 즉위(제1 제정 시작)

- 1805년 - 영국, 러시아, 오스트리아, 제3차 대불 동맹 결성 → 오스트리아 군, 프랑스 동맹국인 바이에른 공격. 나폴레옹, 오스트리아 군 격파 → 아우스터리츠 전투에서 러시아·오스트리아 동맹군 격파
  - 영국의 넬슨 제독, 트라팔가 해전에서 프랑스 함대 격파하고 전사
- 1806년 - 7월 : 나폴레옹, 라인 연방 결성. 신성 로마 제국 멸망
  - 프로이센, 영국·러시아·스웨덴과 제4차 대불 동맹 결성. 프랑스에 선전 포고
  - 10월 : 나폴레옹, 베를린 입성 → 영국에 대해 베를린 칙령(대륙 봉쇄령) 선언
- 1807년 - 프랑스 군, 아일라우에서 러시아 군과 전투. 고전하다 그해 6월 프리틀란트에서 러시아 군 격파 → 나폴레옹, 프로이센과 틸지트 조약 체결
- 1808년 - 나폴레옹, 자신의 형 조제프를 에스파냐 왕위에 올림 → 에스파냐에서 폭동 일어남. 영국군, 반란군 지원 → 나폴레옹, 직접 가서 영국군 몰아냄 → 그러나 에스파냐의 저항 완강해 패배(반도 전쟁) → 오스트리아, 제5차 대불 동맹 결성하고 바이에른 침공
- 1809년 - 나폴레옹, 바그렘 전투에서 승리 → 빈에서 오스트리아와 강화 조약
- 1810년 - 러시아, 나폴레옹의 대륙 봉쇄령에 협조하지 않고 중계 무역 시작
- 1812년 - 나폴레옹, 러시아 공격. 모스크바 입성 → 추위와 식량 부족으로 원정 실패
- 1813년 - 프로이센 등, 제6차 대불 동맹 결성 → 나폴레옹 군대, 라이프치히 전투에서 동맹군에게 패함
- 1814년 - 동맹군, 파리 입성 → 나폴레옹, 엘바 섬으로 유배
- 1815년 - 3월 : 나폴레옹, 엘바 섬 탈출. 다시 정권 장악 → 빈 회의 중이던 유럽의 여러 나라들 제7차 대불 동맹 결성 → 나폴레옹, 워털루 전투에서 패하고 재기에 실패. 세인트헬레나 섬에 감금
  - 6월 : 오스트리아 재상 메테르니히 주도로 빈 회의 개최. 프랑스 혁명

이전의 유럽으로 체제 복귀

아편 전쟁Opium Wars

- 1616년 – 건주 좌위 여진의 추장 누루하치, 후금 건국
- 1636년 – 누루하치의 아들 아바하이, 국호를 청으로 변경
- 1643년 – 이자성의 반란으로 명나라 멸망
- 1644년 – 순치제, 베이징 점령. 중국 대륙 차지
- 1685년 – 광저우에 월해관(세관) 설치하고 해외 무역 허가
- 1689년 – 옹정제, 러시아와 네르친스크 조약 체결하고 국경 확정
- 1757년 – 청나라 조정, 광저우의 공행을 통해서만 해외 무역을 할 수 있도록 제한
- 1760년 – 광동 13행 체제 구축 → 영국, 무역 적자 해결 위해 동인도 회사에 아
  편 전매권 주고, 무역 허가권이 없는 청나라 지방 상인들에게 몰래 판
  매 → 아편 중독자 확산으로 청나라 재정 파탄
- 1839년 – 청나라 조정, 아편 밀수 해결을 위해 임칙서를 광저우로 파견 → 임칙
  서, 아편 몰수해 모두 불태움 → 결과는 역효과. 아편 가격 치솟음 →
  임칙서, 외국과의 모든 교역 중단시키고 아편 생산에 제재를 가함
  – 주룽에서 영국 해병에 의해 청나라 농부 살해 사건 발생 → 무역 감독
  관인 찰스 엘리엇, 범인 인도 요구 거절 → 임칙서, 마카오 일대 봉쇄
  – 10월 : 영국의 빅토리아 여왕, 청나라와의 전쟁 결심
  – 11월 : 영국군, 촨비에서 청나라 군대와 첫 충돌(제1차 아편 전쟁)
  – 12월 : 임칙서, 영국과의 통상 정지 선포
- 1840년 – 영국의 빅토리아 여왕, 청나라와 전쟁을 위한 원정군 파견. 영국 의
  회, 청나라와의 전쟁 승인 → 영국 함대, 저장 성 지나 다구 · 톈진까
  지 북상
- 1841년 – 영국, 촨비 가조약 선포하고 홍콩 강제로 점령

- 1842년 – 영국의 헨리 포틴저 군대, 상하이 점령 후 전장 점령 → 난징, 베이징 위협 → 청의 도광제, 영국과 난징 조약 체결(제1차 아편 전쟁 마감)
- 1843년 – 청나라, 영국과 후먼 추가 조약(불평등 조약) 체결
- 1844년 – 청나라, 미국과 프랑스와도 불평등 조약 체결
- 1851년 – 청나라, 태평천국의 난 발생
- 1856년 – 애로호 사건 발생(제2차 아편 전쟁) → 영국, 프랑스와 연합하여 광저우 점령
- 1858년 – 청나라, 영국·프랑스와 톈진 조약 체결
- 1859년 – 청나라, 톈진 조약 실행 거부하고 전투 벌이다 패함
- 1860년 – 영·프 연합군, 베이징 함락. 청나라, 두 나라와 베이징 조약 체결(제2차 아편 전쟁 마감)

크림 전쟁Crimean War

- 1682년 – 러시아, 표트르 1세 즉위. 정치 개혁 시작
- 1703년 – 표트르 1세, 페트로그라드를 스웨덴으로부터 탈환
- 1712년 – 표트르 1세, 페트로그라드로 수도 이전
- 1762년 – 예카테리나 2세 즉위. 남하 정책 추진
- 1768년 – 예카테리나 2세, 1차 오스만 튀르크와 전쟁
- 1773년 – 러시아에서 푸카초프의 반란 발생(~1775년)
- 1774년 – 러시아, 1차 전쟁에서 승리. 오스만 튀르크와 쿠츠크카이나르지 조약 체결. 그리스 정교도 보호권과 보스포루스 해협의 자유 항해권 획득
- 1787년 – 예카테리나 2세, 2차 오스만 튀르크와 전쟁
- 1791년 – 러시아의 스보로프 장군 이스탄불 입성. 2차 전쟁에서도 오스만 튀르크 패함
- 1792년 – 러시아, 오스만 튀르크와 야시 조약 체결. 드네스트로 강 경계로 국경

확정. 크림 반도 차지

- 1801년 – 알렉산드로 1세 즉위
- 1815년 – 알렉산드로 1세, 오스트리아 황제와 프로이센 왕과 함께 파리에서 신성 동맹 결성
- 1821년 – 그리스, 오스만 튀르크로부터 독립 전쟁 일으킴. 러시아 · 영국 · 프랑스 개입
- 1825년 – 러시아, 니콜라이 1세 즉위
- 1832년 – 콘스탄티노플 조약 체결. 오스만 튀르크의 마무드 2세, 그리스 독립 인정
- 1853년 – 프랑스의 나폴레옹 3세, 예루살렘 성지 관리권 인정받음 → 러시아, 투르크 영내 그리스 정교도 보호권 요구했으나 거절당함
  - 7월 : 니콜라이 1세, 몰다비아와 왈라키아 공격 후 점령(크림 전쟁 시작)
  - 10월 : 오스만 튀르크, 러시아에 선전 포고
  - 11월 : 러시아의 흑해 함대가 시노페 앞바다에서 투르크 함대 전멸시킴
- 1854년 – 3월 : 영국과 프랑스, 러시아에 정식 선전 포고
  - 8월 : 오스트리아, 몰다비아와 왈라키아 점령
  - 9월 : 연합군, 크림 반도로 상륙. 세바스토폴 포위
  - 영국의 숙녀 병원 간호 부장 나이팅게일, 전쟁터로 가 야전 병원 세움
- 1855년 – 1월 : 사르데냐피에몬테 왕국(이탈리아), 전쟁에 참여
  - 러시아, 알렉산드로 2세 즉위. 전쟁 이어감
  - 9월 : 러시아, 세바스토폴 전투에서 영 · 프 연합군에 패함
- 1856년 – 러시아의 알렉산드로 2세, 파리에서 연합군과 강화 조약 체결. 크림 전쟁 마감
- 1863년 – 앙리 뒤낭의 주장으로 국제 적십자 창설
- 1864년 – 제네바 협약(국제 적십자 조약) 체결

미국의 남북 전쟁American Civil War

- 1789년 – 미국(아메리카 합중국 United States of America) 탄생
- 1803년 – 루이지애나 인수를 시작으로 서부로의 영토 확장 → 1819년 플로리다, 1845년 텍사스 병합 → 1846년 멕시코로부터 캘리포니아와 뉴멕시코 할양 받음
- 1817년 – 미주리 주, 미 연방으로 편입
- 1821년 – 미주리 협정 결정
- 1852년 – 스토우 부인, 《톰 아저씨의 오두막》 출간
- 1854년 – 캔자스–네브래스카 법 통과 → '피의 캔자스' 사건 발생(~1859)
- 1857년 – 드레드 스콧 판결
- 1860년 – 공화당의 에이브러햄 링컨, 미국 16대 대통령에 당선
- 1861년 – 2월 : 앨라배마를 비롯한 남부 7개 주, 미 연방 탈퇴. '아메리카 남부 연합' 조직. 제퍼슨 데이비스를 새 대통령으로 선출
  - 4월 : 남부 연합, 섬터 요새 공격(남북 전쟁 시작) → 7월, 제1차 불런 전투. 북부군 패배하고 후퇴
- 1862년 – 2월 : 북부 포토맥 군의 그랜트 장군, 진격 시작. 켄터키 주와 테네시 주까지 장악
  - 8월 : 제2차 불런 전투. 북부군 패배
  - 9월 : 앤티텀 전투. 북부군 승리. 하지만 남부군의 리 장군은 안전하게 퇴각
  - 9월 22일 : 링컨 대통령 '노예 해방 예비 선언' 선포
  - 12월 : 프레데릭스버그 전투. 북부군 피해 큼
- 1863년 – 1월 1일 : 링컨 대통령, '노예 해방 선언' 발표
  - 5월 : 첸설러스빌 전투. 북부군 패하고 후퇴. 남부군의 잭슨 장군, 자기 편 사병의 오인 사격으로 사망

- 7월 : 빅스버그 회전 마감. 북부군 승리. 서부 전선에서 북부군, 승기
  를 잡는 전환점이 됨
  - 11월 : 채터누가 전투에서 북부군, 남부군 물리치고 테네시 강 장악
- 1864년 - 7월 : 게티즈버그 전투에서 북부군 승리. 동부 전선에서 북부군, 승기
  를 잡는 전환점이 됨
  - 9월, 북부군 셔먼 장군, 애틀랜타 점령 → 12월, 해안 도시 서배너 점령
- 1865년 - 4월 : 북부군 그랜트 장군, 파이브포크스 전투에서 남부군 주력 부대
  인 노스 버지니아 군 격퇴.
  - 4월 9일 : 남부군의 리 장군 항복(남북 전쟁 마감)
  - 4월 14일 : 링컨 대통령 암살당함
- 1877년 - 남부, 연방에 차례로 복귀. '솔리드사우스' 결성하고 민주당 지지

프로이센 · 프랑스 전쟁Franco-Prussian War

- 1806년 - 나폴레옹 침공으로 신성 로마 제국 해체
- 1807년 - 프로이센, 나폴레옹 1세와의 전쟁에 패함. 틸지트 조약 맺고 나폴레
  옹의 지배받음
- 1815년 - 빈 회의 → 독일 연방 탄생(35개 영방과 4개의 자유시)
- 1818년 - 독일 연방에서 빈 체제를 반대하는 3월 혁명 발생
  - 5월, 독일 국민 의회 개최 → 독일의 영방들, 관세 동맹 맺기 시작
- 1819년 - 3월, '독일국 헌법' 의결
- 1834년 - 독일 관세 동맹 맺고 경제적 통합에 성공
- 1861년 - 프로이센, 빌헬름 1세 즉위
- 1862녀 - 프로이센, 비스마르크 재상에 임명
- 1863년 - 덴마크의 크리스티안 9세, 슐레스비히와 홀스타인을 병합 → 비스마
  르크, 오스트리아와 손잡고 두 지역 장악. 공동 관리 → 1865년 프로

이센과 오스트리아, 가스타인 조약 체결

- 1866년 – 6월 17일 오스트리아, 프로이센에 선전 포고 → 다음 날 프로이센 대
  응→7주 전쟁. 프로이센 승리
- 1868년 – 에스파냐 혁명 발생. 혁명군, 프로이센의 빌헬름 1세의 사촌 레오폴
  트 공에게 왕위 제안
- 1870년 – 에스파냐, 레오폴트 공 왕위 수락 발표 → 프랑스 반발 → 비스마르
  크, 엠스 전보 사건 꾸밈 → 프랑스의 나폴레옹 3세, 프로이센에 선전
  포고(프로이센 · 프랑스 전쟁 시작)
  - 마르스라투르 전투 → 그라블로트 전투 → 스당 전투. 프랑스 군 항복
  → 프로이센 군, 파리로 진격 → 프랑스, 황제 폐위시키고 임시 정부
  수립
- 1871년 – 1월 : 프랑스 항복 → 프로이센의 빌헬름 1세, 파리에서 독일 제국의
  황제로 즉위 → 프랑스 임시 정부와 프랑크푸르트 조약 체결(프로이
  센 · 프랑스 전쟁 마감)
  - 3월 : 프랑스 사회주의자와 노동자, 파리 코뮌 수립
  - 5월 : 임시 정부, 독일 도움으로 제3공화국 수립

청淸일日 전쟁

- 1854년 – 일본, 미국의 압력으로 시모다와 하코다테 개항
- 1858년 – 일본, 최초의 불평등 조약인 미 · 일 수호 조약 체결
- 1861년 – 청, 신유정변으로 공친왕 실권 장악 → 양무운동(근대화 개혁) 시작
- 1863년 – 조선, 12세에 고종 즉위. 흥선 대원군 섭정. 쇄국 정치
- 1867년 – 일본, 에도 막부의 쇼군이 통치권을 메이지 천황에게 반납(대정봉환)
- 1868년 – 일본 메이지 천황, 도쿄로 천도. 메이지 유신 추진
- 1873년 – 조선, 고종이 직접 정치하기 시작

- 1875년 – 일본, 강화도에 불법 침입. 운요호 사건 발생
- 1876년 – 조선, 일본과 강화도 조약(조일 수호 조약) 체결. 조선 최초의 불평등 조약
- 1882년 – 조선, 임오군란 발생 → 흥선 대원군 다시 권력 장악
- 1884년 – 조선, 갑신정변 발생 → 조선, 일본과 한성 조약 체결
    - 청 · 프 전쟁 패배로 공친왕 사임. 양무운동 쇠퇴
    - 청나라와 일본, 톈진 조약 체결. 조선에서 군대 철수
- 1890년 – 일본, 경제 공황 시작됨
- 1894년 – 3월 : 조선, 동학 농민 운동 일어남 → 청나라와 일본, 동학군 진압 빌미로 조선에 출병
    - 7월 23일 : 일본, 조선의 개혁을 요구하며 경복궁 점령. 흥선 대원군 불러들임 → 김홍집을 중심으로 새 내각 내정 개혁 추진
    - 7월 25일 : 일본, 풍도 앞바다에서 청나라 군함 기습. 풍도 해전에서 청나라 큰 피해(청일 전쟁 시작)
    - 7월 28일 : 성환 전투
    - 8월 1일 : 청나라와 일본, 각각 선전 포고
    - 9월 : 평양 전투와 압록강 하구 앞바다 해전에서 모두 일본 승리
    - 10월, 단둥 → 11월에 다롄 점령하고 랴오둥 지역까지 진출
    - 11월 : 뤼순 점령한 후 대학살 저지름
- 1895년 – 1월 : 일본, 웨이하이 공격. 승리
    - 3월 : 베이징 위협
    - 4월 17일, 시모노세키 조약 체결(청일 전쟁 마감). 일본, 랴오둥 반도 차지 → 23일, 러시아 · 독일 · 프랑스, 랴오둥 반도를 청에 반환 요구 → 일본, 랴오둥 반도 포기
    - 8월 20일 : 일본, 조선의 명성황후 시해(을미사변)
- 1896년 – 조선, 고종 러시아 공사관으로 피난(아관파천)
- 1904년 – 일본, 러시아와 전쟁

제1차 세계 대전World War I

- 1830년 – 프랑스, 알제리 점령하고 아프리카에서 세력 확장 → 아프리카 횡단 정책 실시
- 1873년 – 독일, 오스트리아 · 러시아와 삼제 동맹 체결
- 1875년 – 영국, 이집트의 수에즈 운하 매입 → 아프리카 종단 정책 실시
- 1882년 – 러시아가 삼제 동맹에서 빠지자 이탈리아가 합류. 삼국 동맹 체결
- 1890년 – 파쇼다 사건. 영국과 프랑스 협상 체결
- 1891년 – 러시아와 프랑스 동맹 체결
- 1904년 – 영국과 프랑스 협상 체결
- 1905년 – 독일, 모로코 진출 실패 → 오스만 제국으로 진출해 철도 부설권 차지 → 독일의 3B 정책과 영국의 3C 정책 충돌
- 1907년 – 영국과 러시아 협상 체결. 삼국 협상 체제 구축됨
- 1912년 – 러시아, 슬라브 계 국가들과 동맹 맺고 오스만 제국 공격. 1차 발칸 전쟁 → 승리 후 영토 배분 과정에서 세르비아가 그리스와 연합하여 불가리아와 전쟁. 제2차 발칸 전쟁
- 1914년 – 6월 28일, 오스트리아 황태자 부부가 보스니아 수도 사라예보 방문 중 피살당함 → 7월 28일, 오스트리아가 세르비아에 선전 포고(제1차 세계 대전 시작)
  - 7월 29일 : 오스트리아, 세르비아 공격 → 러시아, 세르비아 지원
  - 8월 1일 : 독일, 러시아에 선전 포고
  - 8월 3일 : 프랑스, 독일 공격
  - 8월 4일 : 영국, 독일 막기 위해 전쟁에 개입
  - 8월 : 독일, 룩셈부르크 국경 넘어 진격. 벨기에 공격 → 프랑스 파리 근처 마른 강까지 진격
  - 8월 : 영국, 헬골란트 섬 근처에서 독일의 함선 파괴하고 북해 봉쇄

- 8월 : 독일, 탄넨베르크 전투에서 승리. 러시아 군 몰아냄
- 9월 : 독일군, 마른 전투에서 저지당해 엔 강으로 물러남 → 독일군, 참호 파고 연합군과 대치. 장기전으로 돌입
- 11월 : 오스만 제국, 동맹군 측에 합류
- 11월 : 러시아, 오스만 제국에 선전 포고 → 연합군, 오스만 제국에 선전 포고
- 1916년 - 2월 : 독일군, 베르됭 집중 포격 → 6월까지 공방전
  - 5월 : 덴마크의 유틀란트 앞바다에서 영국과 독일 해군 맞섬
  - 10월 : 프랑스 군 전력 보강하고 역습
  - 12월 : 프랑스 군, 베르됭 탈환
- 1917년 - 2월 : 독일, 무제한 잠수함 작전에 들어감
  - 3월 : 러시아에서 3월 혁명 일어나 전쟁에서 빠짐
  - 3월 : 독일군 공격으로 미국 상선 침몰
  - 4월 : 미국, 독일에 선전 포고하고 전쟁에 참여
- 1918년 - 9월 : 불가리아, 마케도니아 전투에서 패하고 항복
  - 10월 : 오스만 제국, 연합군에 항복
  - 11월 11일 : 독일, 연합군에게 항복(제1차 세계 대전 마감)
- 1919년 - 1월 : 파리 강화 회의 시작. 전후 처리 문제 논의
  - 6월 : 독일, 연합국과 베르사유 조약 체결(엄청난 배상금과 영토 상실)
  - 9월 : 오스트리아, 연합국과 생제르맹 조약 체결
- 1920년 - 오스만 제국, 연합국과 세브르 조약 체결 → 1922년 오스만 제국 해체 → 1923년 터키 공화국 건국
- 1920년 - 국제 연맹 창설

제2차 세계 대전 World War II

- 1920년대 – 미국, 전후 최고의 채권국으로서 경제 황금기
- 1921년 – 독일의 아돌프 히틀러, 독일 '국가 사회주의 독일 노동자당(나치스)'
  당수가 됨
- 1921년 – 이탈리아의 무솔리니, 1919년에 결성한 '전투자 동맹'을 개편하여 파
  시스트당 설립
- 1922년 – 무솔리니, 쿠데타로 정권 장악
- 1924년 – 미국, 재정이 바닥난 독일에게 차관
- 1929년 – 미국, 영(Young) 안 통과시켜 배상금 줄여 줌
  - 미국, 주가 대폭락('검은 목요일' 사건). 경제 불황 시작 → 세계 대공황
    으로 확대됨
- 1933년 – 루스벨트, 미국 31대 대통령에 취임. 뉴딜 정책 추진
  - 히틀러, 독일 수상으로 임명됨 → 바이마르 공화국 무너뜨리고 일당
    독재 체제 구축
- 1934년 – 히틀러, 독일 총통이 됨
- 1936년 – 에스파냐의 프랑코 장군, 내란 일으킴 → 독일과 이탈리아, 추축(우호
  협정)을 맺고 내란에 개입
  - 독일과 일본, 소련에 대항하여 반 코민테른 협정 체결 → 이탈리아도
    참여
- 1937년 – 독일 · 이탈리아 · 일본, 3국 방공 협정 체결
  - 일본, 중일 전쟁 시작. 12월에 난징 점령하고 대학살 사건 일으킴
- 1038년 – 3월 : 히틀러, 오스트리아 침공하여 병합
  - 9월 : 히틀러, 체코슬로바키아의 수데텐 점령 → 영국과 프랑스, 뮌헨
    조약에서 영토 확장 중지를 조건으로 수데텐 점령 인정
  - 11월 : 히틀러, 유대 인 대학살 시작

- 1939년 – 히틀러, 보헤미아와 모라비아 병합. 폴란드의 단찌히 요구
  - 영국, 군사력 강화하고 폴란드와 상호 원조 조약
  - 독일, 소련과 불가침 조약 체결
  - 9월 : 독일군, 폴란드 침공
  - 9월 : 소련, 폴란드 동부 침공
- 1940년 – 4월 : 독일군, 덴마크 점령하고 노르웨이까지 침공. 영ㆍ프 연합군 패배
  - 5월 : 독일군, 베네룩스 3국 침공 → 연합군, 해안 쪽으로 몰림 →
    케르크 해안에서 철수
  - 6월 : 독일군, 파리 점령. 비시 프랑스 정부 세움 → 드골 장군, 영국
    으로 망명하여 대 독일 항쟁 계속
  - 이탈리아 군, 남프랑스 공격
  - 7월 : 소련, 발트 해 3국(에스토니아ㆍ라투비아ㆍ리투아니아) 병합
  - 8월 : 독일 공군, 영국 공습 시작
  - 9월 : 독일ㆍ이탈리아ㆍ일본 3국 군사 동맹 체결
  - 10월 : 이탈리아, 그리스 침공. 독일, 이탈리아 군 지원
- 1941년 – 4월 : 독일군, 유고슬라비아 점령
  - 6월 : 독일군, 소련 침공
  - 8월 : 영국과 미국, '대서양 헌장' 발표
  - 12월 : 일본, 미국 하와이의 진주만 기습 → 미국, 일본에 선전 포고하
    고 전쟁에 참여. 태평양 전쟁 시작됨
- 1942년 – 1월 : 일본, 대동아 공영권 건설 방침 제시
  - 8월 : 독일과 소련, 스탈린그라드 공방전 시작(~1943년 2월)
  - 11월 : 아이젠하워가 지휘하는 미ㆍ영 연합군 모로코와 알제리에 상륙
- 1943년 – 5월 : 독일과 이탈리아 군, 북아프리카 전선에서 연합군의 몽고메리
    장군에게 항복
  - 7월 : 연합군 시칠리아 섬 상륙. 이탈리아 보수파, 무솔리니를 체포하

고 새로운 정부 수립

  - 9월 : 히틀러, 로마 점령. 무솔리니 구출 → 무솔리니, 북이탈리아에

    새로운 정권 수립

  - 10월 : 미국 · 영국 · 소련, 모스크바에서 외상 회의 개최

  - 11월 : 루스벨트(미) · 처칠(영) · 장제스(중), 카이로 회담

• 1944년 - 6월 : 미국 아이젠하워 장군이 이끄는 연합군, 노르망디 상륙 작전 개시

  - 7월 : 독일 군부의 장교들, 히틀러 암살 계획을 세웠으나 실패

  - 8월 : 연합군, 파리 탈환

  - 9월 : 드골 장군, 프랑스 임시 정부 수립

• 1945년 - 1월 : 소련군, 독일군 공격 시작

  - 2월 : 베를린 입성

  - 3월 : 미국, 도쿄에 야간 공습

  - 4월 : 히틀러 자살

  - 5월 : 독일, 연합군에 무조건 항복(유럽에서의 전쟁 마감)

  - 7월 : 포츠담 회의 개최 → 연합국 대표들, 일본에 무조건 항복 요구

  - 8월 : 미국, 일본의 히로시마와 나가사키에 원자 폭탄 투하 → 8월 15일

    일본, 무조건 항복(제2차 세계 대전, 태평양 전쟁 마감) → 8월 15일, 우리

    나라도 일제 식민지에서 광복

• 1945년 - 국제 연합(UN) 탄생

찾아보기

전쟁으로 읽는 세계사

1판 1쇄 발행 2009년 7월 8일
1판 9쇄 발행 2019년 9월 25일

지은이 · 정미선
펴낸이 · 주연선

총괄이사 · 이진희
편집 · 심하은 백다흠 하선정 최민유 김서해 이우정 박연빈 허유민
디자인 · 권예진 이다은 김지수
마케팅 · 장병수 김진겸 김다은 이한솔 강원모
관리 · 김두만 유효정 박초희

(주)은행나무
04035 서울특별시 마포구 양화로11길 54
전화 · 02)3143-0651~3 | 팩스 · 02)3143-0654
신고번호 · 제 1997-000168호(1997. 12. 12)
www.ehbook.co.kr
ehbook@ehbook.co.kr

잘못된 책은 바꿔드립니다.

ISBN 978-89-5660-293-6 03900